康养休闲旅游服务系列教材

专家指导委员会主任｜韩玉灵

总主编｜赵晓鸿

中医药康养旅游

沙 莎 ◎ 主 编

曹亚芳 马文彬 ◎ 副主编

林 薇 余 弦

北京·旅游教育出版社

图书在版编目（CIP）数据

中医药康养旅游 / 沙莎主编. -- 北京：旅游教育出版社，2021.8

康养休闲旅游服务系列教材

ISBN 978-7-5637-4290-5

Ⅰ.①中… Ⅱ.①沙… Ⅲ.①中国医药学－旅游保健－旅游服务－教材 Ⅳ.①F590.6

中国版本图书馆CIP数据核字(2021)第147767号

康养休闲旅游服务系列教材

中医药康养旅游

沙 莎 主 编

曹亚芳 马文彬 林 薇 余 弦 副主编

总 策 划	丁海秀
执行策划	蒚 鑫
责任编辑	陈 志
出版单位	旅游教育出版社
地 址	北京市朝阳区定福庄南里1号
邮 编	100024
发行电话	（010）65778403 65728372 65767462（传真）
本社网址	www.tepcb.com
E-mail	tepfx@163.com
排版单位	北京旅教文化传播有限公司
印刷单位	北京柏力行彩印有限公司
经销单位	新华书店
开 本	710毫米×1000毫米 1/16
印 张	16.75
字 数	254千字
版 次	2021年8月第1版
印 次	2021年8月第1次印刷
定 价	48.00元

（图书如有装订差错请与发行部联系）

系列教材专家指导委员会、编委会

专家指导委员会

主　　任：韩玉灵

委　　员：周春林　赵晓鸿　丁海秀　文广轩　董家彪　臧其林　魏　凯

编委会

总 主 编：赵晓鸿

委　　员：祝红文　吴越强　韩海军　夏丽娜　梁悦秋　杨红波　沙　莎
　　　　　石媚山　杨　英　马友惠　谭宏鹰　蒯　鑫　孙　超

《中医药康养旅游》编委会

主　　编：沙　莎
副 主 编：曹亚芳　马文彬　林　薇　余　弦
编　　委：彭伟伟　陈远莉　李　苹　李倩燕　夏萍萍
文稿整理：熊智涵

总 序

当今中国，旅游产业欣欣向荣，新兴旅游方式与新业态如雨后春笋般蓬勃发展。康养休闲旅游作为新兴旅游业态，其市场规模呈快速增长态势。康养旅游中的森林康养旅游、温泉康养旅游、中医药康养旅游、运动康养旅游、康养旅居等更加专业化，休闲旅游中的户外休闲旅游、文化休闲旅游、运动休闲旅游、康乐休闲旅游等层出不穷。

中国康养休闲旅游快速发展，产业规模逐年增长，且发展空间巨大，但人才培养严重滞后。为此，四川省旅游学校于2015年创设巴蜀武术养生学院，探索康养旅游专业方向的学历教育，开启了中国康养旅游职业教育的先河；2016年成功申报休闲体育服务与管理专业（康养旅游方向），并于2017年开始招生；2018年以巴蜀武术养生学院为基础，正式成立康养旅游系。2019年5月，由四川省旅游学校主持论证的康养休闲旅游服务专业正式纳入教育部新增专业目录。受教育部和全国旅游职业教育教学指导委员会委托，我们带领团队完成了康养休闲旅游服务专业教学标准和部分专业核心课程标准的研制工作；2020年又完成了全国旅游职业教育教学指导委员会立项的《康养休闲旅游实训基地的规划与建设》课题研究任务。

新专业需要新的教材体系做支撑，康养休闲旅游服务专业急需一套与之相适应的专业教材。根据前期积累的教育教学与专业建设经验，我们在旅游教育出版社的大力支持下，开始筹划全国首套康养休闲旅游服务系列教材的编写与出版工作。

2020年初，四川省旅游学校牵头组织了一个覆盖全国的多行业、多学科专家团队，开启了艰难的教材研究与编写工作。专家团队涵盖四川大学、四川农业大学等985、211重点高校，成都中医药大学、西南医科大学、成都体育学院等专业院校，云南旅游职业学院、青岛酒店管理职业技术学院、太原旅游职业学院、沈阳市旅游学校、武汉市旅游学校等众多旅游院校，共有40余所院校参与了教材研究与编写工作；此外，我们还邀请了10多家行业企业的专家参与此项工作，专家团队规模达160余人。在研究数据缺乏、案例稀少、没有更多可借鉴参考资料的情况下，历时一年多时间，相继完成了系列教材中首批教材的编写，于2021年8月后陆续出版。

本套教材既可作为中高职职业教育旅游类专业教学用书，也可作为职业本科旅游类专业教育的参考用书，同时可作为工具书供从事旅游服务与管理的企事业单位专业人员借鉴与参考。

作为全国第一套康养休闲旅游服务系列教材，肯定还存在很多缺陷与不足，恳请读者指正，我们将在再版过程中予以完善与修正。

总主编：

2021年8月

目 录

前　言 ·· 01

第一章　中医药康养知识 ··· 1
第一节　中医药康养基础知识 ··· 3
第二节　中医药康养的基本方法 ·· 18

第二章　中医药康养旅游概述 ··· 35
第一节　中医药康养旅游的起源 ·· 37
第二节　中医药康养旅游 ·· 46
第三节　中医药康养旅游的现状与发展 ·· 62

第三章　中医药康养旅游的资源与环境 ·· 83
第一节　中医药康养旅游的自然资源 ··· 85
第二节　中医药康养旅游的人文资源 ·· 108
第三节　中医药康养旅游的基础设施与公共服务体系 ························ 122

第四章　中医药康养旅游资源的开发 ··· 129
第一节　中医药康养旅游资源开发概述 ··· 131
第二节　中医药康养旅游资源的开发实施及相关案例 ························ 144

第五章　中医药康养旅游的产品 ·· 167
第一节　中医药康养旅游产品 ··· 169

第二节　中医药康疗旅游产品 …………………………………… 178
　　第三节　中医药康体旅游产品 …………………………………… 185

第六章　中医药康养旅游的服务 ………………………………………… 205
　　第一节　中医药康养旅游从业人员 ……………………………… 207
　　第二节　中医药康养旅游服务 …………………………………… 212
　　第三节　中医药康养旅游的适宜技术与体验服务 ……………… 224
　　第四节　中医药康养旅游产品服务 ……………………………… 241

附　录 ……………………………………………………………………… 256

前 言

随着人们健康意识和健康素养的提高，民众对美好生活的向往已不满足于最初的健康保健和旅游观光提供的服务内容。后疫情时代，与健康息息相关的医疗、养生、保健等内容与旅游深度结合，给民众提供了高质量的中医药康养旅游体验，成为民众实现健康生活、幸福生活、美好生活的重要途径。那些旨在让旅游者获得身心全面呵护与有效提升民众健康水平的中医药康养旅游成为拉动国内消费新的增长点。中医药康养旅游作为一种新的旅游方式，因其深厚的文化内涵、宜人的环境资源、丰富的养生疗法、显著的疗愈效果等特点备受民众追捧，发展空间巨大。

但是，因中医药康养旅游的研究受到跨学科、跨产业，以及缺乏专业人员等条件限制，理论研究成果的碎片化现象较为严重，致使中医药康养行业在发展中呈现出理论指导落后于实践探索的局面，给教材的编写工作带来了巨大的挑战。

本教材作为全国首套康养休闲旅游服务系列教材中的一本，具有一定的开拓性与前瞻性。全书旨在用简洁明了、深入浅出的方式为学生传授中医药康养旅游的相关知识、中医药康养旅游发展的一般规律，以及如何提供中医药康养旅游高质量的产品与服务。教材的编写紧扣专业教学标准，注重理论、思想、方案、实践四维一体的结合，知识结构严谨，条理思路明晰，整体信息量大，参考资料丰富。书中的各章节都设计有相关的思维导图、PPT、拓展阅读和思考与练习，以方便学生理解和掌握相关知识。

本教材内容可分为三个部分：第一章至第三章为理论知识部分；第四章至第六章为实操方法讲解；附录部分为第三部分，收录讲解了相关政策文件（扫二维码可见）。第一章中医药康养知识（曹亚芳、李苹、余弦撰写），全面涵盖了中医学的整体观念、阴阳五行理论、辨证论治方法、中医"治未病"思想以及药食同源中药的应用；另外简要介绍了中医的基本养生方法。第二章中医药康养旅游概述（彭伟伟、马文彬、夏萍萍撰写），介绍了中医药康养旅游的起源、发展、概念、构成要素、特征、功能、意义等知识点，从主体——旅游者、客体——中医药资源和旅游资源、媒介——中医药康养旅游业和保障——相关政策与旅游组织展开。第三章中医药康养旅游的资源与环境（夏萍萍、余弦撰写），从中医药康养旅游的自然资源与人文资源，按照资源分类标准及类型进行介绍，结合中医药康养旅游的基础设施与公共服务体系的环境展开详细论述。第四章中医药康养旅游资源的开发（沙莎撰写），详细介绍了中医药康养旅游资源开发概念、开发原则、开发模式、开发案例。第五章中医药康养旅游的产品（林薇、陈远莉撰写），针对中医药康养旅游资源与产品的不同属性，分类介绍了中医药康养旅游产品、中医药康疗旅游产品、中医药康体旅游产品。第六章中医药康养旅游的服务（彭伟伟、余弦、李倩燕、马文彬撰写），涵盖了中医药康养文化旅游服务、中医药康养旅游的适宜技术、体验服务与商品服务要点。附录中节录了中医药康养旅游的相关政策（李倩燕、彭伟伟编），包括《中医药健康服务发展规划（2015—2020）》（节选），《"健康中国2030"规划纲要》（节选），为开展中医药康养旅游工作提供政策选编。此外，附录中还提供了中医体质辨识方法和游客健康管理档案表格，方便学习者参考使用。

　　本书交稿时刚好迈入后疫情时代，在此期间，我们深刻体会到了未来中医药康养旅游教育的重要性与使命感。本教材的编写作为一项开创性的工作，难免会出现不足之处，请大家批评指正，期望在未来的教学实践中得到改进。

编者
2021 年 3 月 18 日

第一章

中医药康养知识

本章重点

本章主要介绍中医药康养的相关基础知识和基本方法。中医药康养基础知识包括中医学的整体观念、阴阳五行理论、辨证论治,中医"治未病"思想以及药食同源中药的应用。中医药康养方法包括中医的情志、饮食、起居、环境、运动、针药、芳香、娱乐养生方法与服务,中医药治疗方法,食疗与药膳以及中医药康养功法。

学习要求

通过本章内容的学习，学生需要熟悉中医学的两大基本特点整体观念和辨证论治，熟悉阴阳五行理论和"治未病"思想、药食同源中药的应用；掌握中医药康养的基本方法；了解中医辨证论治方法。能将中医药基础理论应用于旅游康养产业。

本章思维导图

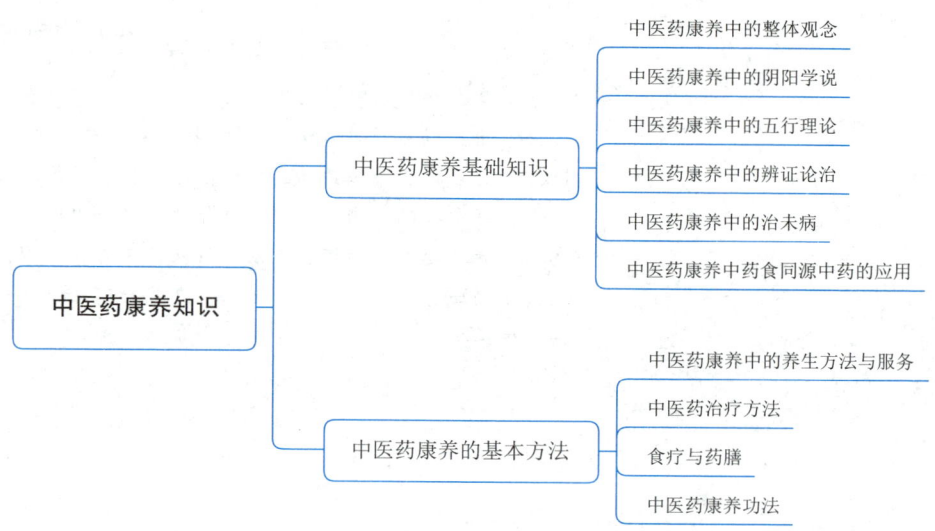

第一节 中医药康养基础知识

中医药在养生保健方面的效果为人们所接受，伴随中医药产业与旅游业的融合发展，中医药康养旅游逐渐兴起。中医学的基本特点是整体观念和辨证论治。中医学以整体观念为主要指导思想，以阴阳五行为理论依据，以辨证论治为诊疗特色，结合"治未病"的思想，提倡"三分医，七分养，十分防"。中医药以预防、保健、康复、休养等为主的养生理念符合当前人们对以健康为主题的旅游活动的需求。掌握中医药康养的基础知识，可将中医"治未病"理念、中医药养生保健、中医药特色康养方法科学融入中医药康养旅游全过程。

一、中医药康养中的整体观念

（一）整体观念概述

整体观念，是对人体自身、人与自然、人与社会环境统一性的认识。人体本身是个有机整体，构成人体的五脏六腑、四肢百骸在结构上相互联系，功能上相互协调，病理上相互影响。人体与自然界密不可分，人类在改造自然、适应社会的过程中维持着正常的生命活动。这种机体自身整体性及和内、外环境统一性的思想即整体观念。整体观念包括人体自身、人与自然、人与社会和谐统一三方面的内容。

拓展阅读 1-1

1. **人体自身和谐统一**

人体是由脏腑、组织、器官所组成的有机整体，以五脏为中心，通过经络将五体、五官、六腑、四肢、百骸等组织器官联系成有机整体，完成机体统一的机能活动。

人体是形神合一的整体，需要神的支配。中医所指的狭义的神是人的精神活动。形与神相互依附，不可分离。当形神一体时五脏精气充盛，思维敏捷，言语流利；当形神分离时，脏腑机能失调，便会出现精神方面的异常变化。

人体是以心为主宰，由脏腑、形体和官窍共同组成的结构严密、分工有序的整体。各脏腑组织通过阴阳相关、五行生克维持着"阴平阳秘"和"亢则害，承乃制，制则生化"的平衡协调关系，在生理上相互联系。

表 1-1　人体生理系统简表

五脏	肝	心	脾	肺	肾
六腑	胆	小肠	胃、三焦	大肠	膀胱
五体	目	舌	口	鼻	耳
五官	筋	脉	肉	皮	骨
五华	爪	甲	唇	毛	发
五志	怒	喜	思	忧	恐
五液	泪	汗	涎	涕	唾

2. 人与自然和谐统一

人类生活于自然界，作为物质世界的一部分，人体需要不断地进行调节以适应自然环境的各种变化。若自然界的变化过于剧烈，超越人体所能适应的范围，便会导致疾病。因此形成了以五脏为主体，外应五季、五方、五气、五色，内联五脏、五官、形体、情志等的五个功能活动系统。

拓展阅读 1-2

人与自然有着统一的本原和属性，人体的生命活动受自然界的影响，自然界有春、夏、秋、冬的四季更迭，有木、火、土、金、水五行的生克变化，产生风、寒、暑、湿、燥、火六种气候，影响万物生、长、壮、老、死的自然规律，形成了生、长、化、收、藏的自然生长、消亡历程。人生在天地间，以自然之空气、水分、食物为生存的必要条件，自然界的气候、饮食、昼夜晨昏、地区方域等的变化均会影响人体，出现相应的生理、病理变化。如夏季气候炎热，则人体多汗而少尿；冬季气候寒冷，则人体多尿而少汗。白天阳气趋于表，人体以活动为主；夜间阳气入于里，以睡眠为主。因此人体必须适应自然环境的变化，即符合"天人相应"的规律。人与自然的统一就是人与自然万物和自然规律的统一。

表 1-2　人与自然整体性

五脏	肝	心	脾	肺	肾
五季	春	夏	长夏	秋	冬
五方	东	南	中	西	北
五气	风	暑	湿	燥	寒
五化	生	长	化	收	藏
五色	青	赤	黄	白	黑
五味	酸	苦	甘	辛	咸

3. 人与社会和谐统一

人是具有明显社会属性的高等动物,也是社会的组成部分,人与社会之间亦相互联系,相互影响。具备良好的社会环境和居住环境,拥有有力的社会支持和人际关系,可使人精神振奋,积极向上,有利于身心健康。而不利的社会环境会造成人的精神压抑或紧张、恐惧,可影响人体脏腑精气的机能失衡,而导致某些身心疾病的发生。

拓展阅读 1-3

中医预防和治疗疾病时,常常会考虑社会因素对身体的影响。通过精神调养,提高人体对社会的适应力以维持身心健康。

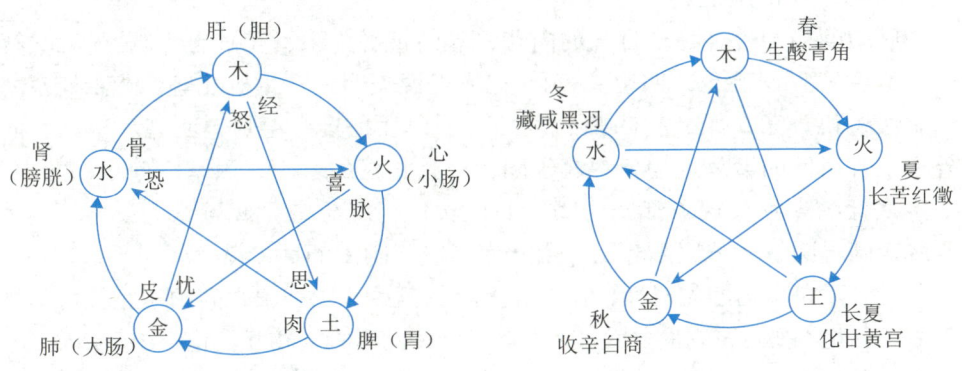

图 1-1 五行与人体的对应　　图 1-2 五行与自然的对应

(二)中医药康养旅游中整体观念的应用

中医药康养旅游以中医整体观念理论为指导,根据"天人合一"理论,结合体质,顺应四时气候变化,围绕旅游"六要素"等各环节,对游客进行科学指导,健康养生,从而达到人与自然的和谐统一。

1. 全周期管理

《素问·四气调神大论》记载有"春生、夏长、秋收、冬藏"四时养生的方法,说明人生天地之间,理应与天地自然之气相应。"四时养生"就是要顺应一年当中四季气候变化的规律和特点,其核心思想为"顺应四时,趋利避害"。因此,"天人合一"、道法自然的整体观可以指导中医药康养旅游理论和实践。在中医药康养旅游中,可将中医整体观渗透到食、住、行、游、购、娱全过程当中。在评估、调整游客的状态时兼顾季节、地域及体质、性别、年龄等差异而采取相应的旅游康养方式。

2. 个体化管理

中医强调"三因制宜",即因时、因地、因人制宜,而这充分体现着整体观念中的个体化健康理念。在中医药康养旅游中，"天人相应，三因制宜"可作为纲领性的指导原则，中医药旅游产品和中医药旅游服务要体现个性化。

以九种体质辨识应用于中医药康养旅游，例如气虚质者宜补益脾肺，升阳举陷。在中医药康养旅游中可以多进行日光浴生发阳气。适宜进行一些和缓运动，如传统的养生功法，避免激烈运动耗气。饮食上选择性味平和偏温补的食材，如粳米、山药、大枣等食物。

二、中医药康养中的阴阳学说

（一）阴阳的概述

阴阳的初始含义是指日光的向背，即向日者为阳，背日者为阴。《说文解字》所说："阳，高也，明也。"由于向阳处温暖明亮、生机旺盛，背阳处寒凉晦暗、生机萧条，故此将阴阳的含义引申为凡是具有温热、明亮、运动、向外、上升属性的事物或现象都属于阳，与其相对的寒冷、黑暗、静止、向内、下降属性的事物或现象都属于阴。如日与月、白与昼、天与地、上与下、升与降、晴与阴等，分属阳和阴，由此而形成了阴阳的抽象概念。

阴和阳是事物的相对性，存在着无限可分性，阴和阳之间的相互关系不是孤立、静止不变的，它们之间是相互联系、相互影响、相互转化、相反相成的。

拓展阅读 1-4

一年四时之中，阴极而阳生，在冬至之时正是阳生的开始，之后到春夏两季阴消阳长，白日逐渐延长，气温也随之而逐渐升高，植物开始萌发茂盛的生长周期，动物的活跃性也日益增加；阳极而阴长，在夏至之时阳极而生阴，到秋冬季阳消阴长，白日时间缩短，气温下降，植物凋谢枯萎，动物的活跃性降低，阳杀阴藏，往复循环，年复一年。

阴阳的基本内容如下图所示：

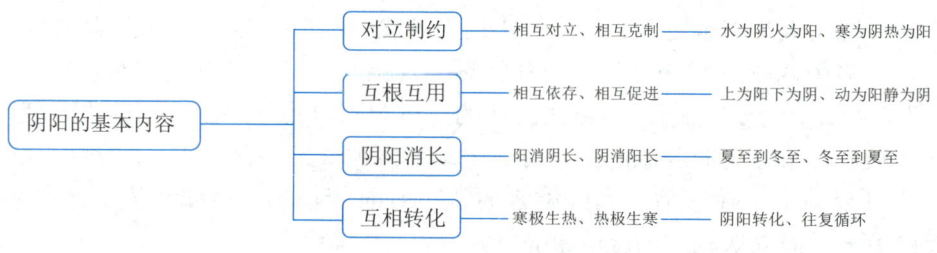

图 1-3　阴阳的基本内容

（二）中医学中的阴阳

人体是一个有机整体，组成人体的各脏腑、组织、器官、经络之间相互联系，都可以根据其所在的部位和功能，划分为相互对立的阴阳两方面。在中医学中，根据临床表现可辨别病情的阴阳属性，分析疾病的辨证规律，确定治疗原则。

中医八纲辨证包括阴阳、表里、寒热、虚实。阴阳是八纲辨证的总纲。表现为苍白、怕冷、不热、不痛等症者为阴证，表现为红、肿、热、痛等症者为阳证。

治疗以调整阴阳平衡为原则。补其不足，泻其有余，阳胜则热，宜用寒药制其阳，阴盛则寒，要用滋阴药物补其阴，使阴阳偏胜偏衰现象回归于平衡状态。

中药药性主要指寒、热、温、凉四种，又称"四气"。寒凉药物属阴，如黄芩、栀子等；温热药物属阳，如当归、川芎。按中药的酸、苦、甘、辛、咸"五味"分类，辛、甘、淡属阳，酸、苦、咸属阴。药性升浮者为阳，沉降者为阴。

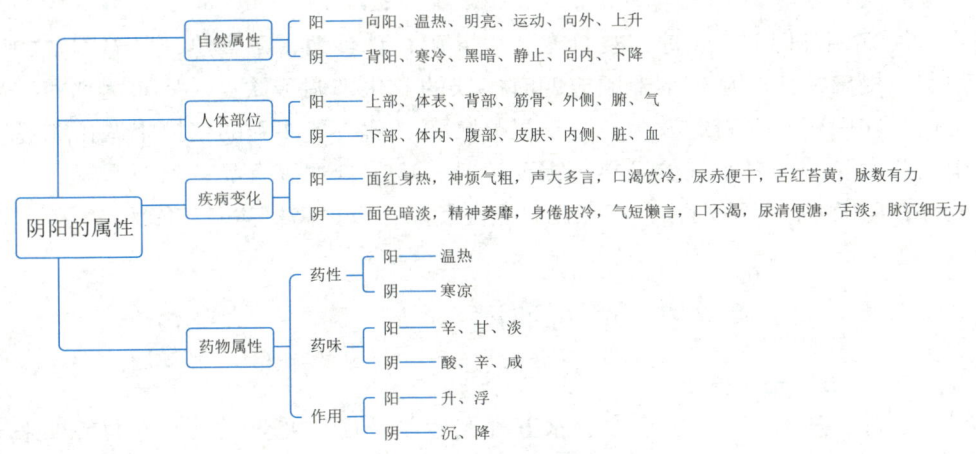

图 1-4　阴阳属性简图

（三）中医药康养旅游中阴阳理论的应用

1. 四时康养

中医"春夏养阳，秋冬养阴"的理论基础，在康养旅游中，提倡顺应四时阴阳盛衰指导游客进行正确的起居生活，并合理调配膳食，从而达到天人合一的协同效果。顺时养生的具体方法，如春夏两季正值阴消阳长之际，应适宜调整起居作息以顺应阳气的生发趋势，保持人与自然界的协调统一。春为少阳，宜夜卧早起；夏为太阳，宜夜卧早起．秋冬两季正值阳消阴长之时，秋季为少阴，宜早卧早起，收敛神气；冬季为太阴，宜早卧早起。在膳食方面，春夏宜发散升提温阳的食物，秋冬宜用收敛潜降滋阴的食物。根据不同的地理环境合理选择药食，顺时康生，达到"阴平阳秘"的平衡状态。

2. 因地康养

在中医药康养旅游中，应当善于利用当地的地域特点，例如我国南方沿海地区，气候湿热属阳，而当地特色食材多为偏咸的水产，那么养生旅游中，在品尝当地美食时，可以佐配清热利湿性质属阴之品，如橙子、猕猴桃等甘凉的南方水果，还可以应用莲子、茯苓、薏苡仁、陈皮、砂仁等道地药材。又如我国西北地区，气候以燥寒为主，牛羊肉为特色美食，但是其过于燥热，偏阳亢，那么可以佐配一些清热生津滋阴的食物，例如特色水果哈密瓜、西瓜等，或是性质甘寒的酥油茶。这样根据地域特征趋利避害，使人体与自然环境更加和谐统一，达到"阴平阳秘"，就是中医药康养旅游中"因地施膳"的本质。总之，药食取材于当地，既符合中医因地制宜康养的原则，又具有中医"简、便、验、廉"的特点。

3. 饮食康养

《本草纲目》"春食凉，夏食寒，以养阳；秋食温，冬食热，以养阴"的记载，提出人体应从根本上顺应四时气候的变化来调摄饮食，从而达到养生防病。在中医药康养旅游中，可根据春、夏、秋、冬四季的变换来调摄旅途中的膳食。例如夏季气候炎热，需要清补，应少食油腻食品；秋季干燥，宜滋补；冬天寒冷需要温补，应多食温热性食品，以提高机体耐寒能力。

三、中医药康养中的五行理论

（一）五行理论概述

五行，是木、火、土、金、水五种属性以及运行变化。以五行的特性来分析、归纳人体的形体、官窍、脏腑、经络等组织器官，以及精神情志，构建以五脏为中心的生理病理系统，与自然环境相联系，建立天人一体的五脏系统。

（二）五行特性

古人以木、火、土、金、水这五种概念来取象比类。

木曰曲直：木具有能曲能直、向上向外舒展的性质，用木之升发特性概括春季温暖和万物生机勃发的特征，故把具有生长、升发、条达、舒畅性质和作用的事物或现象，归属于木。

火曰炎上：火具有炎热、向上的性质，故把具有温热、升腾、明亮性质和作用的事物或现象，归属于火。以火之炎热向上特性来概括夏季炎热、万物茂盛的特征。

土曰稼穑：土具有播种和收获的性质，故把具有收纳、承载、生化性质和作用的事物或现象，归属于土。

金曰从革：金具有变革的性质，故把具有清洁、肃降、收敛、发声性质和作用的事物或现象，归属于金。以金的沉降清肃特性，来概括秋天凉燥和万物收敛凋零的特征。

水曰润下：水具有滋润、向下的性质，故把具有滋润、向下、寒凉、闭藏性质和作用的事物或现象，归属于水。以水善于渗下滋润之特性来概括冬气寒冷和万物闭藏的特征。

由此将四季气候特点和生化特点抽象为五行，以自然气候风、热、湿、燥、寒之间正常的相互制约与异常的相互制胜的规律，抽象为木、火、土、金、水的生克制化和乘侮规律，并用以解释自然界和人体相互关联的事物之间的相互关系及其运动变化规律。

表 1-3　五行属性归类表

自然界								五行				人体					
五音	五果	五味	五色	五化	五气	方位	季节	五行	五脏	六腑	五体	五华	五官	五志	五声	五液	五神
角	李	酸	青	生	风	东	春	木	肝	胆	筋	爪	目	怒	呼	泪	魂
徵	杏	苦	赤	长	暑	南	夏	火	心	小肠	脉	面	舌	喜	笑	汗	神
宫	枣	甘	黄	化	湿	中	长夏	土	脾	胃三焦	肉	唇	口	思	歌	涎	意
商	桃	辛	白	收	燥	西	秋	金	肺	大肠	皮	毛	鼻	忧	哭	涕	魄
羽	栗	咸	黑	藏	寒	北	冬	水	肾	膀胱	骨	发	耳	恐	呻	唾	志

五行之间存在着相生相克的联系和规律，所谓相生，即相互资生、促进、助长之意；所谓相克，即相互制约、克服、抑制之意。生克是五行理论用以概括和说明事物联系和发展变化的基本观点。

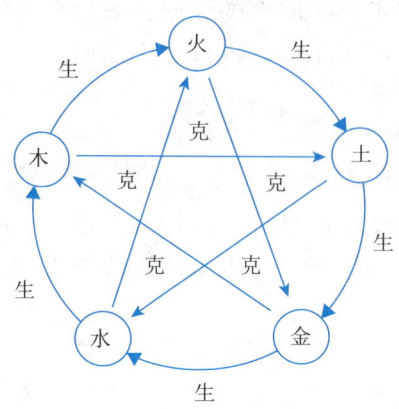

图 1-5 五行生克图

(三)中医药康养旅游中五行理论的应用

五行理论是中国古代的系统论,五行概念的木、火、土、金、水源自古人对中原地带四时气候和物候特点的抽象概括。中医学以之类比人体脏腑组织以及自然界相关事物,形成了以五脏为中心的、各系统之间相互联系的整体,归纳疾病的性质,指导养生保健、防病治病。

五行涉及季节、气候、方位、地域、食物等自然现象,也涉及五行相对应的脏腑功能,与康养旅游密切相关。

1. 食疗康养

在传统五行中以金为白、木为绿、水为黑、火为红、土为黄作为五种食物,而这种对应关系也说明了食物中的五行。白色食物有滋阴润肺之功效,如山药、百合、杏仁、白果、洋葱等;而绿色食物可滋养肝脏,包含菠菜、芹菜、黄瓜、莴苣等各种绿色食物,其所含有的大量的叶绿素以及维生素或者纤维素等物质具有调节消化功能作用;黑色食物可滋养肾脏,如黑豆、黑木耳、黑芝麻、黑枣、蓝莓、桑葚等,此类食物含有黑色素,可促进生殖系统及人体的新陈代谢;红色食物益气生血养心,如红枣、红萝卜、辣椒、番茄、山楂等;黄色食物滋阴脾胃,如黄豆、南瓜、牛肉、山芋等,对脾胃有较大益处。五行对应五味,酸对应木,也就是酸属木,苦对应火,辛对应金,咸对应水、甜对应土。用五行理论来分析、认识各种现象,使人体处于一种适应自然规律的过程中。

2. 音乐康养

《素问·阴阳应象大论》中将五音与天、地、身、心相联系,将角、徵、宫、商、羽分属木、火、土、金、水,从而五音与五脏相通,有了"五脏相音"学说,即角声入肝,徵声入心,宫声入脾,商音入肺,羽声入肾。中医理论认为角音为木音通于肝,可疏肝解郁;徵音为火音通于心,会鼓舞心阳;宫音为土音通于脾,可健脾益胃;商音为金音通于肺,可养阴润肺;羽音为水音通于肾,可保肾藏精。在旅游中设计一些音乐养生,在不同的养生区域内播放不同类型的音乐,供游客在休闲漫步、坐卧行躺都可以聆听五行音乐,达到保健养生的效果。按照"五脏相音"学说我们还可根据五行生克的规律,用于治疗他脏之病。

欧阳修曾说"在夷陵,青山绿水日在目前,无复俗累,琴虽不佳,意则自释",提出音乐治疗要有一个舒适优美的青山绿水般的环境,或如绿野仙林,或如浩瀚海面,或如高山流水。这种如临其境的意境设计,需要按照不同的对象,使音乐与治疗对象的身心具有共同性或互补性,这与现代音乐养生(疗法)中强调环境、色彩的选择至关重要是一致的。

3. 四季康养

四季气候的变化对人体的生理功能产生一定的影响。春季阳气生发,五行属木,木气条达,五脏属肝,在康养旅游中以疏肝解郁、生发阳气为主题开展旅游项目。例如可以在温度适宜、阳光温暖的时间段选择日光浴,温煦阳气。可采用桂皮、丁香等辛香发散之品进行芳香养生。饮食上,肝旺于春,肝木太过则会克土影响脾胃功能,而入肝的酸味收敛不利于阳气生发和肝气的条畅,因此"当春之时,食味宜减酸增甘",应该提供更多的甘味养生食品,也可适度使用一些辛味发散之品以助春阳。运动上春天有助于吐故纳新,促进气血运行,在森林自然环境中开展各项户外运动,森林漫步、森林越野、森林瑜伽、传统养生功法等都是比较好的运动形式。此季节应该以疏肝解郁为大法,进行适当的解压释放,舒畅气机。秋季凉爽干燥,在五行属金,五脏属肺,肺脏喜润恶燥。故秋季饮食应选用平补润肺之品,以免有燥邪伤肺之役。如百合银耳汤、瘦肉冬瓜汤、川贝炖雪梨、萝卜炖鸭等均为秋季食疗养生之佳品。

四、中医药康养中的辨证论治

(一)辨证论治概述

辨证论治是中医学的基本特点之一。通过中医四诊望、闻、问、切收集病情信息,为识别疾病提供依据;通过阴、阳、表、里、寒、热、虚、实八纲来分析信息,获得诊断,从而选方用药。辨证论治的过程,就是认识疾病和解决疾病

拓展阅读 1-6

的过程。

（二）中医药康养旅游中辨证论治的应用

在康养旅游中，通过中医辨证对游客进行体质辨识，综合判断游客的体质状态，从饮食、药膳、起居、心理等方面着手干预，制定相应的预防、保健等措施，为游客提供个性化的养生保健方案，使游客的偏颇体质得到改善，失衡状态得到调整，达到健康养生的目的。

1. 辨证施补

辨证施补，即根据中医药理论的原则，在进补时针对虚证的不同表现，全面分析，辨别出气、血、阴、阳不同虚证和疾病的走势，制定相应的食物或者中药进补方法。

进补不仅可以治疗疾病，还可以预防疾病，促进机体康复，增强体质。机体的补益主要针对"虚"而言，"虚则补之"，进补前，应先了解"虚"的概念，无虚则不宜进补。所谓"虚"主要是指人体正气不足、气血阴阳亏虚所导致的一系列不良表现。了解虚证的不同特点，有针对性地进补，方能收到良好效果。

例如阳虚体质者，主要是因机体阳气不足、代谢热量不足的体能状态。临床常表现为面色苍白，手脚冰凉，怕冷喜暖，喜食热饮，小腹腰膝冷痛，小便清长等。可选用羊肉、鸡肉、狗肉、韭菜等温热性质的食物。药物可选用鹿茸、巴戟天、冬虫夏草、淫羊藿、肉苁蓉等补阳中药。

阴虚体质者，常表现为形体消瘦、面红潮热、五心烦热、口干咽燥、盗汗等。食补可选用绿豆、莲子、银耳、海参、鸭肉等甘寒食物。药物应选用百合、石斛、麦冬、沙参、玉竹等，具有滋阴功效。

2. 辨证施膳

辨证施膳是中医药膳干预的核心内容，调理脏腑气血，协调机体阴阳，从而起到保健、防病作用。中医药膳含医、食为一体，它取药物之性，用食物之味，食借药力，药助食功，相得益彰，故而独擅养生防病之功。调理原则以平衡阴阳、调理脏腑、三因制宜为应用原则，将不同药物与食物合理组方配伍，既能满足人们日常对美味食品的追求，同时又能发挥调理生理机能、增强机体素质、预防疾病发生、保持人体健康的作用。

五、中医药康养中的治未病

（一）治未病思想概述

治未病是以中医基础理论为指导，研究中医养生、预防、保健以及治疗疾病的作用原理、治疗方法、适用范围的一门系统学科，是中医学的重要组成部分之一。《黄帝内经》中提出的三条中医基本原理"上工治未病，下工治已病""正气存内，邪不可干"和"有胃气则生，无胃气则死"阐述的是同一个主题，就是治未病思想的养生理论。治未病即中医学的预防思想，包括未病先防和既病防变。

1. 未病先防

未病先防是指在未病之前，通过各种养生方法增强体质，保护正气，提高人体抵抗外邪的能力。所谓"正气存内，邪不可干"，使"虚邪贼风"无法侵袭人体，做好预防工作以避免疾病的发生。未病先防重在养生，主要包括顺应自然、调畅情志、保持"阴平阳秘"三个方面。

2. 既病防变

既病防变，是指在疾病发生的初始阶段，做到早诊断、早治疗，以防止疾病的发展及传变。既病防变，顾名思义，已经生病了就要及时地治疗，要能够预测到疾病可能的发展方向，以防止疾病的进一步发展。

《素问·上古天真论》："上古之人，其知道者，法于阴阳，和于术数，食饮有节，起居有常，不妄作劳，故能形与神俱，而尽终其天年，度百岁乃去。"其养生理念就是顺应四时养生，适应自然界阴阳的变化规律；强身健体，正确、恰当地运用各种养生方法；饮食节制，调养有度，避免暴饮暴食；起居作息正常，生活规律；劳作强度适度，避免过度劳累。最终达到"不治已病治未病""未病先防，已病防变"的养生保健目的。

（二）中医药康养旅游中治未病思想的应用

1. 顺应天时

《黄帝内经》以"天人相应"观为出发点，主张养生要适应自然规律。旅游在休闲娱乐的同时，亦需顺应自然规律。自然界有春、夏、秋、冬之分，气候相应的就有温、热、凉、寒之变，作为生活在其中的人，就应当根据气候的不同变化而采取相应的养护和保健方法，才能使自身保持相对稳定的状态，取得较好的养生效果，增强正气，预防疾病的发生。在旅游途中，春秋季流感高发，携带板蓝根冲剂，常戴口罩来预防；夏季携带中药香囊防蚊虫叮咬；长夏季节常备藿香正气液预防中暑；去高原前喝红景天等等，都是中医治未病思想的体现。

2. 形神共养

形神相互依存、相互影响，《黄帝内经》认为应以养神为先。旅游当中更应偏重于养神，通过旅游，人们得到最多的是情志的调养，或使自己精力充沛，或使身心调达，或解除抑郁，或平静心态。在旅游途中设计一些音乐，在不同的养生区域内播放不同类型的音乐，供游客在休闲漫步、坐卧行躺都可以聆听五行音乐，达到调养心神的目的。

治未病是一种预防保健手段，秉持"未病养生、防病于先，欲病施治、防微杜渐，已病早治、防止传变"的理念，采用多种措施防止疾病的发生与发展。治未病理论是中医康养体系的核心理论，中医药康养旅游产业的发展战略正是因为紧紧围绕着中医治未病理论，方可创造出良好的综合效益。

 案例 1-1

红景天预防高原反应

红景天属于景天科植物，这种植物在中医、藏医里都经常用于治疗高原疾病。游客如果计划进入高原，可以提前1周服用红景天，熬水或者泡茶喝，到达高原后需要继续服用，至回到平原后再服用2~3天，让身体适应从高原到平原的环境改变，起到预防高原反应的作用。

【案例分析】红景天的主要药用成分为红景天苷，红景天苷具有减轻缺氧损失、抗疲劳等功效，可以降低由于缺氧引起的应激反应。提前服用可预防或者减轻高原反应，便是中医治未病思想中未病先防、既病防变的重要体现，通过预测到去高原可能出现高原反应，提前口服红景天可预防或者减轻高原反应。

六、中医药康养中药食同源中药的应用

（一）中药的基础知识

1. 中药的概念

中药是指在中医药理论指导下用于预防、治疗疾病，或具有康养作用的物质。通常，中药都规定有功能主治、适应证及用法用量等。

拓展阅读 1-7

2. 中药的性能

中药的性能包括四气、五味、归经、升降浮沉、毒性等内容。

表 1-4 中药的性能

中药性能	概念	内涵	举例
四气	指中药的寒、热、温、凉四种不同的药性，又称四性	是根据中药作用于人体后所产生的不同反应，以及所获得的不同疗效而总结出来的	清热燥湿的黄连为寒凉药；温中散寒的干姜为温热药

— 14 —

续表

中药性能	概念	内涵	举例
五味	指中药的酸、苦、甘、辛、咸五种滋味	是部分中药真实滋味的反映,更是对中药作用规律的高度概括	干姜味辛,能温散中焦、上焦寒邪
归经	是指中药进入机体后的作用部位	中药对人体某些脏腑经络有特殊的亲和性,反映了中药对机体脏腑经络的选择性作用	干姜温中散寒,主入脾胃经
升降浮沉	指中药作用的趋向性	指中药作用机体后有向上、向下、向外、向内四种不同的趋向,是与疾病所表现的趋向性相对而言的	具有泻下作用的大黄为沉降药;能清肝明目的菊花为升浮药
毒性	指中药对机体的伤害性	①广义的毒性:指中药的偏性。认为凡药皆有偏性,中药对于健康人或非适应证的人都具有损害性,不存在绝对无毒的中药; ②狭义的毒性:指中药对机体所产生的不良影响及损害性; ③中药毒性的大小,主要取决于剂量的大小以及服用时间的长短	毒性较强的附子经过对症下药、规范炮制、合理配伍、正确煎服后,可保证安全用药,起到回阳救逆的功效

3. 中药的炮制

中医药行业有"炮制虽繁必不敢省人工,品味虽贵必不敢减物力"之说,中药炮制是传统中医药文化中的精粹,是我国非物质文化遗产。是指在中医药理论指导下,以中药材为原料,根据其自身的性质,以及调剂、制剂和临床应用的需要,所采取的一项传统制药技术。

拓展阅读 1-8

中医临床用药的根本原则是保证用药的安全、有效,而中药炮制是其重要环节之一。通过炮制,可降低或消除中药毒副作用以保证用药安全;增强中药作用以提高临床疗效;或改变中药性能以扩大适应范围;矫味矫臭,便于服用等。

"制药关乎人命,非药无效,而是炮制不当",中药炮制与否或炮制方法是否得当,都直接关系到中医临床疗效。故中医历来强调依方炮制、依法炮制,把炮制作为人工调控中药品质、保证临床用药安全有效的一种重要手段。

 案例1-2

老药工们的工匠精神

中药炮制历史悠久,在长期的发展进程中,因地方用药习惯的不同以及道地药材的特性等因素,中药炮制主要分为了四大流派:樟帮、建昌帮、京帮以及川帮。各流派在其炮制方法或炮制辅料上均各有特色。其中樟帮以其精湛的切制技艺闻名。樟帮中药炮制非遗传承人丁社如，能在3分钟内将一寸长的白芍切制成360片薄如蝉翼的"飞天白芍片"。

中药之魂在其品质，而品质之魂则存于匠心。正是这些老药工数十年如一日孜孜不倦追求中药品质的工匠精神，使得我国中医药宝贵文化得以传承和发展。心心在一艺，其艺必工。各行各业都需要秉承精益求精的工匠精神，方能使行业得到高质量发展。

（二）药食同源中药的基础知识

1. 药食同源中药的概念

药食同源中药是基于药食同源理念的指导，在我国传统中医药学和食疗学中使用的既可作食用又可作药用的中药。药食同源中药其本质为可食用的中药，因其兼具药食两用性，历来都是进行食品或保健品开发的重要原料。

2. 药食同源中药的品种

拓展阅读 1-9

目前，我国药食同源中药主要是指国家卫生健康委员会颁布的《既是食品又是药品的物品名单》里的110个品种。药食同源中药安全性高，按食品要求，对人体无毒、无害；符合应当有的营养要求；对人体健康不造成任何急性、亚急性或者慢性危害；作为普通食品，可以不经国家批准直接销售使用。

（三）中医药康养中药食同源中药的应用及案例

1. 正确用药观

在中医药康养中，使用药物时必须以保证安全并且取得预期疗效为原则。而人们在实际使用过程中往往会出现两个误区：一个是认为补益类中药均无毒，可以长期服用；二是使用无毒的中药时，盲目加大用量，忽视安全，以致引起中毒反应。

在中医药康养中，首先，我们应该树立正确的用药观，即"有毒观念，无毒用药"。凡药皆有偏性，我们应该重视中药毒性的普遍性，树立中药使用不当会对机体造成损害的观念。其次，要采取措施，比如炮制等，降低或消除中药的毒副作用。

◀◀◀ 案例 1-3 ▶▶▶

人们普遍认为补药是没有毒的，于是便在日常的中药康养中长期服用。由于没有专业知识支撑，很多人认为何首乌是补肝肾、益精血、乌须发的补益药，于是将何首乌制成蜜丸或泡酒长期服用，结果导致肝损伤。殊不知，何首乌药材有生首乌和制首乌两种饮片，制首乌才具有补肝肾、益精血、乌须发、强筋骨、化浊降脂的功效，而生首乌能通便、止痒，长期服用可引起肝毒性损伤。所以人们在使用中药康养时应该树立"有毒观念，无毒用药"的正确用药观。

2. 中药康养的应用原则

①首选药食两用的中药，其次是可用于保健品的中药。
②在中医理论指导下辨证用药。
③服用方法宜简单、方便。

3. 应用方法

（1）中药膳食坊

以中医治未病思想为指导，根据中医体质分型及客户需求，以药食同源中药、中药保健品原料目录中药为原料，为游客订制中药康养膳食，如药膳、药茶、药酒、膏方、甜点（棒棒糖、青团、山楂丸、八珍糕、月饼）等。

（2）中药手作坊

以药食同源中药、中药保健品原料目录中药为原料，为游客提供简单易操作的手作活动，比如制作香囊、艾条、唇膏、香皂、面膜等，让游客既能体验动手操作的乐趣，又能感受中医药文化的魅力。

◀◀◀ 案例1-4 ▶▶▶

制作中药香囊

我国的香文化具有悠久历史，香囊文化是其中重要组成部分。古人佩戴香囊的历史可追溯到三千多年前的商周时期。香囊属于佩囊的一种，因布囊中盛放的是具有芳香味的中药、香料而得名，又被称为香包、佩帏等。屈原《离骚》里就描述了很多香草、香料、香囊，如"扈江蓠与辟芷兮，纫秋兰以为佩……椒专佞以慢慆兮，又欲充夫佩帏"，经本草考证，江蓠、辟芷是装香囊的常用原料川芎、白芷。

香囊除了可以芳香除臭外，还可以用于祛虫、避秽、预防疾病。现代研究表明，装香囊的中药通常富含挥发性成分，可以刺激呼吸道黏膜产生黏液，提高血清、黏膜的免疫球蛋白水平，从而提高机体免疫力。此外，多项研究显示，芳香类中药对流感、水痘、麻疹、流行性腮腺炎、慢性呼吸道疾病等多种疾病有预防作用。

中药香囊制作：

作用：避秽提神、祛除蚊虫

配方：丁香、川芎、白芷、艾叶、石菖蒲、野菊花

制作：丁香、川芎、白芷、艾叶、石菖蒲打粗粉；用药匙分别取丁香粉半匙、川芎粉1匙、白芷粉1匙、艾叶粉2匙、石菖蒲粉2匙、野菊花2匙，装入香囊内袋；所有药物装入后，系紧内袋绳子，将香囊内袋装入外袋，系好外袋绳子，即得。

（3）中药康养研学课堂

以中药为主题，为亲子家庭或小学生开设中药康养研学课堂。研学内容可由参观、学习、动手实操等环节组成。参观药用植物园，了解当地的道地药材；参观中药标本馆或博物馆，科普中药文化；实操环节可动手制作中药拼贴画、中药香囊、中药扎染等，让客户在轻松愉快的环境下学习我国传统的中药文化。

（4）中药农场

栽种可供游客采摘的药食两用食材，如薄荷、紫苏、藿香、鱼腥草、小茴香、蒲公英、大青叶、桑葚、红果参等。也可用盆景的形式为游客提供可观赏、可食用的中药，如金银花、菊花、佛手、灵芝、石斛等。

第二节　中医药康养的基本方法

随着时代的发展、生活节奏的加快，加之环境的改变，民众的健康也受到很大的影响，亚健康人群不断增加。人们希望在旅游放松身心的时候，也可得到健康的指导，因此，旅游服务和健康服务相融合的医疗健康旅游产业得到快速发展，而且受到群众的喜爱。

自古以来，中医药养生保健在中国便有广大的群众基础，有广阔的市场，将中医药康养方法运用到旅游当中，形成独具特色的康养疗法，以此达到强身健体、修养身心的目的。

一、中医药康养中的养生方法与服务

（一）中医药康养的养生方法

中医药养生方法有很多，比如情志养生、起居养生、饮食养生、环境养生、运动养生、针药养生等，这些养生方法同样适用于中医药康养旅游，下面介绍中医药康养旅游的养生方法。

1. 情志养生

情志养生是在中医"形神一体"理论思想的指导下，运用各种调神的方法，如：控制情绪、转移注意力、宁心安神等，以保持身心处于良好健康状态的一种养生方法。

所谓情志，指的是喜、怒、思、忧、悲、惊、恐等人的七种情绪。如果在正常范围内适度的情志变化，能协调机体生理、心理活动，利于机体适应社会、环境等变化，是不会对机体产生不良影响的。如果情志变化过于剧烈、持久、不可控制，便会对身体产生不良影响，从而导致疾病的发生。正如《养性延命录》所说："喜怒无常，过之为害。"《三因极——病证方论》则将喜、怒、忧、思、悲、恐、惊七种情绪列为致病原因。情志致病表现如下：喜，指大喜、狂喜。喜则"气缓"，即心气涣散，可以出现心悸、气短、懒言、失眠、健忘等病症。怒，指暴怒或大怒，怒则伤肝，轻者会肝气郁滞，肝木克脾土，导致食欲减退；重者便会出现面色青灰、四肢发抖，甚至晕厥而亡。思，指思虑过度，长期多愁善感，不能排解情绪也能导致疾病。思则伤脾，导致脾虚不思饮食，脾虚不能运化水谷精微，出现完谷不化。忧，是指忧愁、苦闷。忧则伤肺，表现在情绪上，失去欢乐，闷闷不乐，甚至小声抽泣。伤肺可致咳嗽、咳痰、咯血、呼吸短促等。悲，是指悲伤、悲痛。《黄帝内经》有云："悲则气消。"会导致气虚、气短、气陷等。惊，是指突然遇到意外、事故，心理上骤然紧张。受惊后可出现面色苍白、四肢冰冷、目瞪口呆、冷汗出、二便失禁等。恐，是指恐惧不安、心中害怕、精神紧张。恐则伤肾，使精气下陷不能上升。肾司二便，升降失调后便出现二便失禁、阳痿、遗精、早泄等病症，严重者甚至出现精神恍惚，精神错乱。恐与惊密切相关，略有不同，但常常惊恐并提。

因此调畅情志，使机体情志平和，对于机体健康有良好的作用，可达到预防疾病和延缓衰老的目的。控制情志的方法有和喜怒、免忧悲、少思虑、防惊恐。

2. 起居养生

起居养生是人们顺应自然规律的变化，根据季节的变换合理安排日常生活，养成良好的作息习惯的养生方法。《素问·上古天真论》指出："饮食有节，起居有常，不妄劳作，故能形与神俱，而尽终其天年，度百岁乃去"，因此，应做到饮食有节制，不暴饮暴食，不饥饱不匀，作息时间规律，不要过度的劳累，便能达到体态健康，精神饱满，进一步达到身心健康、延年益寿的目的。《素问·四气调神大论》中指出四季的起居养生方法，曰："春三月，夜卧早起，广步于庭，被发缓行，以使志生"；"夏三月，夜卧早起，无厌于日，使志无怒"；"秋三月，早卧早起，与鸡俱兴，使志安宁……逆之则伤肺，冬为飧泄"；"冬三月，早卧晚起，必待日光，使志若伏若匿。……逆之则伤肾，春为痿厥。"这即是说春三月，夜卧早起，随着天气渐暖，人们应该早起，到户外散步，悠闲自在地活动身体。一年之计在于春，立志实现自己的愿望。夏三月也是夜卧早起，天气变得炎热，但是人们不能讨厌太阳，产生愤怒的情绪。秋三月为早卧早起，鸡鸣起床，使志气安宁。这是顺应秋季养护方法，违背了就伤害肺，炎热的天气让毛孔开放，皮肤汗出，因肺合皮毛，若夏天不出汗，那么秋天可能就会出现呼吸系统的疾病。冬天会发完谷不化之飧泄病。冬三月早卧晚起，而冬三月，太阳落得早，人们也睡得早；太阳升起来得晚，人们也起得晚，使志气好像隐伏起来，违背就会伤肾，到春天会产生痿病之疾。这便是顺应四季的变换、起居养生的要点。因此，做到作息时间规律，才能保持身心健康，延年益寿。

3. 饮食养生

饮食养生是指根据不同食物的性能特点，合理摄取食物，达到营养均衡，增进健康、预防疾病、延缓衰老的一种养生方法。在中医药养生保健理论中，饮食原则讲究饮食有节、调和五味、营养搭配均衡等。肾为先天之本，脾胃为后天之本，饮食不节，伤及脾胃，脾胃乃伤，后天补给不足，常常使人致病。《内经》有云"饮食有节，度百岁乃去"，反之"饮食自倍，肠胃乃伤"。因此，应该饮食有节，平衡膳食，注重养护后天之本的脾胃，便能预防疾病，延年益寿。中医将食物分为"酸、苦、甘、辛、咸"五种味道，即是五味，饮食搭配中注重五味的合理搭配，能对五脏起到全面的调理作用。在中医药康养旅游中，便可根据食物的四气五味，营养搭配制作各种食疗、药膳食品，提供给不同的中医药康养旅游者，达到预防疾病、延缓衰老的目的。

4. 环境养生

环境养生是中医药养生学中的一个重要组成部分，它体现了"天人相应""整体观"的中医养生学原理，强调人与自然的和谐统一。在中医药康养旅游中，环境养生是很重要的一部分内容。优美的环境、清新无污染的空气、无污染而充足的水源、充沛的阳光、良好的生态环境等是人类适宜的自然环境，有利于维护健康，保养身体，益寿延年。但总体来说，一切生物包括人类都要适应环境而生存，人类可以利用、支配和改造环境，根据不同的环境，选择不同的养生方法，能够科学养生，提高生活质量，从而达到养生怡性、延年益寿的目的。

5. 运动养生

运动养生是通过活动筋骨关节、调节气息、宁心安神的方式，以疏通经络、行气活血、和调脏腑，进而达到增强体质、延年益寿的一种养生方法。生命在于运动，但中医药康养运动养生讲究动静结合、宁心静气、形神兼养。中医药康养运动养生是以中医的阴阳、五行、气血、脏腑、经络等理论为基础，注意意念、呼吸和躯体运动相配合的一种保健活动。运动养生法，包括导引、吐纳、武术、按摩等为一体的具有中华民族特色的养生方法。广义的运动养生还包括现代体育运动项目，如篮球、足球、游泳等项目。按照运动特点，分为动功和静功。动功包括太极拳、太极剑、八段锦、易筋经等。静功包括放松功、保健功、六字诀等。怎样做到正确地选择锻炼的功法呢？需根据个人体质、爱好选择适合自己的运动类型。例如，中青年人可选择球类、游泳、长跑等运动量较大的运动项目；老年人可选择太极拳、散步、气功等运动量小的项目等。

6. 针药养生

运用传统中药、针灸方法来达到延缓衰老、强身健体的目的。中医经历几千年的传承发展，研制出了很多保健药物，而且创造出很多行之有效的延年益寿方药。汉代张仲景在《金匮要略》中记述了温养脾胃即补养后天之本的黄芪建中汤、补气养血的薯蓣丸、补肾助阳的肾气丸等补养抗衰方剂，尤其是肾气丸，至今仍然是我们的补肾佳品。明代邵应节的七宝美髯丹滋肾水，益肝血，也是补养抗衰的名方，沿用至今。针灸作用于我们的强壮穴，如足三里、三阴交、关元、气海等穴位，能达到鼓舞人体正气，起到强身健体、延缓衰老的目的。

7. 芳香理疗

传统中医常用熏蒸草药来治疗一些皮肤病和慢性病。目前的芳香疗法主要利用精油配合中草药的性味归经，辅助经络运行，达到各个脏腑器官，从而达到阴阳平衡，调养身体。芳香理疗配合中医药康养基地的建设，达到吸引游客的目的。在中医药康养旅游基地中，可种植具有芳香理疗功用相关的中草药，如薄荷具有镇静、止痒之功，可以使人宁心安神，改善睡眠；水仙花会使人感到舒畅、温馨，适合女性游客；石菖蒲具有芳香化浊、醒脾开胃的功效，可调养脾胃。芳香养生可采用香囊、药枕、精油等形式呈现，方便携带。

8. 娱乐养生

娱乐养生指在轻松的气氛中，通过轻松愉快的运动或谈话使人们心情舒畅，达到情志愉悦、锻炼身体、增强体质的目的。在中医药康养旅游基地，能给游客提供舒适的环境，在舒适的环境当中，通过放松的娱乐方法，达到放松自我、疏通百脉、增强体质的目的。在中医药康养旅游中的各种养生娱乐活动，其内容必须是健康的，情趣是高雅的，而且具有生动活泼的特性。如：琴棋书画、花木鸟鱼、艺术欣赏等都属于娱乐养生的方法。

（二）中医药康养的养生服务

中医药康养旅游养生服务指养生者通过接受各种中医类养生方法，达到养生、延年益寿的目的。按国家相关政策规定，中医养生保健服务人员应当具有中医养生保健类相关专业背景或者取得保健调理师等中医养生保健类职业资格或者接受过较为系统的中医养生保健专业培训，遵守卫生健康和中医药相关法律法规，遵守职业道德。患有传染性疾病、精神疾病等不适宜从事中医养生保健服务工作的人员，不得提供中医养生保健服务。养生机构具有提供给养生者一整套养生服务的流程。

1. 体检

（1）常规体检

常规体检是中医养生服务的重要内容。对于有养生保健目的的人，应该建议他至医院进行常规体检，常规体检是为了让养生者掌握自身健康状况。检查项目包括：一般情况、内科检查、外科检查、眼科检查、耳鼻喉科检查、妇科、放射科X线胸片、检验科（血常规、肝肾功、血脂、尿液常规、大便常规）检查。

（2）特殊人群体检

在健康体检中，中老年人及已婚女性等特殊人群应进行差异性体检，根据检查结果给予不同的养生保健意见。根据中老年人容易患慢性病且疾病容易变化的身体特征，每半年进行一次体检。已婚女性应注重宫颈癌、乳腺癌的筛查。中老年人容易患高血压、糖尿病、心脏病、高脂血症、脂肪肝、肿瘤等。因此检查项目包括：血压、血糖、肝肾功能、血脂检查、血常规、尿常规、大便常规、肿瘤标志物、心电图、腹部彩超、胸部X线等。

2. 中医养生保健服务内容

中医养生保健服务内容主要包括中医健康状态体质辨识与评估、建立养生健康档案、中医健康咨询指导、中医健康干预调理、中医健康教育等。

（1）中医健康状态体质辨识与评估

中医健康状态体质辨识与评估是指在中医理论指导下，通过中医健康检查项目对养生者的健康状态进行辨识、评估。主要通过中医体质辨识、舌象、脉象测评等技术导入健康状态测评体系，将健康状态分为健康、亚健康、亚临床、疾病状态，根据不同阶段的中医健康状态，给予相应的中医药康养干预措施，并进行效果评估。

（2）建立养生健康档案

养生健康档案，是个人健康养生保健、疾病防治过程的规范、全面、动态、连续的记录。以个人为中心，贯穿整个中医药康养保健过程。内容主要包括养生者的生活习惯、既往病史、诊治情况、家族病史、现病史、体检结果及疾病的发生、发展、治疗和转归的过程等。建立养生健康档案是中医药康养的基础。

（3）中医健康干预调理

中医健康干预调理是指根据养生者的调养方案，为养生者提供独具中医特色的健康干预调理服务。对养生者进行健康干预调理时可以使用按摩、刮痧、拔罐、艾灸、熏洗等中医药技术方法及以中医理论为指导的其他养生保健技术方法，如情志养生、起居养生、运动养生等。中医药康养旅游基地不得提供有创性的养生保健服务，如瘢痕灸、中药保留灌肠、穴位注射、穴位埋线等。

（4）中医健康教育

向养生者介绍中医药康养保健的基本理念和常用方法，宣传常见疾病的中医药养生保健知识，重点介绍中医药对常见病，如高血压、糖尿病、高脂血症、冠心病、慢性支气管炎、失眠、便秘等疾病的认识及养生保健。

二、中医药治疗方法

中医药治疗方法按治疗途径可分为内治法和外治法两大类。在内治法中最具特色的是根据中医整体观的辨证论治，而运用各种中草药的疗法。中医辨证论治就是把四诊（望诊、闻诊、问诊、切诊）所收集的症状和体征，通过分析、综合，辨清疾病的病因、病性、病位，以及邪正之间的关系，判断为某种性质的证。根据辨证的结果，确定相应的治疗方法。如汗、吐、下、和、温、清、消、补等八法，其适应范围相对广泛，是中医治疗的主要方法。在外治法中最具特色的有针灸疗法、推拿疗法、穴位敷贴疗法、熏洗疗法、拔火罐疗法、刮痧疗法等。与中医药康养旅游密切相关的主要是外治疗法。

（一）针灸疗法

针灸疗法分为针法和灸法。针法指采用不同的针具或器具，通过一定的手法刺激人体一定部位的腧穴，以防治疾病的方法。它通过进针后的手法，如补、泻、平补平泻等的配合运用，以达到治疗疾病的目的。灸法，又称"艾灸"疗法，因常常使用的是艾绒作为燃烧材料，因此又称为艾灸疗法。它主要是将以艾绒为主的施灸材料烧灼、熏熨体表的一定部位或腧穴，通过温通经络，调理脏腑，达到防病治病、益寿延年的目的。灸法虽然略有烧灼皮肤之痛，但不像针刺那样深入肌肉而达体内，所以人们更能接受灸法，因此在中医药康养旅游中，灸法是一种常用的养生保健方法。灸法一般采用艾绒为主的艾灸，其气味芳香，但也有人觉得是不良的气味，随着现代技术的发展，出现了无烟灸，甚至雀啄灸（一种治疗仪），它不会出现任何的气味，现代人更能接受。传统灸法分为艾炷灸疗法、艾条灸疗法、温针灸疗法、隔姜灸疗法、隔盐灸疗法等。

图 1-6　针刺　摄影：李苹

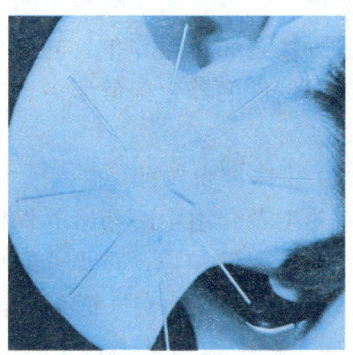

图 1-7　针刺疗法　摄影：李苹

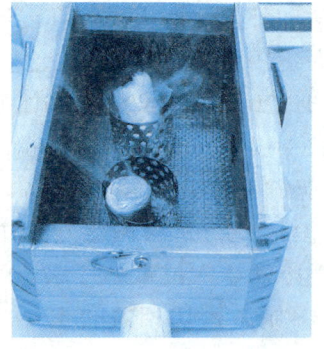

图 1-8　艾灸　摄影：李苹

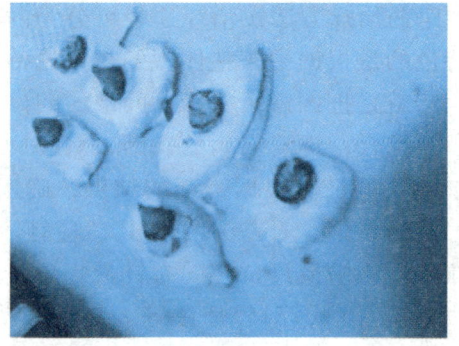

图 1-9　隔物灸　摄影：李苹

（二）推拿疗法

推拿又称按摩，是人类最古老的一种外治疗法。推拿疗法是在中医的理论指导下，结合现代医学理论，运用推拿手法作用于人体特定的部位和穴位，以达到防治疾病的一种治疗方法。推拿疗法具有无创的优点，有疏通经络、缓解病痛、强身健体的功效。推拿疗法按照推拿的部位分类，常见的有梳头保健、面部按摩、眼部按摩、足部按摩、手部按摩等。推拿手法的具体方法有推法、拿法、按法、摩法、揉法、捻法、滚法。

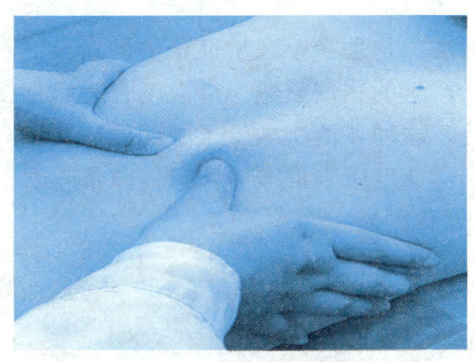 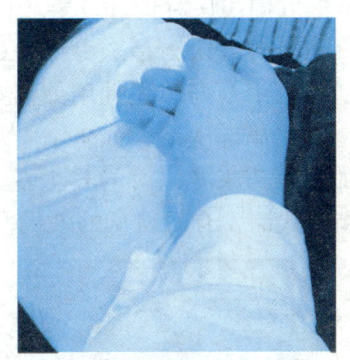

图1-10　推拿疗法　摄影：李苹　　　图1-11　推拿疗法　摄影：李苹

（三）穴位敷贴疗法

穴位敷贴疗法是在中医理论的指导下，将药物敷于人体一定的部位，药物通过皮肤吸收，刺激局部经络穴位，达到预防和治疗疾病的一种方法。

其疗法源远流长，早在远古时期，人们就学会用草根、树叶、树皮外敷伤口止血。此疗法主要运用于中医养生保健和亚健康状态的调理，强壮穴位常常选择关元、足三里、气海、肾俞等。实施穴位敷贴时，要详细询问病史，了解患者是否对敷贴药物过敏。对药物过敏者切勿使用。敷贴后注意皮肤是否过敏，如有皮肤红疹、溃烂等，立即停止使用。目前流传最广的穴位敷贴便是三九贴和三伏贴。三九指的是二十四节气"冬至"后的三个九天，是一年中最冷的日子。"三九贴"指在每年三九天用中药外敷特定的穴位，以达到预防和治疗疾病的一种方法。"三伏贴"指的是每年在阳气最旺的三伏天，通过三伏贴，激发人体潜藏的阳气，达到防治疾病的方法。它是"冬病夏治"的典范，如老年人常患的支气管炎、支气管哮喘等在冬天容易发病及加重的疾病，利用"三伏贴"可以使患者获得理想的疗效。由于该法操作简便，费用低廉，又无明显副作用，所以深受患者及养生者欢迎。可见穴位敷贴疗法也是中医药康养旅游基地可以大力开展的养生方法。

（四）熏洗疗法

熏洗疗法，是将药物煎汤熬制，趁热在皮肤或患处进行熏蒸、淋洗的治疗方法。它是通过药力和热力作用于皮肤或患处，促使腠理毛孔疏通使邪有出路、经络通畅、气血顺畅，从而达到防治疾病的目的。中药熏洗作用于体表，可以杀虫、杀菌、消炎、止痛、止痒等。其疗法有局部熏洗法和全身熏洗法。局部熏洗法常用的有足熏洗法、坐浴熏洗法等多种方法。足浴熏洗法，对缓解疲劳、缓解紧张情绪、改善睡眠有良好的效果。坐浴熏洗法，对妇科炎症、肛周疾病有良好效果。

药浴可以认为是全身熏洗的外治法，它是在中医辨证论治的指导下，选配适当的中草药，先利用煎汤煮沸后产生的蒸气熏蒸，待温度合适后直接进行全身或局部洗浴，如坐浴、足浴等。这种外治法减少了服药的痛苦。对于参加中医药康养旅游的养生者，特别对亚健康人群缓解疲劳，改善睡眠，促进新陈代谢，有看得见的效果，受欢迎程度高。

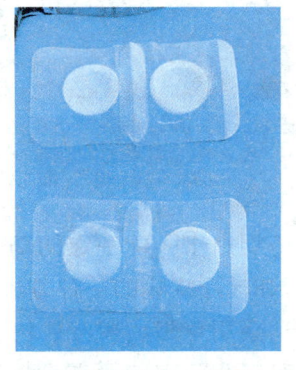
图1-12　敷贴疗法　摄影：李苹

图1-13　足浴　摄影：李苹

（五）拔罐疗法

这是一种以杯罐作为工具，借热力排去其中的空气产生负压，使吸着于皮肤，造成吸着处皮肤充血、瘀血，产生刺激以调节机体功能，从而达到防治疾病的目的。拔罐疗法具有温经散寒、活血行气、止痛消肿等功效，因此常应用于外感风寒之感冒、关节疼痛、腰背疼痛、咳嗽气喘等疾病，以及疮疡将溃或已溃脓毒排泄不畅的外科疾病。常用拔罐法有留罐法、走罐法、闪罐法等。现代人工作、生活压力大，腰腿痛、关节痛、慢性咳嗽的发病率高，人们苦于没有时间去医院，在旅游放松时，配以中医特色的治疗方法，让养生者达到身心健康的目的。

 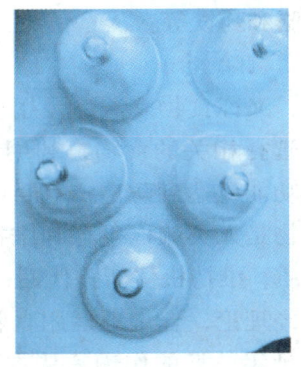

图 1-14　拔罐疗法　摄影：李苹　　图 1-15　拔罐疗法　摄影：李苹

（六）刮痧疗法

刮痧疗法是以中医经络理论为基础，用铜钱、硬币、竹板、玉石等工具在人体皮肤一定部位直接刮拭，出现痧斑或痧痕，以起到疏通经络、行气活血、清热解毒、安神定惊的作用。因此，刮痧疗法对于肌肉酸痛等由于经络瘀滞所致的疾病效果良好；同时刮痧疗法的清热解毒、安神定惊的作用对于中暑这种高热导致的神昏、惊厥效果亦好。经常刮痧，可扶正祛邪，调节阴阳，解除疲劳，从而起到增强免疫功能的作用。

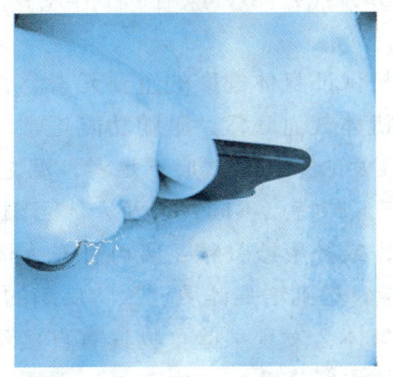 

图 1-16　刮痧疗法　摄影：李苹　　图 1-17　刮痧疗法　摄影：李苹

三、食疗与药膳

中国人非常认可"药食同源"理论，对中医药养生保健功能的药膳和药饮也非常认可。因此，在中医药康养旅游活动中，康养基地服务人员可根据养生者的需求和体征，为养生者搭配药膳或者其他养生服务，提供针对性的食疗、药膳和药饮等。

（一）食疗的含义

食疗，又称食物疗法，是用食物来防治疾病。是一种在中医传统理论的指导下，选择相关的食物，利用食物的特性或将食物与药物配合制成药膳，调节机体功能以达到防治疾病目的的一种疗法。食物疗法在我国有着悠久的历史。食物是人类赖以生存和维持健康的基本条件，它为人类提供能量和各种营养物质，维持机体新陈代谢；同时配合中医理论，遵循食物的性味理论、药物的归经理论，合理地运用食物疗法还可以调理脏腑，具有防病治病、保健强身、延年益寿的作用。从古至今，传统中医创制了各种各样的食疗方，其中著名的有东汉时期张仲景在《金匮要略》中创制的多种食疗方，如当归生姜羊肉汤、百合鸡子黄汤、桃花汤等，沿用至今。随着食疗学的发展，目前食疗学的辨证施膳，已经涉及内科、外科、妇科、儿科等，在专科的指导下进行专业的辨证施膳，配合其他养生方法达到养生保健的目的。

（二）食疗的作用

食疗的目的在于通过合理而适度地提供人体生长发育和健康所需的营养元素，以补充营养，补益精气；并通过食物的搭配，如单行、相须、相使等，以调整机体脏腑阴阳之失衡，从而使机体阴阳平衡，精神内守，邪不可干，最终达到增强体质、预防疾病、延缓衰老的目的。食疗具有以下作用：

1. 强身健体，预防疾病

食物是人类赖以生存的物质基础，是保证身体健康的重要元素。合理地安排饮食，保证机体营养充足，可以使机体气血旺盛，脏腑功能正常，抵御外邪入侵的能力增强。《素问·阴阳应象大论》有云"形不足者，温之以气；精不足者，补之以味"。根据食物的四气五味特点不同，以及人体阴阳盛衰、脏腑功能失调的情况，适当地调配饮食，或补形或补精，既可补充人体所需营养，又可调整阴阳失衡，协调脏腑功能，达到增强体质、预防疾病的目的。在人类发展的历史长河中，人们通过自身体会发现某些食物具有直接预防疾病的功能，如：大蒜可以杀菌消炎、预防胃肠道疾病；生姜可以暖胃；花椒可以燥湿；动物肝脏，既可养肝，又能预防夜盲症；新鲜水果和蔬菜，可预防坏血病；西瓜、绿豆汤可以预防中暑；大枣可以益气养血；枸杞可以平补肝肾；海带可预防甲状腺肿大等。

2. 延缓衰老，益寿延年

衰老是人类无法改变的现实，但可选择延缓衰老。要延缓衰老，科学饮食很重要。中医理论认为："精生于先天，而养于后天；精血同源，皆由脾胃运化产生的水谷精微化生和充养。而且精藏于肾而养于五脏，精气足则肾气盛，肾气充盛则体健神旺。"所以说补肾是延缓衰老、益寿延年的关键。因此，在合理饮食时应选择具有补精益气、滋肾强身作用的食物。对于无病之人，食疗可以调节人体阴阳、气血，补精益气，达到益寿延年的目的。比如我们注意饮食的搭配，对防老抗衰有十分重要的意义。对于老年人，充分发挥饮食的防老抗衰作用尤其重要，如《养老奉亲书》记载有"高年之人，真气耗竭，五脏衰弱，全仰饮食以资气血"。因此可以根据食物主要性能，搭配老年人比较适合的食物形式如粥、熬汤等，长期辨证食用，能达到延年益寿的目的。很多食物都具有延缓衰老的作用，如芝麻、桑葚、枸杞子等具有补肾的作用；龙眼肉具有益气补血、增强记忆力的功效，但龙眼肉偏温性，不能吃太多；山药具有健脾补肾的功效，后天之精微物质的吸收以养先天之肾精，对延缓衰老效果良好。经常选择适当食品食用，有利于健康、长寿。

（三）药膳

1. 药膳的概念

药膳是从食疗中分化出来的一种特殊形式的食疗食品，是在中医学、烹饪学和营养学理论指导下，严格按药膳配方，将中药与某些食物搭配，采用我国独特的烹调技术制作而成的具有保健功能的一种特殊食品。它要求具有一定的色香味形。它"寓医于食"，将少量的药物配合食物进行烹饪制作，既将药物作为食物，又将食物赋以药性，药物借助食物为载体，食物发挥应有的作用提升药物的药力，二者相辅相成，相得益彰。

2. 药膳的作用

总体而言，药膳强调的还是以食物为主，配以少量的药物，良药苦口，难以下咽，但配以食物调味，变良药苦口为良药可口，利于人们接受。长期食用既具有较高的营养价值，又可防病治病、保健强身、延年益寿。中医药康养旅游中，药膳当然是不能缺少的重要一环，怎样吃得健康，是中医药康养旅游从业者应该重点关注的。

3. 药膳中药的性味

药膳中药属于中药范畴，中药的药性理论同样适用于药膳中药。中药的四气，又称四性，即寒、凉、温、热；五味为酸、苦、甘、辛、咸。寒与凉为同类，凉次于寒；温与热为同类，温次于热。还有一些药物对机体寒热变化无明显影响，其性质不偏寒热，称其为平性。因此总结起来，中药分为寒凉、温热、平性三大种类。同理，食物也是有偏性的，即食物的性，与中药一样，也分为寒、凉、温、热四性。一般说来，温性、热性的药膳中药，如生姜、党参、黄芪、红枣、肉桂、龙眼肉、小茴香等，具有温里、散寒、助阳的作用，可以用来治疗寒证、阴证；凉性、寒性的药膳中药，包括食物类的如绿豆、藕、西瓜、梨、荸荠、黄瓜、苦瓜等，药物类的，如金银花、连翘、马齿苋、菊花、夏枯草、蒲公英等具有清热、泻火、凉血、解毒的作用，可以用来治疗热证、阳证；平性的中药，如甘草、阿胶、茯苓、麦芽、荷叶等，平性的食物包括粳米、小麦、黄豆、菠菜等，具有益气养血、健脾养心的作用，可以长期服用，不至于补而化燥。

应用药膳还应注意食疗中药的五味与五脏的关系。传统中医理论认为，辛入肺，甘入脾，苦入心，酸入肝，咸入肾。辛味中药能行能散，有发散、行气、活血、通窍等作用。主治外感表证即感冒、气滞、血瘀、鼻窍不通等。这类食物包括葱、姜、蒜、辣椒、胡椒、花椒等以辣为主的食物；药物包括麻黄、桂枝、薄荷、辛夷等。甘味中药，入脾，能和能缓，有补益、调和、缓急止痛的作用，主治中焦脾胃虚寒疼痛等，如汉代张仲景治疗中焦虚寒疼痛的名方"黄芪建中汤"中就有饴糖之补脾和胃、缓急止痛的作用。苦味食疗中药能清热、泻火、燥湿，主治心火上炎、带下量多等。清热除烦可以选择苦瓜、莲子、杏仁等苦味药，燥湿止带可以选择苦味的药物如大黄、栀子、黄芩、苍术等。酸味食疗中药入肝。能收能涩，具有收敛、固涩、止泻、止血的作用。主治虚汗、久咳久喘、久泻等。气虚汗出，可以选择乌梅、五味子、浮小麦等止汗敛汗。久咳久喘、久泻可以选择乌梅、石榴皮等。咸味中药能软坚散结或软坚泻下。常食用的咸味食物有海带、紫菜等海生动植物，药物有芒硝、牡蛎、决明子、玄参等。

拓展阅读 1-10

四、中医药康养功法

中医药旅游康养基地可以大力发展中医药康养功法，游客能欣赏旅游基地的优美风景，还能学习传统太极拳、五禽戏、八段锦、六字诀等康养功法，听着基地随处播放的养生音乐，吃药膳，喝药饮，再享受推拿、足疗、药浴等保健休闲服务，既放松心情、缓解疲劳，又能起到养生保健的效果。

中医健身方法种类多样，其流派、功法及作用亦各具特色。有以练劲力为主的武术健身功法，如少林一指禅、大力功等；有以练神气为主的气功健身功法，如八段锦、六字诀、五禽戏、易筋经等；还有借助器具锻炼的保健功法，如太极剑、健身太极球等。当然，这仅是人为的分类，在实际操作中，此类功法在练神练气、练形练力等方面皆是相互融会贯通的。中医药康养旅游常用健身功法主要包括五禽戏、八段锦、太极拳、易筋经、六字诀等。这些传统功法，历经千百年的考验，深受广大人民群众的喜爱。

本章小结

中医药康养旅游的优势在于在旅行过程中享受自然风光,娱悦身心;感受中医药康养方法如推拿、按摩、针灸、药膳、药浴等;体验传统中医药文化,还能在中草药种植园、果园里体验中药草种植、采摘,品尝各种养生汤品和药膳养生食疗菜,修心养生,集中医药养身保健、旅游观光、娱乐休闲、保健中药材购买等为一体。博大精深的中医药文化和丰富的中药材资源为中医药康养旅游的发展,夯实了基础。

本章涵盖中医药康养的基础理论,主要包括中医的整体观念和辨证论治两大观点及阴阳五行理论、中医药的"治未病"思想与中药康养基础知识,通过介绍中医的养生方法与服务、中医药治疗方法、食疗与药膳、中医药康养功法,旨在培养熟知中医药常识和旅游知识的复合型高端人才,通过掌握中医药康养基础理论,科学、正确地制订个体化中医药康养旅游方案。

思考与练习

参考答案

一、不定项选择题

1. 中医学的基本特点是(   )。

A. 阴阳五行和脏腑经络

B. 望、闻、问、切和辨证论治

C. 以五脏为中心的统一整体观

D. 整体观念和辨证论治

2. 中医学认为,构成人体这个有机整体的中心是(   )。

A. 五脏　　　　B. 六腑　　　　C. 脑　　　　D. 命门

E. 经络系统

3. 不属于阳的范畴的是(   )。

A. 上升的　　　B. 温热的　　　C. 沉静的　　　D. 刚强的

E. 外在的

4. "重阴必阳,重阳必阴"说明了阴阳之间的何种关系?(   )

A. 阴阳转化　　　　　　　　B. 阴阳交感

C. 阴阳制约　　　　　　　　D. 阴阳消长

E. 阴阳互根

5. 天与地、外与内、动与静等是属于阴阳学说的(   )。

A. 阴阳对立　　　B. 阴阳互根　　　C. 阴阳制约　　　D. 阴阳消长

E. 阴阳转化

6. 春到夏，气温由寒渐热，寒气逐减，温热日增，中医学把这种现象称为（　　）。

A. 阴阳互根　　　　　　　　　B. 阴阳对立

C. 阴阳消长　　　　　　　　　D. 阴阳制约

E. 阴阳转化

7. 五行相克，则金克（　　）。

A. 火　　　　B. 土　　　　C. 水　　　　D. 木

E. 金

8. 以下哪味中药具有毒性？（　　）

A. 山楂　　　B. 西洋参　　　C. 半夏　　　D. 黄连

E. 金银花

9. 中药的"五味"指（　　）。

A. 寒热温凉平　　　　　　　　B. 喜怒悲恐惊

C. 酸苦甘辛咸　　　　　　　　D. 以上均不是

10. 推拿，古称"按摩"，其治疗作用主要取决于哪个因素？（　　）

A. 医生的医德　　　　　　　　B. 治疗费用的高低

C. 患者自我的感觉　　　　　　D. 医生手法作用的性质和量

二、判断题

1. 中医学的基本特点是整体观念和辨证论治。　　　　　　　　　（　　）

2. 中医学以阴阳五行为主要指导思想，以整体观念为理论依据，以辨证论治为诊疗特色。　　　　　　　　　　　　　　　　　　　　（　　）

3. 整体观念是指人体自身的和谐统一。　　　　　　　　　　　　（　　）

4. 阴阳学说的内容包括对立制约、互根互用、消长平衡和相互转化。

（　　）

5. 五行的特性中木曰曲直，火曰炎上，土曰稼穑，金曰从革，水曰润下。

（　　）

6. 中医药治疗之内治法包括汗、吐、下、和、温、清、消、补八法，其适应范围相对广泛，是中医治疗的主要方法。　　　　　　　　　（　　）

7. 治未病包括"未病先防"和"既病防变"两个方面的内容。　　（　　）

8. 中药的四气，又称四性，即寒、凉、温、热。　　　　　　　（　　）

9.《内经》有云"饮食有节，度百岁乃去"，反之"饮食自倍，肠胃乃

伤"。因此我们应该饮食有节，平衡膳食，注重养护后天之本的脾胃，便能够预防疾病，延年益寿。（　　）

10. 中医辨证论治就是把四诊（望诊、闻诊、问诊、切诊）所收集的症状和体征，通过分析、综合，辨清疾病的病因、病性、病位，以及邪正之间的关系，判断为某种性质的证。根据辨证的结果，确定相应的治疗方法。（　　）

三、简答题

1. 阴阳学说的基本内容是什么？
2. 五行中木的特性是什么？
3. 简述治未病思想的内涵。

四、分析题

1. 怎样理解人与自然的统一性？
2. 药膳的定义及作用是什么？

参考文献

［1］王智鹏，等.基于工匠精神视域下的中药炮制现代学徒制人才培养的探索与实践［J］.药物与人，2019，32（387）：157.

［2］焦宏涛.工匠精神在高职人才培养中的实现途径探索与实践研究［J］.郑州铁路职业技术学院学报，2018，30（3）：31-34.

［3］唐雪阳，谢果珍，等.药食同源的发展与应用概况［J］.中国现代中药，2020，22（9）：1428-1433.

［4］黄红，吕静薇，等.我国中药健康产品管理及市场概况［J］.中草药，2021，52（3）：902-908.

［5］张庆祥.中医基础理论［M］.济南：山东科学技术出版社，2020.

［6］王键，张光霁.中医基础理论［M］.上海：上海科学技术出版社，2018.

［7］王洪图.内经［M］.北京：人民卫生出版社，2011.

［8］熊燕红.黄帝内经与旅游养生［J］.企业导报，2011，10（1）：113-114.

［9］于睿，姚新.中医养生与食疗［M］.北京：人民卫生出版社，2017.

［10］张杰.广东省森林养生旅游开发研究［D］.广州中医药大学，2019.

［11］姜莉.音乐养生中医观［J］.时珍国医国药，2007（04）：961-963.

［12］于春泉，王泓午，李琳.中医养生运动篇［M］.北京：中国医药科技出版社，2020.

［13］刘琦，严石卿，严蔚冰，等.易筋经发展现状与展望［J］.中华中医药杂志，2018，33（2）：429-432.

［14］杨溢，王雪梅，朱晓光，等.食疗文化传承——由《千金方》至黑谷道康奥黑谷粥［J］.现代食品，2018（19）：56-58，61.

［15］陈岚，解茂阳，王平.五行理论与《内经》食疗养生思想探析［J］.湖北中医杂志，2011，33（11）：27-28.

第二章

中医药康养旅游概述

本章重点

本章详细介绍了中医药康养旅游的起源、概述、构成要素以及现状与发展。通过阐述中医药康养旅游产生的基础和条件,中医药康养旅游的概念、特征、功能、意义,从主体——旅游者、客体——中医药资源和旅游资源、媒介——中医药康养旅游业、保障——相关政策与旅游组织及中医药康养旅游的现状与发展展开,为学生深入学习中医药康养旅游相关知识提供了理论框架。

学习要求

通过本章学习，让学生了解中医药康养旅游产生的基础和条件，理解中医药康养旅游的历史溯源，对中医药康养旅游的概述及构成要素有一个基本认识，掌握中医药康养旅游的特征、构成要素的组成、中医药康养旅游的现状与发展，对中医药康养旅游有一个较为全面的认识，并深入思考我国在中医药康养旅游领域所面临的机遇和挑战。

本章思维导图

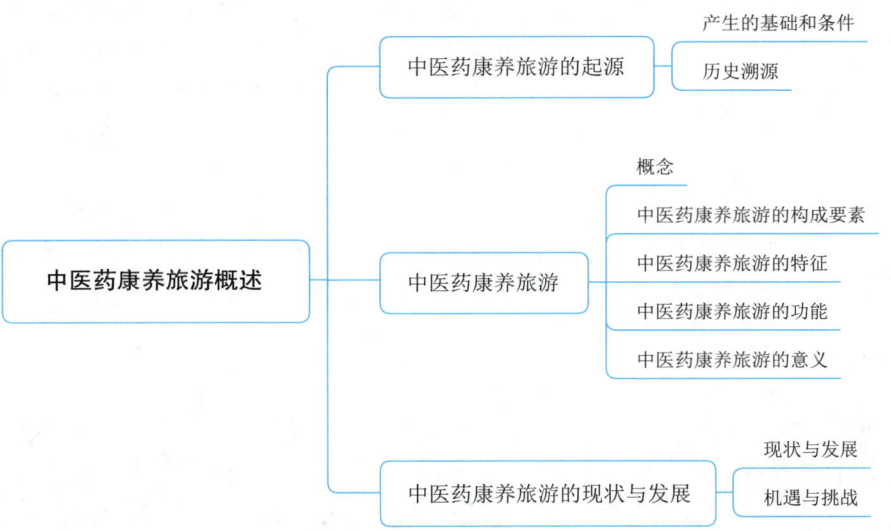

随着社会经济的发展，人们对健康的需求日益迫切。尤其是疾病谱的改变、老龄化社会的到来以及生活方式的转变，使中医药康养旅游作为第三产业迎来巨大的市场需求和发展机遇。中医药是我国独具特色的健康资源，也是潜力巨大的经济资源。2016年，《国家康养旅游示范基地》标准出台，将康养旅游界定为"通过养颜健体、营养膳食、修身养性、关爱环境等各种手段，使人在身体、心智和精神上都达到自然和谐的优良状态的各种旅游活动的总和"。将中医药与康养旅游结合的思想，早在我国古代就将丰富的养生与旅游思想和人的道德规范与精神追求联系在一起。

第一节　中医药康养旅游的起源

一、产生的基础和条件

（一）产生的基础

1. 资源禀赋，优渥的自然资源与良好的环境本底

我国幅员辽阔，气候类型复杂多样，加之地貌地形复杂，形成了复杂的自然地理环境，为各种药用动植物的生长和矿物的形成提供多种多样的有利条件，是世界上生物多样性最为丰富的国家之一。除此之外，第三次全国中药资源普查结果显示，全国药用资源共12 807种，其中植物11 146种、动物1581种、矿物80种。独具特色的中医药和健康服务资源以及丰富的自然观光资源为中医药康养旅游产业提供了坚实的发展根基与广阔的发展空间。2011年8月，国家中医药管理局启动第四次全国中药资源普查试点工作，截至2017年12月，第四次全国中药资源普查（以下简称：普查）已覆盖31个省（区、市）1332个县，占全国县级行政区划的近1/2，参与人数达数万人，运用了GPS（全球卫星定位系统）、手机PDA（个人数字助理）、轨迹记录设备等现代高科技手段。全国中药资源普查信息管理系统已汇总1.3万余种野生药用资源、736种栽培药材、1888种市场流通药材的种类和分布信息，可估算出《中国药典》2015年版收载的563种药材蕴藏量，发现了74个新物种，基本建立起了中药资源动态监测体系和种子种苗繁育体系。2017年我国中药材种植面积5045万亩，较2016年（4768万亩）同比增长5.81%；中药材产量呈持续增长趋势，2017年中药材产量为424.3万吨，较2016年（400.2万吨）同比增长6.02%。

由国家发改委和国家旅游局印发的《全国生态旅游发展规划（2016—2025年）》（以下简称《规划》），根据全国各地生态旅游资源特色，划分为八个片区：东北平原漫岗、黄河中下游、北方荒漠与草原、青藏高原、长江中下游、东部平原丘陵、珠江流域、海洋海岛。不同片区依托自身优势，明确重点方向，实施差别化措施，逐步形成各具特色、主题鲜明的生态旅游发展总体布局。在八大生态旅游片区基础上，以重要生态功能区为单元，培育20个生态旅游协作区，遴选一批有代表性的生态旅游目的地，通过提升基础设施和公共服务水平，建设200个重点生态旅游目的地，按照生态要素的线性分布和旅游线路组织的基本原则，形成50条跨省和省域精品生态旅游线路，适应日益兴起的自驾车和房车旅游，结合国家整体路网布局，打造25条国家生态风景道，形成点线面相结合、适应多样化需求的生态旅游发展格局。

2. 文化瑰宝，传承并弘扬中医药经典文化精髓

中医药是中华文明宝库中璀璨夺目的瑰宝之一，是中华优秀传统文化的杰出代表，凝聚着深邃的哲学智慧。一方面中医药文化是中华文明诞生于华夏九州的智慧结晶，它以中和思想为本位，强调顺应天时，不过不失，并衍生出天人合一的理念。例如，"道法自然""天人合一"是中医药理论的立足点和出发点。它重视宏观结构，把握事物的有机联系和系统的整体观；它是一门实践性很强的学科，它在运用传统哲学思想的同时，又反复在应用中反馈和修正，不断地完善和发扬、传承中医药文化的哲学思想。另一方面，中医药文化积淀着数千年的民族情感，在历史中承担着护佑中华民族繁衍生息的使命，是先民们健康所系、性命相托的基本依赖。中西医并重的卫生政策强调了两种医学都是重要的卫生资源，但作为文化资源，中医药则是我国特有的，在世界各国传统医药中也是最具独特性的。在中医药的逐步发展中，各地的医学流派或著名医学家依据中医药的理论体系因地、因时、因人制宜，针对具有地域性特点的患者并结合自身的阅历与临床经验施以独具特色的治疗，从而出现了一系列独特的治疗手段，经过长期不断地经验总结与发展完善，逐渐归纳、总结出各医学派别或独具特色的医学理论基础，进而形成具有差异的医学派别和少数民族医学派别。此外，还有着不尽相同的传统文化背景和传奇故事，为中医药康养旅游产业的快速发展奠定了博大精深的中医药传统文化基石。

几千年来，中医药一直护佑着中华民族的生命健康，这种长期积累的相伴相依的情感已经是文化认同感、民族凝聚力的重要组成部分。纵观历史，古埃及、古印度、古希腊和古罗马都曾有较为发达的古老医学体系，但是这几大文明都中断了。有的古医学已泯灭，有的通过其他民族传承下来，文化背景发生变异。而古代中国作为一个政治实体，朝代虽有分合或更替，但主体文化一直得到延续，文明的稳定性为医学经验的长期积累和医学理论的创新提供了良好的基础，也是我们在新时代传承、发展中医药事业的文化底气。在一定意义上理解中医药学，就能理解中华文明的精髓。新中国成立以来，党和国家高度重视中医药事业，我国中医药事业取得显著成就，为增进人民健康发挥了重要作用。

3. 康养意识增强，推动中医药+康养产业融合发展

随着中国居民人均收入不断提高和消费观念的不断改变，居民对美好生活的品质追求也在不断提升。旅游业经过几十年的发展，消费者个性需求进一步提高，更多的旅游者对身心健康、旅游康养、养生保健为主题的康养旅游活动的需求逐渐倍增，中医药康养旅游不仅能满足正常健康人和处于亚健康状态人的健康和文化旅游动机，还能满足老年游客、残疾人和慢性病患者等社会弱势群体的多种旅游动机，独具特色的中医药康养旅游形式将慢慢取代那些单纯游山玩水的消遣观光游。中医药康养旅游能充分满足旅游者的健康心理和文化熏陶的双重动机，是具有新时代中国特色的专项旅游产品。

目前，中医药康养旅游主要依托部分知名中医院、中医药药品厂商、中药材基地和中医药博物馆等具有明显中医药文化特色的机构单位，开展以观光旅游、体验尝试、参观购物、科普教育、会议考察等形式为主的活动，其形式多样且都具有中医药文化特色，能吸引大量国内外游客。如位于海南保亭县与三亚市交界的甘什岭自然保护区的海南槟榔谷黎苗文化旅游区内，黎苗药的文化、产品、体验等都给游客留下深刻的印象，黎苗药是黎苗同胞几千年来同疾病作斗争积累下来的医学药物，它应该让更多的世人知晓并分享。

4. 技术精湛，中医药康养旅游摄生效果显著

2016年10月出台的《"健康中国2030"规划纲要》指出，大力发展中医非药物疗法，使其在常见病、多发病和慢性病防治中发挥独特作用。随着以"疾病为中心"的模式转向以人类"健康为中心"的模式，当今社会，慢性非传染性疾病得到越来越多的关注，中医药+康养旅游的模式能够让人们在享受旅游身心放松的同时，接受中医药治未病的文化熏陶和技术体验，在此基础上综合运用中医"天人合一"的整体观、"体病相关、体质可分、体质可调"的中医体质学说理论和"辨证施治"的原则，引导游客强化自我管理，改善生活习惯，并形成"未病先防""既病防变"和"瘥后防复"的健康生活理念，使得游客在游玩中感知中医药简、便、验、廉的特色，在膳食、起居、性情、药食、运动等方面形成一定的思想认知，进一步提高游客对健康生活方式的认识并积极采取行动，进而促进个人乃至整个家庭的健康，提高生活质量。中医药康养旅游的大健康观，对于主动应对老龄化和慢性病持续攀升具有重要的实践意义。

（二）产生的条件

当今，中国已成为全球的第二大经济体，我国社会主要矛盾已经转化为人民日益增长的美好生活需要和不平衡不充分的发展之间的矛盾。随着人口结构的老龄化与"亚健康"的日渐普遍以及全球化整体健康理念的革命性影响，养生旅游逐渐成为人们健康旅游的首选。人们可自由支配收入的提高，使超过30%的人每年可以安排7~20天的旅游实践，康养旅游有着巨大的需求空间。我国有丰富的中医药旅游资源，市场空间和需求潜力巨大，发展前景良好，中医药康养与旅游业深度融合，可使旅游者在旅行过程中享受中医药特色治疗，获取养生保健知识，体验中医药文化内涵，达到防治疾患、修身养性、健身康体、延年益寿的目的。中医药康养旅游理念独特，文化底蕴深厚，寓休闲于治病，寓治病于休闲。人们在旅游的同时，享受中医药传统文化的熏陶，享受独特的中医技术疗养。

1. 顶层设计，国家制定战略推动

《"健康中国2030"规划》将推行健康优先策略，把健康摆在优先发展的战略地位，并将健康融入所有政策。国家旅游局、国家中医药管理局2015年印发的《关于促进中医药健康旅游发展的指导意见》明确要求，到2025年，中医药健康旅游人数达到旅游总人数5%，中医药健康旅游收入达5000亿元。国家卫生计生委、国家发展改革委、财政部、国家旅游局、国家中医药局等5个部门在2017年联合印发的《关于促进健康旅游发展的指导意见》认为，健康旅游是健康服务和旅游融合发展的新业态，发展健康旅游对扩内需、稳增长、促就业、惠民生、保健康，提升我国国际竞争力具有重要意义。此外，一系列规范发展康养产业的政策法规极大地推动了康养产业的发展，如：国务院2009年下发《关于扶持和促进中医药事业发展的若干意见》，2013年下发《国务院关于促进健康服务业发展的若干意见》；国家中医药管理局2009年颁布《中医医院中医药文化建设指南》，2011年颁布《关于加强中医药文化建设的指导意见》，2012年颁布《中医药文化建设"十二五"规划》，2015年印发《2015年完善中医药政策体系建设规划（2015—2020年）》；2015年国家中医药管理局和国家旅游局联合下发《关于促进中医药健康旅游发展的指导意见》；2015年国务院办公厅印发《中医药健康服务发展规划（2015—2020年）》和《关于进一步促进旅游投资和消费的若干意见》，2016年又印发《中医药发展战略规划纲要（2016—2030年）》和《"健康中国2030"规

划纲要》，2020年印发《中医药康复服务能力提升工程实施方案（2021—2025年）》。

2019年，中共中央、国务院出台《关于促进中医药传承创新发展的意见》（以下简称《意见》），《意见》中明确中医药发展的6项任务，中医药迎来前所未有的发展机遇。作为我国历史悠久的传统文化资源和独特的卫生资源，中医药的不良反应小，低创或无创的显著特性，"天人合一"、遵循整体观的理念与健康旅游特点自然融为一体。近年来，各地市对中医药国际健康旅游发展做出诸多探索，北京市依托丰厚的医疗卫生资源建设了4批52家北京中医药文化旅游示范基地，设计了13条中医药养生旅游线路，吸引大批海外游客；三亚市中医院开展中医药文化体验旅游线路，开发、设计"喜松"品牌中医药产品，日均接待5批次境外参观团，每年接待外宾1万余人次，其中国外政要共计96人次，产生较好的国际影响力和经济效益、社会效益乃至政治效益。

2. 国之精粹，中医药突显预防优势

从历史上看，中华民族屡经天灾、战乱和瘟疫，却能一次次转危为安，中医药学是我国各族人民在长期生产生活实践和与疾病作斗争中，逐步形成并不断丰富、发展的医学科学。尤其在与疫病斗争中产生的《伤寒杂病论》《温病条辨》《温疫论》等经典著作，形成了系统的、独特的防病治病的理、法、方、药。屠呦呦研究员从葛洪《肘后备急方》中汲取灵感，发现青蒿素，挽救了全球数百万人的生命，并因此获得诺贝尔生理学或医学奖。新冠肺炎疫情发生以来，第一时间选派国家中医药专家组赴武汉考察疫情、诊疗患者，通过四诊合参、辨证施治、三因制宜，从中医学理、法、方、药角度认识和把握疾病，研究、确定病因病机、治则治法。与国家卫生健康委共同发布具有中西医结合特色的第三—七版国家诊疗方案，指导临床一线开展有针对性的中医诊疗，探索以中医药为特色、中西医结合的诊疗模式，有力支撑了临床救治。全国中医药参与救治确诊病例的比重达到92%，湖北省确诊病例中医药使用率和总有效率超过90%，为全国疫情防控取得重大战略成果贡献了中医药力量。

河北省在应对疫情时，根据武汉抗疫的有效经验，结合《新型冠状病毒肺炎诊疗方案（试行第八版）》和本地气候实际、群体体质状况，第一时间研究制定了数个预防性中药饮片、中成药处方。并积极统筹区域内中医医疗机构快速批量煎煮，对参加疫情防控的工作人员、医务工作者，以及中高风险地区的普通群众精准发放。对所有密切接触者和无症状感染者，河北省要求要按照"汤药为主，成药为辅，多措并举"的原则，全部落实中医药干预措施,做到应服尽服、愿服尽服。截至 2021 年 1 月 7 日 18 时,河北省接受医学隔离观察的 9901 余人中,70.1% 的人员已服用中药汤剂。同时,针对疫情防控的重点区域、重点岗位、重点人群,各地也积极落实中药汤剂和中成药干预措施,已累计发放 2.3 万余人份,充分彰显了中医药"未病先防,已病防变,愈后防复"特色优势,中医药特色为康养旅游的深度发展提供专业技术的支撑。

3. 一带一路,中医药服务贸易顺势而为

从古至今,中医药一直都是古丝绸之路与沿线国家合作的重要枢纽。在国家"一带一路"发展战略的大背景下,中医药发展更趋向国际化和多样化。自实施《中医药"一带一路"发展规划(2016—2020)》以来,海外中医药中心逐步建立,在推广传播中医药文化、带动中医药对外交流与合作方面取得一定成果。本教材纳入此内容,以期更多人士关注中医药康养旅游的发展,积极推动中医药康养旅游在"一带一路"沿线国家之间的合作,发挥中医药康养旅游资源优势,引入社会力量,打造一批以中医养生保健服务为核心,融中药材种植、中医医疗服务、中医药健康养老服务为一体的国家级中医药健康旅游示范区,并具有国际知名度与市场竞争力的中医药健康旅游品牌。通过举办国际会展、博览会、中国中医药健康旅游年等,展示中医药健康旅游服务在旅游、医疗、保健、养生方面的特点和优势,以促进海外游客对于我国中医药康养旅游的需求。

跨国中医药文化交流将极大地促进康养旅游的发展。2014 年湖南中医药大学联合卢森堡国家健康研究院成立了"中国—卢森堡"中医药中心;2017 年三亚学院在中国"一带一路"倡议背景下,与北欧中医药中心游学代表团进行深入交流;2018 年 3 月,陕西中医药大学罗马尼亚锡比乌中医诊疗中心、俄罗斯圣彼得堡中医诊疗中心分别挂牌成立。这些进一步证明中医药文化在世界范围内影响力的提高。而以海外中医药中心为平台的中医医疗服务功能,也获得当地民众的支持,进而转化为中医发展的动能,促进了中医药康养旅游的发展,助推中医药文化传播的同时带动中医药康养旅游消费,让世界人民共享中医药的福利。

4. 需求驱动,民众多元化健康需求倍增

经济发展为旅游业与健康服务业的融合提供了物质保障,刺激着人们消费观念的改变,使得消费向更高层次发展。一个地区或国家经济发展情况与居民消费水平呈正相关关系,经济发展会带来消费水平的提高。经济发展不单指经济量的增长,还包含着经济质量的提升以及经济结构的优化,由此可见,经济发展除有利于财富在量上的积累,还有助于实现居民生活质量的提升。二者最为明显的关系是民众的消费倾向会随着经济发展产生阶段性变化。

然而人们对于旅游和健康产品的消费，实际上是一种高层次的消费，是对于精神愉悦、身心健康和幸福感等美好生活的追求。因此，无论是对于健康服务产业而言，还是对于中医药产业而言，经济发展都是重要的推动力。康养旅游产业与中医药的融合，需要良好的经济环境。在此环境下，消费者的消费倾向表现为随着其收入水平提高不断增加对于中医药康养旅游的需求，需求市场的扩大，则会刺激旅游业和健康服务产业产品的供应。康养旅游产业与中医药面对的市场需求重叠进一步加深，通过不断刺激二者之间的融合，使得中医药康养旅游得以较好的发展。

二、历史溯源

（一）古代中医药康养旅游的发展

中国古人早就有到避暑胜地或温泉地区疗养度假的习惯。避暑养生之旅最盛行的唐代，除宫廷专属的避暑山庄，许多达官显贵们也建立了自己的私家避暑之地，在唐都长安，甚至还出现过一种避暑会，为富家子弟避暑消夏的临时组织。而温泉养生之旅早在秦汉时便极为普遍，当时的温泉旅游地的建设已具有一定规模，如河南汝州温泉："泉上华宇连荫，茨薆交拒，方池石沼，错落其间。"除此之外，我国古人还有很多祈福还愿、修身养性的中医药养生旅游活动，如帝王利用温泉进行休闲疗养活动，最早可追溯至周幽王，他在骊山修建"星辰汤"。此后的秦始皇、汉武帝均在骊山修建温泉宫，作为疗养娱乐时居住之所。至唐代，帝王对温泉的利用达到高峰，他们在温泉地建立行宫，长时间驻跸，唐玄宗李隆基就是中国历史上最酷爱温泉、醉心温泉养生取乐的皇帝。清圣祖玄烨熟谙养生之道，尤其喜爱温泉，多次临幸京城周边温泉；康熙二十五年（1686）他在承德汤泉行宫写下了《御制汤山龙尊王佛庙碑记》，对承德汤山温泉的疗养功能大加赞誉，康熙把沐浴温泉看作是怡性、除烦恼、治病痛、舒筋骨、去污垢、涵养品德、健身养生、延年益寿的一个非常好的方式。

古人在外出游玩时随身携带茉莉、珠兰以及用艾草、薄荷、菖蒲制作而成的香囊等，可以达到沁人心脾、防蚊虫、促进睡眠等养生功效。采莲、泛舟、垂钓、赏景、弈棋、静坐等旅行避暑方法至今可用。古代的客栈不像当今设备齐全。按照《千金要方》《医说》等众多医书的说法，"熟艾、大黄、芒硝、甘草、干姜、蜀椒"这些中药，都是"居家旅行必备良药"。以上都可以认为是古代帝王将相、平民百姓利用中医药功能开展康养旅游的雏形。

(二)近代中医药康养旅游的发展

拓展阅读2-1

鸦片战争后,"西风东渐",西方医学在中国迅速传播,中西汇通思想不断滋长,队伍不断扩大,被称为中西汇通派。鸦片战争到新中国成立之前,中国内忧外患,面临亡国的危机,旅游产业及中医药康养旅游发展十分有限。正如古人所说,上医医国,其次医人,固医官也。历史充分表明,没有国家独立与民族解放,人民的健康几乎无从谈起。然而,历史也不会忘记那些在苦难时代为人民健康卫生事业做出卓越努力的时代先驱们。

中国近代这一时期受西方列强侵略,国运衰弱,随着民主进程的不断推进,西方学术包括西医也不断传入中国。当时的民主思想完全学习西方的民主制度,在对待西医学的态度方面也非常"偏激",有许多人主张医学现代化,中医药陷入存与废的争论之中,中医药在西医和战火的夹缝中求生存。1929年2月,国民政府召开第一届中央卫生委员会议,西医余云岫等提出"废止旧医(中医),以扫除医药卫生之障碍案",另拟"请明令废止旧医学校案"呈教育部,并规定了6项消灭中医的具体办法。这就是历史上臭名昭著的"废止中医案"。1929年3月17日,全国17个省市、242个团体、281名代表云集上海,召开全国医药团体代表大会。为了纪念这次抗争的胜利,并希望中医中药能在中国乃至全世界弘扬光大,造福人类,医学界人士将3月17日定为"中国国医节"。为中医药的发展与生存,一些中医药人士开始既用传统的中医思维思考问题,又利用现代的西方医术解决问题,形成"中西医汇通派",便有了中西医结合概念的雏形。张锡纯著有《医学衷中参西录》,主张"采西人之所长,以补吾人之所短",确立了衷中参西的汇通原则,对中西药物并用进行了大胆的尝试;恽铁樵著有《药庵医学丛书》等,强调"中医而有演进之价值,必能吸收西医之长,与之化合,以产生新中医"。这一时期,中西医汇通还得到官方的支持和认可。正是由于中医学自身不容忽视的医疗价值和一大批仁人志士的奋力抗争,中医学才得以顽强生存下来,直至中华人民共和国成立以后,中医学才枯木逢春。这一时期的康养旅游还未兴起,社会环境、政治环境、经济环境和文化环境都不具备发展中医药康养旅游的基础和条件。

(三)现代中医药康养旅游的发展

中华人民共和国成立以来,中医、中西医结合创新发展。在党的中医政策的关怀下,全国中医高等院校先后成立,培养了大量的中医及中西医结合人才;医疗机构和研究院所茁壮成长,学术研究取得令人瞩目的成果。形成一批知名中医药大健康品牌产品和品牌企业，并形成较强的国际竞争力，中医药对我国经济和社会发展的贡献率进一步提高。例如，中医研究院屠呦呦教授等关于"青蒿素和双氢青蒿素的发明"，征服了恶性疟疾，为世界热带医学做出杰出的贡献，被称为"20世纪下半叶最伟大的医学创举"及"中国的第五大发明"，荣获 2011 年拉斯克奖，又于 2015 年再次荣获诺贝尔生理学或医学奖。面对 2020 年突如其来的新冠肺炎疫情，中医药再次发挥其独特的优势，在世界上享有更高的声誉。中医药产品国际市场占有率大幅度提升，国际地位和影响力进一步提升，中医药康养产业成为我国战略性新兴产业的重要力量。

2015 年发布的《关于促进中医药健康旅游发展的指导意见》提出，到 2025 年，中医药健康旅游人数达到旅游总人数 5%，中医药健康旅游收入达 5000 亿元。2035 年前后，中国老年人口占人口比例将超过 1/4，老年退休群体增多，对健康养生的需求更为强烈。全球健康研究所的数据显示，近 5 年全球健康旅游增长率为 9.9%。预计到 2022 年，这一市场规模将达到 9190 亿美元，年复合增长率达 7.5%，潜在的市场规模达万亿级。中医药康养旅游发展有两个主要指标：一是与中医药康养旅游相关的游客、景点、旅游产品、线路的数量；二是游客、产品数量增加带来的中医药康养旅游服务产值占比。2016 年，《国家康养旅游示范基地标准》出台，将康养旅游定义为"通过养颜健体、营养膳食、修身养性、关爱环境等各种手段，使人在身体、心智和精神上都达到自然和谐的优良状态的各种旅游活动的总和"。中医药民众认知度调查报告显示，90%的普通民众非常关注中医药的发展，57%的人认为中医药能治本、治根，市场认知度非常高。"中医药＋康养＋旅游"的模式愈来愈受到关注，我国已迎来中医药康养旅游发展的大好机遇。目前来看，中医药康养旅游主要从产业融合的角度出发，以集群化、链条化的思路，延伸康养旅游产业链条形成规模和集群效应；坚持因地制宜原则，推动中医药文化和地方自然、文化资源的深度融合；专注细分市场，以细分化、特色化、专业化助力中医药健康旅游品牌的打造。如有中医药健康旅游示范基地通过中医药健康服务和中草药的种植、中医研发、中医文化体验、旅居度假等融合叠加，以链条式的布局释放中医药健康旅游的发展潜能。当前，如何将中医药从原材料到加工、研发、制造、医疗服务、文化等元素串联整合起来，更好地在产业中嵌入旅游资源、中医药服务、中医药高新技术，打造出系统性的中医药康养旅游走廊还亟须进一步研究和实践。

第二节　中医药康养旅游

　　康养，是近年出现的新名词，学界通常把"康养"解读为"健康"和"养生"的复合。康养旅游的内涵，有学者解释为以良好的物质条件为基础，以旅游的形式促进游客身心健康，增强游客快乐，达到幸福为目的的专项度假旅游。也有学者对康养旅游的解读，认为它是人们离开常住地或暂时居住（或工作）的地方，去寻找和体验使身体得到放松、精神压力得到缓解的活动，这些活动通常包括身体健康、美容护理、健康营养、饮食、放松、冥想和心理教育等。

　　在我国提出康养旅游这一概念之前，国外已存在类似的概念，如"健康旅游""养生旅游""医疗旅游"等，国外学者认为健康旅游包含着养生旅游和医疗旅游两种类型，健康旅游是指主要起预防疾病作用的一种旅游活动，其旅游者为健康人群；而医疗旅游则是指为治疗疾病而进行的一种旅游活动，其旅游者是非健康人群。国内有学者认为康养旅游是建立在自然生态环境和人文环境基础上，通过康养、娱乐和休闲的方法，实现修养身心、延年益寿和疾病防治等目的的一种旅游方式，这是对康养旅游概念内涵较早的研究；也有学者指出康养旅游是旅游者为了获得快乐、追求幸福和身心健康而进行的度假旅游，这种度假旅游需要以良好的自然生态条件为前提，但该定义并未突出康养旅游作为一种独特的旅游发展方式，其健康、养生、疗养的本质特征。国家有关标准指出康养旅游是为了达到身心均衡与自然和谐的状态。从相关定义可看出，康养旅游注重的是身体机能和心理精神的双重健康。本文将中医药康养旅游定义为依托良好的生态和人文环境，通过中医药各种医疗养生方法的使用，达到休闲养生、养老保健、疾病防治等效果的一种旅游方式。

一、概念

　　中医药康养旅游是人们前往异地寻求中医药自然与人文的审美，同时体验、享受中医药相关服务，使身心愉悦回归健康状态为目的的旅行。是多学科融合的综合体，包含了旅游学、康养学、中医药学、人文社会学等学科的交叉碰撞的产物。

　　随着自然环境的不断恶化、现代生活水平的提高和节奏的加快以及压力的倍增、社会老龄化等原因，身心健康问题一直困扰着大众，对养生保健、延年益寿等需求与日俱增，而中医药思想、技术等拥有独特优势，并且国家旅游局和国家中医药管理局联合下发的《关于促进中医药健康旅游发展的指导意见》中提出，到2025年，中医药健康旅游在全国建成50个中医药健康旅游示范区，500个中医药健康旅游示范基地、中医药健康旅游综合体，开发中医药健康旅游产品是其首要重点任务。以这些机构为载体，促进中医药旅游产业的融合发展，推动中医药健康服务与旅游产业有机融合，为中医药康养旅游产业的发展带来了重要机遇，在推动各地旅游业可持续发展的同时，弘扬中医药文化，提高人们的健康意识，有助于推动"健康中国"和"文化自信"战略的实现。

（一）康养旅游

随着生活水平的日益提高，人们对健康的生活方式有了更高的要求，将健康产业和旅游业进行有机融合发展成为主流趋势，而"健康中国"国家战略直接促进旅游业的发展，康养旅游的诞生和发展，迅速被市场认可。在起步阶段，全国各地挖掘其区域内的自然资源，将健康养老作为切入点，建成和发展具有地方特色的康养旅游区。然而旅游群体不仅仅是需求养老的老年群体，随着生活压力的倍增，中青年群体的身体或心理或精神处于亚健康状态，成为康养的主力军，他们更迫切地寻求身心愉悦、缓解压力的健康生活方式，故《国家康养旅游示范基地标准》中对康养旅游的定义是，指通过养颜健体、营养膳食、修心养性、关爱环境等各种手段，使人在身体、心智和精神上都达到自然和谐优良状态的各种旅游活动的总和。

（二）中医药康养

中医学历史悠久，是以中医药理论与实践经验为主体，研究人类生命活动中健康与疾病转化规律及其预防、诊断、治疗、康复和保健的综合性科学。中医药康养作为中医学的重要组成部分，以独特的"天人相应"的整体观和"治未病"思想等为基础理论，运用于疾病的防治和康复养生过程，使人们达到身体和心理健康状态。其方式多样，有依托中药资源种养基地、自然疗养景区、中药花卉种植基地等为主的中医药自然景观；有依托中医药文化遗址、道教文化、中医药名人故居、中医药博物馆、中医药医疗机构、中医药企业等为主的中医药人文景观；还有依托中医药养生和保健服务的企业、医疗机构、康复机构、酒店、度假村、养生药膳馆等为主的养生保健机构等。中医药康养体现多学科融合，包括中药种植与养护、中医药园林设计、中医药人文、中医药研学、中医体质辨识、中医药养生保健技术等。

故中医药康养的定义是以中医基础理论为指导，依托中医药各类机构、单位和社会团体等组织，运用中医药适宜技术服务于各类人群，使其达到或趋于达到身体和心理健康状态的总和。

（三）中医药康养旅游

旅游产业与中医药康养产业的有机融合，发展快速，逐渐完善。早在 2015 年 11 月，中医药康养旅游产业就进入国家视野，国家旅游局和国家中医药管理局联合下发的指导意见，明确提出中医药康养旅游发展的重要任务；次年，两局再次发文，要求在 3 年时间内，加速建成一定数量规模的国家中医药健康旅游示范区、示范基地以及示范项目等；同年颁布的《中医药发展战略规划纲要（2016—2030 年）》，也明确提出中医药康养旅游的具体要求和定位。

在国家政策的支持、引导，消费市场的刺激下，中医药旅游产业融合发展，推动中医药健康服务与旅游产业有机融合，为中医药康养旅游产业的发展带来了重要机遇，越来越多的中医药康养旅游项目、基地或综合体不断涌现。与此同时，国家旅游局颁布《国家康养旅游示范基地标准》，进一步规范康养旅游基地，使人们在旅游的同时，体验标准化、规范化的中医药健康服务，使产业健康可持续发展，在弘扬中医药文化的同时推动区域经济发展。随着"一带一路"倡议的实施，沿线国家认可中医药文化，建成一大批中医药中心，在传播中医药文化的同时，实现"文化自信"，推动中医药康养旅游国际化。

综上，中医药康养旅游是传统旅游产业和中医药融合的新业态，它是以中医药资源为基础，以良好的自然环境和经典的人文资源为依托，集自然、文化、休闲、康养、医疗、保健于一体，以维护、改善和提升游客身心健康为目的的旅游活动集合。

二、中医药康养旅游的构成要素

旅游的构成要素有三个，分别是旅游主体、旅游客体和连接主体和客体的媒介旅游业。中医药康养旅游活动中的旅游主体是指参与旅游活动的旅游者，即那些离开自己居住地到具有中医药养生资源旅游目的地旅行的人。旅游客体是旅游活动得以开展的物质基础，是吸引旅游者前往的旅游目的地，其吸引因素包括目的地的中医药自然环境、人文环境、社会环境等。旅游媒介是连接旅游主体和旅游客体的中介物，即为中医药康养旅游活动提供各种服务、安排，使旅游者通过中医药康养旅游活动，实现放松身心、调理休养、预防疾病等目的，并能从中得到最大满足和精神愉悦的那部分因素，具体由旅行社、旅游交通、饭店等组成。

（一）旅游主体——旅游者

1. 中医药康养旅游者

中医药康养旅游是近几年才发展起来的一种新兴特色旅游活动，目前关于中医药康养旅游者的定义并无准确概念。本书将中医药康养旅游者定义为离开了惯常的居住环境，去体验在中医药理论体系与活动内容基础上所开展的以延年益寿、强身健体、修心养性、健康疗养、医疗保健及观光休闲度假等为目的的旅游活动的人群。

2. 中医药康养旅游者的类别

（1）按年龄分类

根据年龄标准划分，中医药康养旅游者主要有妇孕婴幼、中青年和老年三大人群。

①妇孕婴幼旅游者。随着社会和家庭对妇孕婴幼群体重视度的不断提升，该群体消费转向多元化。妇孕婴幼的健康需求不再局限于传统意义上的医疗保健，更多母婴健康产品与服务持续涌现，如产前检查、产后恢复、小儿推拿、妇幼膳食等。中医传统理论中有很多关于妇孕婴幼保健和疾病治疗的古方古法。而且相比西医，这些古方古法对某些特殊病症有着良好的功效。在妇女怀孕和哺乳期间，需要静养，对孕产妇、婴幼儿的照料也要特别细致，而居住在城市中则很难有这样的条件。一些专门的中医药康养基地拥有优美的自然环境、清新洁净的空气，还有专业的医师指导和服务人员细心的照顾，特别有利于妇女孕期的静养和产后的恢复。

②中青年旅游者。传统的理念认为中医药康养旅游的主要参与者是中老年人，但康养并非养老，康养是健康养生，是一种保养身体、增进健康的生活方式。现代快节奏的生活带来巨大压力，加之环境恶化的影响，亚健康人群数逐年增加，其中，中青年占比最多。亚健康是介于健康和疾病之间的一种中间状态，具有不稳定性，易转化。亚健康者机体虽然无明显的疾病诊断，却表现出各种身体不适的症状，以及社会适应能力减退等问题。亚健康若干预调理得当可回复到健康状态，但疏于调护或处置不当就会引发各种疾病。《黄帝内经》中写道："圣人不治已病，治未病。"中医认为健康是人与自然之间的一种动态的平衡。中医的"未病"就是指亚健康。中医认为可通过中医养生来调节亚健康状态中身体的不平衡，以达到健康的状态。随着人们健康意识的增强，越来越多的年轻人开始关注以"治未病"为理念的中医药健康及养生。

中青年由于其身心、生活方式的特点，其对中医药康养的意义很难有真正的认识和领悟。因此针对中青年旅游者，可通过康养旅游这种方式唤起他们对中医药康养的重视,让他们通过中医药养生旅游,了解中医养生理念,树立健康养生的观念。

③老年旅游者。老年养生旅游者也可称为银发旅游者。随着生活水平的提高与社会保障的完善,以及有可支配的收入和自由时间,越来越多的老年人参与到了康养旅游活动中,成为中医药康养旅游的直接消费者。而且绝大多数的老年人身体有些劳损或者患有一些慢性疾病,他们对以强身健体为目的的中医药康养旅游活动需求也尤为强烈。随着全球老龄化的加剧,更多的老年人会成为中医药康养旅游者的主力军,老年市场将成为中医药养生旅游开发的一大客源市场。在这一群体中,企事业单位的退休职工,退休教师、医生、律师等有稳定收入,而且普遍文化素养高、健康意识强,他们是开发潜力很大的目标市场。

(2)按区域分类

根据地理区域不同,可分为国内旅游客源和国外旅游客源。

①国内旅游客源。国内游客是指本国游客。中医药有悠久的历史、经典的理论、精湛的技术方法,自古以来就有广泛的群众基础,国人对中医药有着浓厚的兴趣。虽然近代中医受到西医的各种挑战,但在"后疫情"时代,中医药重获大众肯定。随着中医药的不断发展以及国民对中医药认知程度的加深,越来越多的国内旅游者愿意参与中医药康养旅游。

②国外旅游客源。东亚地区,特别是日本和韩国,受中医影响很大,许多民众对中医药传统文化抱有极大的热情,愿意参与中医药康养旅游,在旅游过程中感受中医药带给他们的健康享受。欧美国家的人虽从地域上远离中国,但旅游是欧美等发达国家人民生活中必不可少的一部分,他们对于健康生活很重视。加之近年来中医药对外传播力度不断加大,更多的外国人开始认同中医药养生理论。中医药康养旅游不仅满足了欧美人的度假需求,也能实现他们追求健康的愿望。当前国内中医康养旅游海外市场的开发,应以日韩为主体,大力开拓东南亚市场,远期考虑欧美地区。长远来看,开发国际旅游客源还具有巨大的潜力。

(3)按目的分类

根据旅游目的的不同,可将其划分为康体旅游者、康养旅游者、康疗旅游者。

①康体旅游者。是指以休闲和康体为核心目的进行中医药康养旅游的旅游者。这类群体通常健康无疾病,希望通过以中医药资源为载体的旅游活动达到强身健体的目的。

②康养旅游者。是指通过旅游达到健康养生目的的旅游者。该群体希望

通过养颜健体、营养膳食、修身养性、关爱环境等各种手段，使自身在身体、心智和精神上都达到自然和谐的优良状态。

③康疗旅游者。是指通过旅游活动以达到康复疗养目的的旅游者。该群体身体存在一定的健康问题，希望能在旅游活动中借助中医药的康复手段预防疾病、恢复健康。

（4）按消费水平分类

根据消费水平的高低，可以划分为普通旅游者和高端旅游者。

①普通旅游者。普通旅游者是中医药康养旅游的主流消费群体。普通人都有康养旅游的需求和期待，希望通过旅游项目调节身心健康。

②高端旅游者。高端旅游者主要是指经济发达地区的高收入人群，他们中的大多数人生活节奏紧张、脑力劳动强度大，但非常重视健康休闲。他们对传统的中医药文化有一定了解，也愿意花时间参与中医药康养旅游，对于亲近大自然获得身心健康有较高需求。希望在强身健体的同时，享受旅游带来的体验和感受。

（5）按性别分类

根据性别不同，可分为男性游客和女性游客。

①女性游客。女性游客更加注重健康养生。这类群体对中医药美容、减肥等功效更感兴趣，他们是中医药康养旅游的主要消费群体。因此，可多挖掘一些适合女性的、多元化的中医药康养旅游产品。比如，结合芳香疗法的禅修康养旅游，可使那些在社会、精神和工作方面压力大的女性群体在旅游过程中获得知识性、娱乐性、享受性为一体的满足感。

②男性游客。男性游客是中医药康养旅游的潜在市场。随着生活水平的提高，追求身心健康的人群有增无减，越来越多的男性也开始注重健康养生，男性逐渐成为中医药康养旅游消费客群的中坚力量。因此，可从男性关注的肥胖、脱发、失眠等方面着手，开发出适合男性的中医药康养旅游产品。

表 2-1 中医药康养旅游者类型

年龄不同	妇孕婴幼旅游者	中青年旅游者	老年旅游者
区域不同	国内旅游者	国外旅游者	
目的不同	康体旅游者	康养旅游者	康疗旅游者
消费水平高低	普通旅游者	高端旅游者	
性别不同	女性旅游者	男性旅游者	

(二)客体——中医药资源和旅游资源

中医药旅游客体是指中医药康养旅游中各种资源的总和。针对中医药旅游资源具有共生、融合与相同叠加的特点，资源分析主要从中医药康养资源和旅游资源两方面进行。我国有丰富的旅游资源，以及得天独厚的中医药资源。"旅游＋中医药"顺应了大众对健康生活的诉求，市场空间和需求潜力巨大，发展前景良好。

1. 中医药资源

（1）内容

中医药康养旅游是将中医药康养和旅游相结合而形成的一种新型旅游方式。凡符合中医药健康养生理念的，都能融入旅游过程中，例如，中医药养生方法、中医诊疗手段、中药材观赏与旅游养生环境等都属于中医药康养资源的范畴。

中医药是中华民族几千年养生理念及其实践经验的总结。中医诊疗方法丰富多样，除了拥有具体疗法以外，中医最具特色的是其治疗思想。中医在"治未病"思想指导下发展出独特的养生法。中医养生不仅强调身体的保健，还注重身心的和谐、天人相应、和谐统一、动静互涵、三因制宜等基本养生法则。中医的养生观念现已成为一种生活方式。

（2）特点

党的十八大以来，习近平总书记对发展中医药做出一系列重要论述，为新时代传承、发展中医药事业提供了根本遵循和行动指南。新时期国家中医药管理局提出了中医药的"五种资源"，这五种资源在经济社会发展中发挥着重大的作用。应充分激发和释放中医药"五种资源"的活力与潜力，大力促进中医药事业的发展。中医药的"五种资源"在经济社会发展全局中有着重要价值和作用。中医药康养旅游是将传统旅游、养生康复、中医药三大行业有机融合而成的新型产业。中医药康养旅游业作为战略性新兴产业有着巨大潜力，为推进中医药供给侧结构性改革发挥重大作用。

2. 旅游资源

（1）内容

能使游客在旅游活动中体验到中医养生方法及其成效的一切养生环境等都属于中医药康养旅游资源的范畴，包括气候、空气、土壤、水质等，即所有能吸引旅游者前往的自然资源的总和。

（2）特点

中医药康养旅游资源除具备一般旅游资源的要素外，还具有一些其他特点：

专业性：中医药旅游资源属于医学专业领域，医学专业性较强。

功能性：除具备一般旅游的休闲、放松等功能外，旅游者对中医药旅游资源还有康体、治病等医疗保健的功能要求。

环境性：中医养生所倡导的生活方式和生活环境要求人与自然要和谐统一。美好的环境不仅有利于身心健康，还能激发人的旅游动机。

文化性：中医作为中国传统医学，已有几千年的历史，是中华文化中重要的组成部分，其文化性是世代传承下来的。

（三）媒介——中医药康养旅游业

1. 中医药康养旅游业的构成

中医药康养旅游业是连接康养旅游客体和主体的媒介。中医药康养旅游业是中医药康养服务业与旅游业深度有机融合，以提供中医药康养服务为主题的康养旅游新业态及其产业链。中医药康养旅游业包含了旅行社、交通运输和旅游饭店。根据国家旅游局、国家中医药管理局的一项24个省（市、区）中医药健康旅游服务情况调查显示，目前全国共有450多个景区点、度假村、宾馆等机构，90多个中医药机构从事、开展或参与中医药健康旅游服务。

（1）旅行社

旅行社是组织和实施中医药康养旅游活动的机构。随着旅游业的发展和人们健康意识的增强，以健康、疗养、保健为主题的康养旅游活动不断增加，各地推出中医药康养旅游发展规划，旅行社也纷纷推出中医药康养旅游产品线路。

湖北首推中医药康养路线

湖北旅行社在2018年推出了湖北中医药康养游暨李时珍文化游推广活动，首次发布了8条中医药康养旅游路线。这8条路线分别以中医药文化游、道家文化游、中草药文化游、中草药养生游、禅修养生文化游为主题。这些路线所包含的中医药康养旅游资源丰富，有较好的景观资源、空气资源、人文资源和饮食资源。中医药康养路线的推出，迎合了大众追求健康的愿望，受到了大家的青睐。

【案例分析】湖北旅行社结合本省的中医药资源，推出了具体的中医药康养旅游路线产品，旅行社通过组织旅行将旅游资源和游客紧密结合在一起，使中医药康养旅游项目得以落地。

图 2-1　湖北神农架景区

（2）旅游交通

旅游交通指为旅游者由客源地到目的地的往返以及在旅游目的地各处活动而提供的交通设施和服务的总和。旅游与交通的关系密不可分，交通为旅游的发展提供了必要条件。中医药康养旅游是依托于优美自然环境的一种旅游模式，而这样的旅游目的地往往地处偏远地区。因此，为保障中医药康养旅游活动的顺利实施，需要有便利的交通和服务设施做支撑。旅游交通应围绕中医药康养旅游的需求，增强有效供给，提升服务品质，不断创新产品和服务，构筑融合中医药文化特色的交通新环境。

（3）旅游酒店

旅游酒店是旅游者食宿等基本生活的物质承担者。旅游者外出旅游，其基本食宿等通常都由酒店提供。酒店是旅游者旅游活动能够持续进行的物质保证。具有中医药康养特色的主题酒店，融合了中医药文化元素，让游客在休息时就可体验到中医康养文化特色。

<<< 案例 2-2 >>>

中国首家高端智慧中医养生体验酒店

山东东阿县在 2019 年正式启用了中国首家高端智慧中医养生体验酒店。

这家酒店集舒适睡眠、东阿阿胶养生菜、中药美肤美体、中药美容咨询、艾灸、美容产品、藏医药浴等滋补养生体验项目和客房服务为一体。

酒店因地制宜,将传统中医与现代医学科技、养身理念相结合,打造出了高端智慧中医康养酒店。酒店室内外设计和装饰融合了阿胶三千年文化传承,提炼出了阿胶文化、东阿水文化和毛驴文化等核心元素,充分体现东阿阿胶"滋补、养生、乐活"的理念。

【案例分析】东阿县中医康养体验酒店的功能设置,既体现了中医药"治未病"的理念,又注重利用现代科学技术,开创了中医药和酒店多元融合的新模式。

2. 中医药康养旅游业的特点

中医药康养旅游是将旅游和中医药康养相结合的新型旅游模式,与传统的旅游相比较,具有以下特点:

(1) 多样性

指在各式各样的气候环境、地理位置、动植物资源、文化资源等基础上充分利用中医药康养资源,打造具有本地特色的丰富多彩的中医药康养旅游模式。

(2) 普适性

康养活动可以涵盖所有追求健康快乐的人群。他们既不是"病人",又不同于普通的游客,而是具有较强康养目的性的游客。因此,对其开展的康复保养不宜在医院或养老院进行,可根据游客不同的身心、心理需求来选择适宜的中医药康养旅游目的地和康养旅游项目。

(3) 知识性

将康养旅游与传统的康养理论知识和人文资源紧密联系,使人们通过旅游获得康养体验的同时,又能达到修身养性、健身康体、丰富知识、延年益寿的目的。

(4) 专业性

康养活动的开展是以中医药理论为核心,强调自然生态环境要素,具有较强的专业性特点。因此,中医药康养旅游活动需在专业人员指导下按专业规范和规定程序开展。

(5) 综合性

中医药康养旅游是将我国中医传统的养生理论、方法与现代各种休闲旅游方式相结合而形成的新业态。这种旅游方式既注重健康养身的功能,也注重过程的休闲性和体验性，是将康养这一过程娱乐化、休闲化的项目。

（四）保障——政府政策、行业协会、旅游组织

1. 政府部门的政策保障与营商环境的营造

（1）政府相关政策的保障

为推动中医药康养旅游的发展，国家出台了一系列文件。《中医药健康服务发展规划（2015—2020年）》《中医药发展战略规划纲要（2016—2030年）》《关于促进中医药健康旅游发展的指导意见》《关于开展国家中医药健康旅游示范区（基地、项目）创建工作的通知》等一系列政策文件对大力发展中医药康养旅游做出了明确指引。

《中医药健康服务发展规划（2015—2020年）》中提出要培育、发展中医药文化和健康旅游产业。规划中提出要发展中医药健康旅游，可以充分利用中医药文化元素突出的各种资源，开发中医药特色旅游路线。建设一批中医药特色旅游城镇、度假区、文化街、主题酒店，形成一批与中药科技农业、名贵中药材种植、田园风情生态休闲旅游结合的养生体验和观赏基地。开发中医药特色旅游商品，打造中医药健康旅游品牌。支持举办代表性强、发展潜力大、符合人民群众健康需求的中医药健康服务展览和会议。

《中医药发展战略规划纲要（2016—2030年》提出要发展中医药健康旅游服务。推动中医药健康服务与旅游产业有机融合，发展以中医药文化传播和体验为主题，融中医疗养、康复、养生、文化传播、商务会展、中药材科考与旅游于一体的中医药健康旅游。对于开发中医药健康旅游产品和线路，建设旅游示范基地和中医药健康旅游综合体，加强中医药文化旅游商品的开发生产提出了要求。文件指出要建立中医药健康旅游标准化体系，推进中医药健康旅游服务标准化和专业化。举办"中国中医药健康旅游年"，支持举办国际性的中医药健康旅游展览、会议和论坛。

《关于促进中医药健康旅游发展的指导意见》文件中指出要针对不同游客的需求，大力开发中医药观光旅游、中医药文化体验旅游、中医药养生体验旅游、中医药特色医疗旅游、中医药疗养康复旅游、中医药美容保健旅游、中医药会展节庆旅游、中医药购物旅游、传统医疗体育旅游及中医药科普教育等旅游产品。发挥中医药健康旅游资源优势，整合各级资源，引入社会力量，打造中医药健康旅游品牌。加快中医药健康餐饮开发，打造一批中医药药膳餐饮连锁企业。促进住宿与中医药健康服务项目的结合，打造一批中医药健康旅游度假酒店。形成一个健康、持续的中医药康养旅游产业。不断开拓旅游市场，创新中医药健康旅游模式。

《关于开展国家中医药健康旅游示范区（基地、项目）创建工作的通知》

指出要用 3 年左右时间，在全国建成 10 个国家中医药健康旅游示范区、100 个国家中医药健康旅游示范基地、1000 个国家中医药健康旅游示范项目。

通过国家中医药健康旅游示范区（基地、项目）建设工作，探索中医药健康旅游发展的新理念和新模式，建立特点鲜明、优势明显、综合实力强、具有示范辐射作用和一定影响力的国家中医药健康旅游示范区（基地、项目），全面推动中医药康养旅游快速发展。

这一系列相关政策的出台，为全面推进中医药康养旅游的健康发展提供了有力保障。

（2）良好营商环境的营造

良好的营商环境是中医药旅游业成长发展的土壤。政府和相关组织加强舆论引导，营造全社会尊重和保护中医药传统知识、重视和促进健康的社会风气；政府出资宣传、推广规范化的中医药康养旅游项目，引导消费市场培育；各省市区大力建设好文旅康养融合发展示范区、康养旅游示范基地，以点带面；不断提升中医药康养旅游从业人员的职业素质；政府引导组建国家中医药康养旅游智库；依法严厉打击各种非法组织的中医药康养旅游活动。

2. 行业协会的协调监管与引领示范

国家出台的《中医药健康服务发展规划》中指出要强化行业协会在协调监管、引领示范等方面的职责。

（1）行业协会的协调监管

中医药康养旅游业是中医药与旅游相结合的一种新型旅游模式，在发展初期整个行业很不规范，需要监管协调机构参与制定中医药旅游行业标准以及发展规划，以维护行业内公平竞争和市场秩序。各地区、有关部门要支持建立中医药康养服务行业协会组织，通过行政授权、购买服务等方式，将适宜行业组织行使的职责委托或转移给行业组织，强化服务监管。发挥行业协会对中医药康养旅游业的协调和监督作用。积极鼓励、支持行业协会、联盟等社会组织参与中医药康养旅游的建设，发挥其在政府与旅游企业之间的纽带、桥梁作用。

（2）行业协会的引领示范

行业协会要充分做好政府关于发展中医药康养旅游相关政策的解读工作，当好政策"宣传员"。发挥行业协会在行业咨询、标准制定、行业自律、人才培养和第三方评价等方面的引领示范作用，当好行业"领航员"。

3. 相关组织的自我造血功能与品牌塑造

（1）中医药康养旅游组织的自我造血功能

中医药康养旅游组织在国家政策的扶持下，也在积极地开展自我造血。

旅行组织在不断地探索中医药康养旅游的立体发展模式,实现多层次的产品、多层次的运营。旅行社积极探索和开发新的中医药康养旅游路线和产品,结合中医药资源的特点,对旅游项目赋予文化意味、赋予特色景观。

比如:四川药王谷利用天然中药材原始森林所构成的特殊环境,精心打造出适宜亚健康人群进行国医体检和健康调理的度假产品。雅居乐地产利用西双版纳的环境优势布局康养旅游地产,同时重点发展傣药医疗保健、健康养生、体育健身、避寒养老等主题项目,打造出全国康养产业先行区。

(2)中医药康养旅游组织的品牌塑造

虽然从整体来看,全国中医药康养旅游还处在探索和尝试的阶段。但一些省份已开始加大了对中医药康养旅游的支持力度,并已探索出了发展模式。比如,广东率先在全国打响了"中医药文化康养旅游"品牌,评选出了首批19家广东省中医药文化康养旅游示范基地;海南省提出打造国家级中医康复保健旅游示范基地,正在建设国际科学养生岛;北京开展的中医院与旅游景区相结合的医疗康养旅游,已成为国内中医药旅游发展的典范;上海出现了国内第一个医疗旅游平台,并在其中注入中医药医疗旅游元素;四川作为中医药资源大省,开创了中医健康养生旅游新模式,着力于把四川打造成世界中医药文化与健康养生旅游目的地;广西充分发挥政府主导作用,以巴马、东兴、永福等14个"中国长寿之乡"为重点,进行统一协调管理,把中医药产业与旅游业的各种配套设施和项目联系起来,实现资源融合的最大化。随着中医药康养旅游产业发展进程的加快,全国各地还会涌现出更多的中医药康养旅游品牌。

三、中医药康养旅游的特征

(一) 本质与属性

中医药康养旅游是现代旅游业发展过程中产生的新型旅游方式,学界对其本质与属性仍未有一个较完整的诠释。从康养旅游的内涵来看,康养旅游不仅关注身体是否达到医学上的健康状态,也重视个人心智、精神的健康程度;其次,从康养旅游的受众而言,康养旅游的受众不仅是老龄化人口,还应包括中青年及孩童人群。业界对康养旅游的本质,有些观点可供参考,在《〈康养旅游示范基地〉标准解读》中,认为康养旅游就是健康和养生旅游,其本质属性是解决游客健康和养生的需求的旅行活动;有学者认为康养旅游的本质属性是达到延年益寿、强身健体、修身养性、医疗、复健等目的的旅行活动。《国家康养旅游示范基地》也提到其本质属性是使人的身体、心智和精神等方面,达到自然和谐的优良状态的各种旅游活动的总和。综上，具有鲜明特色的中医药康养旅游，其本质属性则可以理解为以中医药文化及适宜技术为核心，使人身心愉悦，从而达到或趋于达到身体、心智和心理健康状态的旅行活动。

（二）特点

1. 中医药资源丰富

中国幅员辽阔，跨越纬度较大，并拥有热带、亚热带、暖温带、温带、寒温带不同的气候带，以季风气候为主，四季分明，拥有物种多样、产量丰富的中药资源，盛产道地药材。我国是历史悠久的文明古国，有丰富多彩的中医药人文资源，如四川药王谷、彭祖养生、广西巴马等。中医学是前人在实践基础上，结合中国古代哲学总结经验而建立的体系，因地域广阔、流派众多呈现出百花齐放的姿态，其中不乏具有地方特色、历代相传的中医技术，以推拿流派为例，有江浙一指禅推法、河北腹诊推拿、山东内功推拿、福建点穴等。总而言之，我国独特的中医药自然资源、文化底蕴、特色医疗技术为中医药康养旅游的发展奠定了基础。

2. 天人相应整体观

中医药康养旅游强调的是运用中医药理念、方法、技巧等为游客服务达到养生保健、医疗康复、美容健体等目的，主要是为了针对人们康养旅游需求的不断增长和促进中医药服务事业的全面发展。中医的天人相应思想与旅游主体人和自然资源相互吻合、目的一致，皆是通过自然与人的融合，最终使游客回归健康。

3. 人群普适性

中医药在养生保健方面优势突出，受到广大民众和国外友人的认可，其受益人群普及各年龄阶段和不同体质状态人群，市场潜力巨大。中医药康养旅游在发展初期，对象局限于康复和养老人群，随着生活水平和人们健康意识的提高，中医药康养的概念人群已扩大至所有人群，并根据目的不同，结合中医药特色，康养旅游逐渐延伸、扩展至更为广泛的领域。

4. 多学科产业交融

中医药康养旅游学是一门新兴的学科和专业，不仅培养精专于某一领域的人才，更要求跨界的复合型人才，也是多学科交叉融合的体现，如旅游学、中医学、中药学、康复医学等。如中医药方面，不仅有保健养生医疗，还包括中医药相关产业，如中医药种植业、中医药畜牧业、中医药花卉园林业、中医药制药业等；康养方面，如针灸推拿学、中医养生学、康复医学等；旅游方面，包括人文社科学、农学、养殖学、植物学、管理学、销售学等。

5. 地域合作多元化

中医药康养旅游的资源存在较强的地域性特点，随着人们生活物质水平和精神文化需求的日益提高，地方特色的中医药已不能满足相应需要，两者的矛盾日益凸显。为了健康产业可持续发展，在政府引导下，鼓励跨区域合作及企业联动，结合地理自然资源，凸显中医特色，以建成国内优质中医药康养旅游项目。伴随着国家"一带一路"倡议的实施，中医药发展迅速、风靡全球，并创建中医药海外中心，如匈牙利的中东欧中医药中心、德国中医药中心等，为孕育具有域外风情的特色中医药康养旅游项目奠定基础，最终弘扬中医药文化，实现"文化自信"的国家战略。

四、中医药康养旅游的功能

（一）养—康—医功能

现代社会追求健康、享受健康已成为新的时尚，健康也被标记为旅游的核心价值。而中医药康养旅游作为一种新的健康理念，为人们在现代竞争激烈的社会中提供了一个疏解的途径，达到养身保健、减压康复、疗愈疾病、健康休闲、修身养性、调整心理、净化精神和提高境界的目的。

（二）文化交流功能

旅游具有促进文化沟通、增进文化认同、扩大文化影响的功能。康养旅游与中医药文化结合是经济发展的必然，有必要在建设的过程中紧抓特色文化内涵，以此来创建旅游文化产品主题。发展中医药康养旅游是增强文化软实力、民族凝聚力和国际影响力的有效路径，也是提高国民文明素质、促进文化传播的重要路径。另外，旅游作为传承中华民族传统文化的"窗口产业"，是中外文化交流的纽带。发展旅游事业，具有加强沟通、促进文化交流、推进文化合作、提升国际地位、塑造国家形象的作用。

（三）教育功能

旅游是提升国民素质、促进旅游者全面发展的"学习型"产业。常言道："读万卷书，不如行万里路；行万里路，不如阅人无数；阅人无数不如高人指路；高人指路不如体验感悟。"通过旅游活动，基于情境体验、构建学习共同体、实地观光考察体验，使旅游者更深刻地理解、更全面地诠释问题。而中医药康养旅游可以借助中医药博物馆、中药种植基地等自然、人文资源，发挥学习中医药知识、拓宽视野的教育功能。

（四）经济功能

发展旅游事业具有推动经济增长、拉动消费需求、调整产业结构的重要作用。而随着大众健康意识以及对中医药康养重视程度的提高，人们对中医药康养的需求也越来越大，中医药产业已成为我国一个十分具有发展潜力的特色产业。其顺应了时代需要，拓宽了旅游业的内涵；同时，作为旅游业与健康服务业的融合体，符合产业融合的时代潮流，对城市产业及其功能转型升级产生了重要影响。特别是近年来我国政府大力推进康养服务业、旅游业与中医药康养服务的政策背景下，康养旅游服务业正迎来发展的黄金时代。中医药康养与旅游融合是必然趋势，而中医药康养旅游也将成为创造经济财富、助推经济发展的重要力量。

五、中医药康养旅游的意义

（一）弘扬中医药文化

大力发展中医药康养旅游活动有利于借助旅游宣传和传播我国悠久的中医药文化和技术，从积极的角度、正规的渠道引导公众正视我国的中医药文化。同时挖掘更多优秀的中医药文化资源，吸引更多的社会资本参与中医药康养旅游资源开发、利用和保护。随着我国国际地位的不断提高，以中医药为代表的中华文化也逐渐被世界熟知和认可，中医药的交流和传播在很大程度上促进了我国与世界的相互融合。

（二）普及健康意识

推动中医药康养旅游活动的开展，有助于广泛多层面推广和传播公众健康意识和理念，营造健康、良好的中医药医学知识氛围，帮助大众树立科学的养生观，建立良好的生活行为模式，从而提高整个社会的健康意识和水平。

（三）提升国民健康

中医药是中华民族在几千年历史长河中与疾病进行不断斗争的智慧结晶。在党和国家的支持以及产业融合的趋势下，中医药康养旅游的发展使中医药在更宽广的领域，发挥其独特优势与作用，是服务"健康中国"战略目标的重要途径，也是推动中医药文化传承与创新发展的新方向。发展中医药康养旅游对于满足人民群众的旅游和健康服务需求，提高人们的健康水平、改善生活质量具有重要意义，为提升国民健康奠定基础。

（四）推动区域发展

依托我国丰富的中药物产资源和中医文化底蕴，借助中医药产业，通过旅游业的庞大客流，基于中医药产品的消费活动拉动区域经济迅速发展。在此过程中，中医药康养旅游产业带动中草药种植、旅游服务接待、中草药产品销售、中医理疗诊治等多行业共同发展，也能够在一定程度上解决区域就业问题。

第三节 中医药康养旅游的现状与发展

随着国家"十四五"的开启,我国正式进入建设社会主义现代化国家新征程,但在健康事业上,仍面临着慢性病发病率攀升、医疗资源供应不足所导致的医疗保障体系供需失衡的巨大矛盾,医保基金支出压力和居民个人医疗经济负担也与日俱增。据《中国居民营养与慢性病状况报告(2020年)》数据显示,2019年我国因慢性病导致的死亡占总死亡人数88.5%,慢性病已成为严重威胁我国居民健康和影响国家经济社会发展的重大公共卫生问题,尤其是一些大城市居民中的"都市白领",一半以上都处在亚健康状态。

中医药康养旅游作为一种新型旅游方式,具有巨大发展空间。从需求角度而言,健康长寿是人类追求的永恒目标。受工业化和城镇化进程加快、环境恶化、经济发展水平提升、社会老龄化结构凸显、人均可支配收入增加等因素影响,大众健康意识和健康需求持续提升,日常体检、康养休闲、健康饮食等逐步进入大众视野。与此同时,旅游活动已成为居民日常生活的重要组成部分,且对人们健康及幸福感提升具有积极的促进作用。

一、现状与发展

中医药康养旅游作为新兴业态,发展时间较短,学术界研究较少。国内外研究更是有限,主要集中于对健康旅游的研究。虽对健康旅游的研究范围很广泛,但缺少深层次探讨及本质性规律、整体性和系统性的研究,研究大多停留在国外健康旅游的现状描述和介绍、概念界定、作用归纳等浅表层面;理论研究也是散见于老年旅游、医疗旅游、森林旅游、温泉旅游、海滨旅游、体育旅游、出游健康知识普及等,对于中医药康养旅游的研究较少。本节主要是从中医药康养旅游的现状及发展进行概述。

(一)国内的现状与发展

1. 现状与发展

2016年,在国家旅游局、国家中医药管理局印发的《关于开展国家中医药健康旅游示范区(基地、项目)创建工作的通知》中指出,计划用3年左右时间,在全国建成10个国家中医药健康旅游示范区、100个示范基地、1000个示范项目。经过各地申报、专家评估,2017年国家旅游局、国家中医药管理局联合公布了首批15个国家中医药健康旅游示范区。2018年,国家中医药管理局网站公布了北京昌平中医药文化博览园等73家国家中医药健康旅游示范基地创建单位名单。这73家单位遍布全国31个省、市、自治区，其中包括了北京、天津、上海、重庆4个直辖市，还有内蒙古自治区、广西壮族自治区、西藏自治区、宁夏回族自治区、新疆维吾尔自治区5个自治区。安徽省、江西省和山东省等有多至4个示范基地。各地积极性高、参与性强、辐射范围广泛，推动了中医药康养旅游项目的实施，促进了整体经济的发展。

中医药康养旅游等新业态在全国各地快速发展，政策支持力度越来越大，吸引越来越多的游客，康养旅游项目和产品越来越多。据原国家旅游局和国家中医药管理局联合开展的一项24省（市、区）中医药健康旅游现状调查显示，全国现有454个景区、度假村等机构和90多个中医药博物馆、中医药企业开展了中医药健康服务，其中21家中医药单位与旅游公司或旅行社签订了合作协议，15家中医医疗机构正开展入境中医医疗旅游服务，服务项目和产品主要有温泉、药浴、药膳、中医美容、药酒、保健茶、传统膏方、康体养生、医药保健品等。目前，从各个省健康产业统计数据分析，海南省医疗健康产业总产值占该省GDP11%，有健康服务业单位2176家、规模以上企业近50家，从业人员91254人，营业收入243.74亿元。广东率先打响了"中医药文化养生旅游"品牌，现有中医药养生旅游示范基地40家、18条中医药养生文化旅游线路。浙江先后打造了一批中医药特色小镇、中医药特色街区、中医药主题民宿等中医药旅游产品，认定了21个中医药文化养生旅游示范基地。（详见表2-2、表2-3、表2-4）

为加快中医药康养旅游的发展，江西、甘肃、四川、海南、安徽、广东等省按照国家的文件要求，相继出台了政策文件。江西与国家中医药管理局签订了《共同推进中医药发展》合作框架协议，提出建设中医药健康旅游示范区目标，先后出台《江西省人民政府关于促进健康服务业发展的实施意见》（赣府发〔2014〕40号）、《江西省中医药健康服务发展规划（2016—2020年）》（赣府厅发〔2016〕16号）、《江西省人民政府关于加快中医药发展的若干意见》（赣府发〔2016〕27号）等文件，成立"江西中医药文化旅游协同创新中心"。四川编制了《四川省中医药健康养生旅游总体规划》。甘肃制定了《甘肃省中医药养生旅游工作实施方案》，编制了《甘肃陇东南地区国家中医药养生保健旅游创新区总体规划》。海南出台了《海南省促进健康服务业发展实施方案（2015—2020年）》，并依托博鳌乐城国际医疗旅游先行区、301医院海南分院等优势医疗资源、中医药资源和旅游资源，大力发展医药养游。安徽出台了《安徽省中医药健康服务发展规划（2015—2020年）》，提出要推动中医药产业与旅游产业、农林产业融合发展，推进实施中医药文化和健康旅游项目。

表2-2　首批中医药健康旅游示范基地创建单位名单

序号	省份	示范基地名称
1	天津	天津健康产业园
2	河北	河北秦皇岛市北戴河区
3	上海	上海新虹桥国际医学中心
4	江苏	江苏泰州市姜堰区
5	浙江	浙江舟山群岛新区
6	安徽	安徽池州市九华山风景区
7	福建	福建平潭综合实验区
8	山东	山东青岛市崂山湾国际生态健康城
9	广东	中国（广东）自由贸易试验区广州南沙新区
10	广西	广西桂林市
11	海南	海南三亚市
12	海南	海南博鳌乐城国际医疗旅游先行区
13	贵州	贵州遵义市桃花江

表2-3　首批中医药健康旅游示范区创建单位名单

序号	省份	示范区名称
1	北京	北京东城国家中医药健康旅游示范区
2	河北	河北安国国家中医药健康旅游示范区
3	山西	山西平顺国家中医药健康旅游示范区
4	吉林	吉林通化国家中医药健康旅游示范区
5	上海	上海浦东国家中医药健康旅游示范区
6	江苏	江苏泰州国家中医药健康旅游示范区
7	安徽	安徽亳州国家中医药健康旅游示范区
8	江西	江西上饶国家中医药健康旅游示范区
9	山东	山东日照国家中医药健康旅游示范区
10	湖北	湖北蕲春国家中医药健康旅游示范区
11	广西	广西南宁国家中医药健康旅游示范区
12	重庆	重庆南川国家中医药健康旅游示范区
13	四川	四川都江堰国家中医药健康旅游示范区
14	贵州	贵州黔东国家中医药健康旅游示范区
15	陕西	陕西铜川国家中医药健康旅游示范区

表 2-4　第一批国家中医药健康旅游示范基地申报单位

序号	地区	名称	申报单位
1	北京	北京昌平中医药文化博览园	北京国开园卧虎山庄健康管理
2	北京	北京潭柘寺中医药健康旅游产业园	北京鸿博华康中医药科技有限公司
3	北京	中国医学科学院药用植物园	中国医学科学院药用植物研究
4	天津	天津天士力大健康城	天士力控股集团有限公司
5	天津	天津乐家老铺沽上药酒工坊	天津市达仁堂京万红药业有限公司
6	河北	河北金木国际产业园	金木集团有限公司

2. 海南模式

（1）三亚国际友好中医疗养院

图 2-2　海南三亚国际友好中医疗养院　摄影：彭伟伟

2016 年，三亚市中医院三期工程——三亚国际友好中医疗养院建成并投入使用（见图 2-2）。三亚国际友好中医疗养院作为三亚市中医院中医药健康旅游和中医药服务贸易的体验服务中心，集中医、中药、针灸、推拿、药浴、药膳、休闲旅游、中医药文化体验等功能用房和餐厅、超市等一系列配套设施为一体。随后，市中医院成立了三亚欣欣荣中医疗养国际旅行社，市中医院逐渐构建起"旅游+疗养"模式,推动中医药服务贸易发展。

三亚国际友好中医疗养院还抓住了国内外不同游客的健康需求,对标将游客进行了分类,包括养生爱好者、中医药爱好者、有颈肩腰腿痛等慢性病者、旅游达人等。根据游客的年龄分类,40~60岁为核心目标人群。根据游客的性别分类,家庭旅游以女性游客为主要目标人群,商务休闲旅游以男性游客为主要目标人群。针对中医药康养旅游这个全新的服务体系,确定了适宜于三亚情境中的中医药健康旅游特色服务项目,满足了游客多样化的健康需求。主要的服务包含四个部分。

中医特色治疗服务:将中医特色诊疗方法如针刺疗法、灸类疗法、刮痧疗法、拔罐疗法、中医微创疗法、推拿类疗法、敷熨熏浴类疗法、骨伤类疗法等,结合游客停留时间短的特点,设计见效快的特色治疗方案,为游客解决亚健康以及颈肩腰腿痛等慢性疾病问题。

中医特色康复服务:充分开展传统针灸、拔罐、推拿、牵引、艾灸、穴位注射等治疗方法,结合现代康复医学,开展运动疗法、作业疗法等,为患有颈痹、腰腿痛、面瘫、偏瘫(截瘫)、骨关节病及慢性病后期的游客进行功能训练治疗及旅游疗养。

中医特色养生服务:为游客提供中国传统文化中的如太极拳、八段锦、脊柱健康操、气功等有特色、大众容易接受的强身健体项目,以及中医体质辨识、中医药膳等养生保健服务,让游客在旅游休闲中达到保养身体、减少疾病、增进健康、延年益寿的目的。

特色诊疗服务:是中医药康养旅游和中医药贸易对外服务的一项重要内容,突出中医特色,借助三亚得天独厚的自然环境和旅游资源,大力发展中医药健康旅游服务。在"中医特色综合诊疗服务"模式下,根据中医整体观理论,充分利用现代康复理念和中医特色诊疗技术的优势,提高临床常见病的中医诊治水平。

根据三亚中医药健康旅游发展态势,三亚国际友好中医疗养院精准定位了国内外游客市场发展策略。一是国际市场,大力拓展国外游客市场,发挥中医药健康旅游的特色,吸引更多国外游客赴三亚体验。当前俄罗斯成为前往三亚进行中医药健康体验之旅的主要客源地,其次是韩国、日本,还有德国、英国、北欧等国际客源市场。二是国内市场,主要以北京等北方中心城市为主要客源地,包括哈尔滨、长春、上海、广州、深圳、天津、重庆等其他城市为客源市场。

拓展阅读 2-2

（2）博鳌超级中医院

图 2-3　海南博鳌一龄生命养护中心——博鳌超级中医院　摄影：彭伟伟

博鳌超级中医院隶属博鳌一龄生命养护中心。博鳌一龄生命养护中心是以"生命养护"命名的三级综合医疗机构，下设九中心一医院：生命养护科学研究中心、精准医学研究中心、生命健康预检中心、生命健康养护中心、生命美丽养护中心、魅力形象打造中心、疾病管理中心、生命机体功能康复中心、文化艺术体验中心和博鳌超级中医院。主要开展了健康促进、疾病预防、慢性病调理、生命健康养护、养生与康复、中医特色疗法、生命美丽养护、心灵疗养、医疗旅游度假、国际转诊与慢病诊疗、新型医疗技术等业务。一龄生命养护是在"健康中国、美丽中国、幸福中国"大背景下，秉持"从关注疾病向关注健康转变，从注重治疗向注重预防转变"的"大健康观""大生命观"的理念，自主创新的医养结合、医旅融合、中西合璧、医疗元素与文化元素融汇的医疗健康服务新模式、新业态。

博鳌超级中医院汇聚了一批国内一流的国医大师、全国名老中医和中医优势学科带头人，制订一流的中医诊疗和中医养生保健方案，为客户提供一流的高品质、个性化温馨服务；让老百姓在家门口即可享受国家名老中医的优质诊疗服务，造福广大人民群众。超级中医院的"超级"体现在三个方面。

第一个超级是超级专家阵容，大力引进中国科学院院士、中国工程院院士建立了石学敏院士工作站，引进一批国医大师、全国名老中医、中医学术流派传承人、民族医药传承人建立工作室，目前已建立了张大宁、沈宝藩、雷忠义、李佃贵、王世民5个国医大师工作室，8个全国名老中医工作室。8个全国名老中医工作室、14个优势特色专科共有60多位名中医。与7家全国知名中医院建立了医联体合作单位，定期坐诊的国医有郝彬教授和名老中医周学林。另外，院内还有二十几位长期坐诊的专家及各有特色的理疗专家。

第二个超级是特色疗法、特色方剂。超级中医院以身心医学体系为特色，注重身心灵疗愈。目前，引进的特色疗法有沉香古方、恭喜合艾、九五平衡散、民族医学疗法、藏医药浴、印度阿育吠陀疗法等。转化应用国医大师、名老中医提供的祖传秘方、经方、验方制剂45个，主要是针对内科杂病、慢病治疗、康复养生保健等。

第三个超级是博鳌超级中医院打造的"四个超级平台"：中医诊疗、养生保健一站式服务平台；中医药专家学者开展国内外学术交流与合作平台；中医优势学科与中医院协同发展平台；中医药科研成果转化应用平台

<<< 案例2-3 >>>

博鳌一龄生命品质改善中心特色科室

中医诊室。博鳌一龄生命品质改善中心的超级中医院专科门诊，在此区域，一共有六大专科诊室：中医内科、中医慢病科、中医妇科、中医男科、中医皮肤科、中医骨伤科。另外，我们还设有藏医学诊室。

①中医内科：包括心脏病、肺病、哮喘、脑病、脾胃病、肝胆病、情志病、肾病等。

②中医慢病科：包括神经衰弱、糖尿病、肥胖、高血压病、高脂血症、痛风、风湿病、慢性结肠炎、胃肠功能紊乱、内分泌失调等。

③中医妇科：包括痛经、月经不调、不孕症、乳腺增生、产后体虚、更年期综合征等。

④中医男科：包括性功能低下、不育、前列腺肥大等。

⑤中医皮肤科：包括湿疹、荨麻疹、过敏性皮肤病、皮炎、痤疮、带状疱疹、皮肤瘙痒等。

⑥中医骨伤科：包括颈椎病、腰椎间盘突出、腰肌劳损、筋骨损伤、肌肉疼痛、关节痛、肩周炎、风湿类骨病等。

⑦藏医学：藏医学诊室的坐诊专家是俄吉医师，由德格宗萨藏医院、现

委派到海南博鳌超级中医院的藏医工作室担任坐诊医师，擅长藏医临床诊疗（包含消化内科、妇科、神经科、肾病科等）。

藏医工作室。藏药浴采用蒸浴舱，通过藏药包的加入，在水的热能和药物的药力作用下，打开人体毛孔、打通经络，药物的有效成分通过皮肤毛孔透皮渗透，被毛细血管吸收进入体内，迅速直达病所，起效快。主要适用证有风湿性关节炎、类风湿性关节炎、肩周炎、腱鞘炎、腰酸背痛、疲劳、过敏性皮炎、妇科带下症、失眠、抑郁等。

黎医工作室。黎族医药是海南省的绿色宝藏，为保护、传承并发扬黎族医药文化，我院与海南省民族医药学会及相关专家共同成立了"黎族医药传承工作室"，致力于为黎族医药发展打造传承平台，做好黎族医学传承与黎药研发工作。

印度阿育吠陀古疗法诊室。印度阿育吠陀古疗法，被认为是世界上最古老的医学体系。一千多年来，它在无数印度传统家庭中使用着。其影响波及南北半球几乎所有的医学系统，因此印度阿育吠陀被誉为"医疗之母"。阿育吠陀医学的目标是通过调节饮食而化解健康问题，同时不会产生副作用。治疗方法大致可以分为以下几类：净化治疗、缓解治疗、饮食和运动处方、除致病因素治疗、心理疗法、利用免疫和强身健体药物的治疗以及针对性的理疗手段。

恭喜合艾。恭喜合艾据说是出自皇宫御室的配方，所用艾绒是采用李时珍故乡湖北蕲春独有的黄金贡艾。恭喜合艾是以陈艾为药物基础，结合中药成分，以草本药油、散结丹、黄金艾粒、中药膜粉和药贴五种不同的治疗环节作用于身体，再结合温灸罐及其释放的远红外线，让中药透皮吸收，让艾的能量更加聚焦特定穴位，实现通、排、调、升四大功能，达到祛湿、化瘀、升阳气的功效，帮助现代人改善亚健康状态，适用人群非常广泛。

九五平衡。九五汗法平衡疗法是科学配伍纯中药制剂，近百味名贵道地中药材经过小分子萃取技术高纯度提取。利用腧穴药物导入疗法，作用于人体背部的经络系统，通过远红外频谱仓的亚高温热力效应，促进药物的渗透、吸收，并有效控制身体出汗排毒。以疏通经络、调和气血、祛邪扶正、平衡阴阳，维护健康状态。可达到降三高、祛寒湿、抗衰老、保肝护肾、养护关节的功效。九五平衡疗法分为补方和泄方，补方是三高方、肝方和肾方，适用的人群是三高人群及肥胖、肝病和肾病的人群；泄方分为寒方、抗衰方和骨方，适用疾病和人群有女性妇科疾病、宫寒类疾病、内分泌类疾病及风湿、重症骨性关节炎的人群。

沉香古方。沉香古方是以名贵中药沉香为主，集中医推拿、中药熏蒸、中药药浴和中药内服疗法于一身的综合疗法。沉香是众香之首、香中之王，它能通气开窍、畅通血脉。好的沉香价值比黄金高，尤以海南沉香最为名贵。沉香古方由海南沉香及10余味中药材组成，适用于慢性疲劳综合征、脊柱、骨骼退行性病变、疼痛及相关联的慢性疾病、全身脏器功能养护、男女更年期养护、调节内分泌紊乱、情绪调理等。

低温治疗区、运动治疗区。低温治疗室，进口于德国，是一种非常有效的新型物理治疗方法，主要适用于风湿病、慢性炎症性关节疾病、慢性脊椎疾病的治疗，对减轻疼痛、抑制肿胀、降低肌张力和促进疲劳恢复有显著的效果。因为该方法操作方便、治疗时间短、治疗过程简单、治疗效果显著，日益受到国内外优秀教练员与运动员的青睐。

低温治疗室不仅可以降低肌张力，缓解疲劳，改善由训练引起的肌肉组织损伤，降低肌肉酸痛感，还可以改善睡眠、增强免疫力等。

（3）海棠湾·上工谷

在国家大力支持并鼓励发展健康旅游业的背景下，万茂联合投资发展有限公司积极响应，联合业界精英倾力打造海棠湾国际中医药康养旅游小镇项目——海棠湾·上工谷。该项目地处三亚市东北部，地理位置优越，交通便利。项目集中医药主题康养酒店、民宿、中医药休闲农业、集散、文化展示、会议会展、多维度体验于一体，跨界整合中医药、健康、旅游三大领域，致力打造"世界中医康养及文化旅游目的地""国家级示范特色小镇"。在上工谷，人与自然得到完美融合，浑然天成。中医药文化将自然融入生活日常，修养成良好的生活方式，身心合一，悠然自得。未来，上工谷将作为世界级中医康养度假胜地，成为镶嵌在中国大地上最动人的健康风向标，引领文创旅游与康养度假的全新理念，打造悦动健康、快乐的生活。

①因地制宜，取材自然。

上工原舍康养度假别墅以现代中式的装饰手法进行打造。建筑选材均呈现自然的美感，融入了中医药康养理念及海南当地特色民族文化，并以黎、苗少数民族文化加以点缀，力求将当地文化、本土的人文精神融入在酒店之中，与自然景观达到最完美的契合。在默不作声的低调中蕴含着最高贵的风格，提供一种与众不同的生活享受，给人以返璞归真的感觉，追寻本源生活需找心灵的净土，隐居田园的梦想可在这里实现。

②大美灵秀之地。

上工原舍康养度假别墅目前有19栋独栋别墅，散布在看得见山、望得见水的灵气聚集之处。也许你很难想象，上工原舍康养度假别墅的过去是一个无名的海南原住民民宅，但现在当你走进上工谷，会发现这里的每一栋民宿，皆以《道德经》为名，因地制宜，取材自然，温馨、舒适、优雅，以私人化民宿为设计追求。力求将当地文化、本土的人文精神融入在酒店之中，与自然景观达到最完美的契合。同时针对不同的人群还贴心地设计了老人房、儿童房、SPA康养房、娱乐室等，满足全家人出行、度假、旅游、康养的需要。房间里的每一个细微物件，如黎锦、纱帐和原木等元素，均精巧摆设，充满了静谧的原生态意味，整体美得如同一首诗。

③繁华与乡居共在，生活与养生并荣。

上工原舍康养度假别墅引进专业的健康管理系统，基于管理学PDCA循环原理和针对慢性病防治的"治疗性生活方式改变"原则所设计，涵盖了从健康档案建立到健康效果评价的全流程，通过树立正确的健康观念、培养合理的饮食习惯、积极进行身体活动、改善不良生活习惯来为您的健康保驾护航。并辅以中医药理疗手段，配合独有的重要膳食，全方位地服务居住客户，管理客户的健康。

图2-4　海南三亚海棠湾上工谷中医特色康养小镇　摄影：彭伟伟

（二）国际的现状与发展

近年来，中医药健康旅游在国际上也引起广泛关注，被列入中新、中马等双边国家传统医药对话内容。早在远古时代，罗马人会到有沐浴和海岸的度假区寻求身心灵的净化。国外一些地区，结合各自特色，纷纷开展了医疗旅游、中医药健康养生等旅游项目，如印度、韩国等将特色景点与健康医疗联系在一起，使游客在欣赏风景的同时又享受到当地的健康养生文化，取得很好的效果。Leng（2007）和 Yap（2007）分析了马来西亚政府推广医疗旅游所举办的各项活动，指出马来西亚的医疗旅游者主要来自印尼、新加坡、日本和西亚国家，价格优势是其主要的竞争优势，34 家私家医院在马来西亚从事健康旅游，其中很多均得到国际组织的标准化（ISO）认证。

在日本，旅游产业常常被称为"观光医疗"或"医疗观光"。日本非常重视对《伤寒论》等古典书籍中方剂的研究和开发。日本对汉方的研究，主要是由日本汉方企业来投资，其中津村公司是最有影响力的汉方企业。很多业内人士表示，日本目前具有先进的医疗技术，对于中国一些小康家庭而言，极具吸引力。日本的健康旅游产品以服务水平一流而著称，也是众多国内高端团队选择日本的重要原因之一。中医传入日本后得到极大的发展。现在日本大部分以康养为主要目的的旅游项目中会向游客售卖汉方药。"治未病"的思想对日本最大的影响主要体现在通过养成良好的生活习惯以达到预防疾病、健康养生的目的。

印度是南亚传统医药旅游的代表国家，也是世界五大医疗旅游目的地之一。Chacko（2006）指出印度医疗旅游业的主要吸引力是其低成本。此外，印度有受过良好教育的知名医生及护士组成的人力资源队伍，同时英语使用广泛，沟通不成问题。根据印度工商部门的报告，印度医疗旅游的年增长率达到 30%。印度较早便已开始着眼于医疗旅游行业，经过近百年的不断摸索、发展，如今已经形成较为完整、成熟的传统医疗旅游发展模式。首先，明确战略定位。2002 年，印度开始出台国家健康政策，出台了一系列关于发展传统医疗旅游的法律法规和实施规划，将本国传统医药与世界接轨，增强各国认同感。其次，印度致力于产品开发，积极发展传统瑜伽、悉达医学等特色项目。同时，印度还拥有自己独特的优势项目，包括印度草药、印度瑜伽、豪华水疗等医疗和养生服务。丰富的医疗产品类型和传统医药项目是印度医疗旅游逐渐发展壮大的主要驱动力。最后，强调产业协作的印度建立了国际医疗旅游委员会，高度重视加强旅游部门和医疗部门之间的沟通与合作，促进深度融合、互惠互利的医疗和旅游等行业。

泰国是世界著名的健康和医疗旅游目的地。其医疗技术和服务水平能跟世界其他任何地方媲美，且花费仅是欧美国家的一半。2020年是中医在泰国合法化的第15个年头，中医热在泰国持续升温。针刺、艾灸和推拿等中医治疗手段加上泰国的SPA养生、泰式按摩的完美结合，已经成为游客去泰国旅游行程中的一部分。泰国是全球第二大医疗旅游产业国，在亚洲仅次于印度。随着医疗旅游的发展，泰国很多一流的医院在国际上获得名声，吸引越来越多的外国病人。这些医院外观看起来像高档酒店，环境舒适，医疗设备和技术先进，设有专门针对医疗旅游者的治疗区域和设施，员工服务意识强，医生与患者间关系融洽，大多数相关医院得到青年商会（JCI）的认证。同时泰国大多医疗旅游者主要来自日本，美国、英国和中东旅游者人数也在大幅增加，主要的吸引力在于其价格优势。泰国的医疗费用比新加坡便宜50%，比中国香港便宜3倍，比欧洲和美国便宜5~10倍。丰富的资源、低廉的价格、优质的服务、高水平的医疗技术是许多外国旅游者选择泰国作为医疗旅游目的地的原因。根据泰国卫生部的数据，2011年，去泰国医疗旅游的外国旅游者人数为24万人次，为泰国创造了约29亿美元的收入。泰国正试图打造"世界医疗旅游服务中心"，在政府出台的积极政策引导下，泰国的医疗服务水平进一步提升，得到国际认证的医疗机构也越来越多。

二、机遇与挑战

（一）中医药康养旅游的发展机遇

1. 政府推动主导，宏观调控促发展

2016年2月李克强总理在国务院常务会议上提出"促进中医药与健康养老、旅游文化等融合发展"，鼓励"推出一批以中医药文化传播为主题，集中医药康复理疗、养生保健、文化体验于一体的中医药健康旅游示范产品"。诸多政策的提出预示着中医药旅游时代即将开启。2016年底，国务院印发的《"十三五"旅游业发展规划》提出：促进旅游与健康医疗融合发展；鼓励各地利用优势医疗资源和特色资源，建设一批健康医疗旅游示范基地；发展中医药健康旅游，启动中医药健康旅游示范区、示范基地和示范项目建设。2017年9月，为深入贯彻落实国务院《关于促进旅游业改革发展的若干意见》和《中医药发展战略规划纲要（2016—2030年）》等，根据《关于促进中医药健康旅游发展的指导意见》和《关于开展"国家中医药健康旅游示范区（基地、项目）"创建工作的通知》，国家旅游局和国家中医药管理局公布了首批国家中医药健康旅游示范区创建单位，诸多举措推动了"中医药＋康养＋旅游"的融合发展。

新时代我国社会主要矛盾的变化概括为"我国社会主要矛盾已经转化为人民日益增长的美好生活需要和不平衡不充分的发展之间的矛盾"。随着经济发展和社会进步、社会需求升级，民众的收入水平以及消费水平都有所提高，据国家统计局数据显示，2018年全国居民人均可支配收入28228元，比上年增长8.7%，扣除价格因素，实际增长6.5%；全年全国居民人均消费支出19853元，比上年增长8.4%，扣除价格因素，实际增长6.2%。在人均消费支出中，教育文化娱乐占11.2%，医疗保健占8.5%。2014—2018年国内游客从3611百万人次增长至5001百万人次，同比增长10.8%，旅游总花费达到45660.8亿元。国家政策对大力发展健康旅游的支持，充分体现了健康旅游对平衡社会矛盾、满足人民追求美好生活需要的重要功能。一方面，健康是每一个人的基本需求，是国家富强、民族昌盛的根基；另一方面，旅游已成为当今人们生活与休闲的重要组成部分，成为人们提高生活满意度、增进幸福感的重要途径。"中医＋康养＋旅游"的新健康发展模式对于提升国民幸福度、平衡人民日益增长的美好生活需要起到催化剂的积极作用。它以独特且底蕴深厚的中医药资源为载体，以传承、弘扬和创新发展传统中医药为目标，同时与传统自然观光旅游产业及健康服务产业相融合，具有中国新时代特色和民族品牌效应。

2. 全球疫情影响，被动医疗转主动健康趋势明显

2021年3月，习近平总书记在看望参加全国政协十三届四次会议的医药卫生界、教育界委员并参加联组会时强调："这次抗击新冠肺炎疫情的实践再次证明，预防是最经济有效的健康策略。"随着我国国民健康素养水平的逐年提升，"被动医疗"向"主动健康"的健康生态圈逐步构建，行业之间融合发展，共同推进大健康产业的绿色发展产业链逐步形成。当前以"疫情防控常态化"取代"后疫情时代"来表述未来形势更为恰当，而在新冠肺炎疫情中受影响最大的旅游产业的对策研究亟须从"政府救济""行业抱团自救""等待恢复增长"等短期策略和思维中跳出来，视"疫情防控常态化"为原则，进而研判"中医＋康养＋旅游"的发展新模式。新冠疫情的大暴发，恰恰发生在全球百年未有之大变局的历史节点以及健康产业作为财富第五波的浪潮中，在科技革命信息高速发展的当下，时空被高度压缩，传统的生产方式日渐瓦解，但是疫情得到控制之后国民旅游消费即刻走向恢复，消费需求也发生了巨大的变化，人们主动健康的意识得到前所未有的提升，民众对待健康和幸福的方式发生变化，从疾病的存在到幸福的存在，对美好生活的向往已不再满足于最初的健康保健和旅游观光，那些旨在让旅游者得到身心全面呵护和健康水平有效提升的健康旅游成为新增长点。受旅游发展进程和疫情影

响的双重作用，未来，产业之间将会不断磨合与渗透，行业之间的相互碰撞而擦出新的火花，与健康息息相关的医疗、养生、保健、预防、生活方式等服务内容在不断地尝试与旅游结合，人们对于健康消费的追求，使市场应需求而生，对于健康和旅游的多元需求加速了健康服务业和中医药的产业的黏合度。

  我国旅游业在经过 40 年的蓬勃发展后已进入新的发展阶段，面临着产业转型升级的迫切需求。随着经济的发展和人民对美好生活的向往，国民对健康的认知提高，健康理念越来越成熟，康养旅游已成为普遍而持续的需求热点。进入后疫情时代，人们会将自身的身心健康与环境生态安全提到一个前所未有的高度，疫情的冲击使人们对健康的渴望越发强烈，可以预见后疫情时代，以健康、养生为特色的旅游方式会更受关注。尤其是以健康养生为主题、以在旅途中保持健康为目的的康养旅游，更符合旅游者的期待。因此，我国的康养旅游产业将迎来新的发展机遇。

  3. **市场需求旺，中医药康养旅游消费潜力巨大**

  2017 年，全球健康旅游产业的规模已接近 6785 亿美元，约占全球旅游产业经济总量 16%，并以每年 20%~30% 的速度快速增长。我国的康养旅游起步较晚，尚处于初级发展阶段，但是蕴含着巨大的市场潜能。目前，我国康养旅游主要面向银发人群、亚健康人群和追求健康生活品质的人群，此类群体的主要需求是丰富晚年生活、保持精神活力、舒缓工作生活压力，以及改善亚健康状态和提升健康水平，呈现市场主体多元化、市场需求旺盛的良好态势。据预测到 2055 年我国 60 岁以上的老年人口占总人口比例将达 35.6% 以上。目前，我国亚健康状态人口已超过 7 亿，占全国总人口 60%~70%。我国老年人口和亚健康人口的基数较大，康养旅游市场的潜力值得深入挖掘。在此次疫情中，确诊患者平均年龄 51 岁，其中 30~69 岁患者占 77.8%，患有基础疾病和免疫力低下的人群患病比例较高，未来这部分人群对于康养旅游的需求会持续快速增长。此外，随着女性休闲意识的增强，女性的康养旅游需求会更突出、更明确、更多元。目前针对女性游客市场的康养旅游年增长率接近 20%。另一个重要的细分市场是职工疗休养市场，四川每年有近 1000 万人次参与职工疗休养活动，且疗休养人数在逐年增加。由此可见，疫情过后康养旅游市场蕴含着巨大的潜能，需求正在日益扩大。

  随着生活水平的提高，人们不再满足于"吃饱穿暖"，而是更为注重生活质量，健康和旅游需求之间的联系也越发紧密，需求出现重叠。天猫 2020 双十一数据显示，保健行业 11 月 11 日仅用了 10 分钟成交就破了亿，今年双十一成交额同比增长超 50%，今年成交 TOP5 的品类中既有传统强势品类益生菌也有像 NMN 一样的黑马。另外，个人健康险业务持续走高，2020 年新冠疫情的发生，在一定程度上促进了消费者对健康险的关注，随着市场和消费者的成熟度不断提升，个人健康险业务的发展增速已然超越了团险业务。根据波士顿咨询公司（BCG）于 2020 年 8 月开展的消费者问卷调研结果，大约 80% 的团险消费者表示未来仍愿意自主购买个人健康险产品，折射出人们的主动健康意识的提高。

（二）中医药康养旅游的挑战

1. 中医药资源开发与利用不足

目前，我国野生药材资源的现状重利用轻保护的现象较为突出，面临资源枯竭、物种逐渐灭绝的严峻形势，且人均中药资源匮乏。主要原因在于未对野生药材资源进行合理、可持续性的开发利用，掠夺性开采使得生态环境与中药材野生资源遭到严重破坏，加剧了中药材资源的供需矛盾。中医药康养旅游涉及中医药农业、工业、商业、物流等多个领域，中药材、中成药、保健品和食品等产品是主体，但中药化妆品、中医药剂、中医药制药设备、中药国际贸易及中药循环经济等领域还处于起步阶段，不能有效融入中医药康养旅游的各个环节。虽然具有很大的发展潜力和空间，但缺乏统一规划和有效利用，缺乏将中医药资源转化为知识优势、技术优势和产业优势的路径，成为中药大健康产业扩容的短板。

在"中医药＋康养＋旅游"的开发设计中，应以中医药文化为核心，同时凸显中医药在"食、住、行、游、购、娱"六大方面的位置，然而，目前开发的力度和深度明显远远不够，使中医药康养旅游名存实亡、发展受阻，阻碍了中医药、传统旅游及健康服务产业的转型升级；中医药资源尤其是中医药文化的传承发展、创新发展以及现存的遗迹开发与利用不足，中医药大省的中医药博物馆有待提升，中医药优秀文化的生产力和影响力还远未发挥出来；虽然我国中医药资源非常广泛，但是缺乏统一的政府开发体系和运行机制，某种程度而言降低了中医药资源的利用度，极大地限制了中医药康养旅游的发展。

2. 产业区域集群程度不高

纵观我国中医药健康旅游产业发展，地域集群化程度不高、产业链不完整、差异大的问题较为突出；同时缺乏创新意识，也不能突出各产业链的特色，中医药涉及的各产业分散，还处于各自为营的状态，以致不符合市场经济发展规律，难以形成较大规模经济。中医药康养旅游消费弹性大，游客对于品质的敏感度大于价格敏感度，亮点配套作为加分项目往往是促成项目成交的关键。中医药康养旅游一定要重视产业区域集群效应，以高品质的配套带动项目顺利进行，充分挖掘中医药的特色优势来弥补传统康养旅游的不足，盘点较为成功的康养旅游项目，无论是景区、高尔夫、主题公园、温泉还是酒店、购物商城、美食汇、游艇等都是对康养旅游最大的赋能，因此构建大配套体系、形成产业区域集群效应有待进一步的开拓。

3. 产业特色知名品牌缺乏

缺乏有特色的中华老字号的中医药康养产业品牌。政府在具体支持中医药健康服务产业新产品、新技术的研究与开发等方面力度不足，社会资本投入的主动性较为欠缺，如社会资本涌入高科技的氛围在中医药方面体现不足。中医药康养旅游的渗透性不强，尤其在第三产业的商品开发、大企业扩充领域中。目前，我国在中医药康养旅游产业发展上过度注重自然风光，虽能给人以美感，但仍缺乏特色。各个率先发展中医药健康旅游产业的区域并未潜心深入挖掘本地特色资源优势，仅利用本地丰富的自然资源和深厚的中医药文化基础生搬硬套地搭配，缺乏创新开发新业态，不具新颖和创意。政府虽有力推动一批有中医药康养旅游特色的小城镇、休闲区、商业街、民宿酒店的中医药康养旅游示范区建设，但是整体后劲不足，产品和项目的特色化、品牌化还未真正形成，不能满足消费者的需求。

4. 专业人才较为匮乏

中医药康养旅游产业属于新兴产业，现阶段各地区发展都处于萌芽阶段，由于中医药学科的特殊性，中医药健康旅游产业专业人才严重匮乏，尤其是中医药康养旅游所需的策划、经营、营销、中医药服务、解说及文化宣讲等各方面的综合性、复合型人才极其匮乏。中医药康养旅游的开发、设计、推广、运营、维护、升级等不能单纯局限于中医药专业人才或者旅游专业人才，而是二者的有效衔接与融合，这就给两个方向的专业人士或高校学生提供了研究或就业的前景；抑或通过政府主导行业推动进行专业人才的培训，成立产学研用的企业人才培训中心，邀请政府、高校、企业、医院等专家共同研究，根据市场需求设立对应的课程体系，进行短期培训、实践、考核，依托当地的中医药康养旅游基地进行实战，发现问题，解决问题，补齐当前中医药康养旅游方面的人才短板。

5. 消费需求定位不精准

当前，消费无疑是拉动经济增长"三驾马车"中的领头马，是刺激生产、增加投资的原动力。扩大内需、促进消费，不仅是当前推动国内经济大循环的重要手段，也是经济转型升级持续推进的关键环节。在强社会压力之下，生活的质量和身心的健康成为很多人追求的目标，因此要精准定位消费者痛点，挖掘消费者需求，充分发挥中医"治未病"的特色，引导人类消费理念，开发符合消费者需求的产品。按照全球休闲与旅游业发展的一般规律，当一个国家人均 GDP 在 3000~5000 美元时，就将进入休闲消费、旅游消费的爆发性增长期。当人均 GDP 在 3000 美元以上之后，对于健康的服务性需求将会大幅度上升。当前，市场供需不平衡的现象依然严峻。2012—2020 年，近 40% 的个体诊所、养生馆倒闭，80% 的中医诊所或中医馆收益甚微，原因是多方面的，但其中市场需求定位错位是显性的，精准度不足、顾客不愿意买单是最直接的体现。一方面是需求旺盛，另一方面是供给不到位，因此挖掘消费者需求尤为重要，在中医药康养旅游产品设计、项目规划、宣传推广方面深度思考，真正提升民众的获得感和体验感，提高国民的健康素养和健康水平。根据市场预测，世界医疗保健产业以每年 5% 的速度增长，已成为全球经济的主要增长点之一。未来中国将成为世界上仅次于美国的第二大医疗保健市场。

本章小结

放眼国内外，从供给角度而言，中医药健康需求与旅游需求紧密相关且相互促进，我国旅游发展从数量规模增长阶段步入高质量发展阶段，2016 年至今，各部门先后推动康养旅游示范基地、健康旅游示范基地、中医药健康旅游示范基地等的建设。推进旅游产业融合发展是旅游业转型升级的着力点，"中医药+康养+旅游"产业融合模式应时代所需，中医药康养旅游迎来了发展良机。

本章围绕中医药康养旅游的起源、概念、构成要素、特征、功能、意义及现状与发展进行了阐述。分别对中医药康养旅游产生的基础和条件、中医药的历史溯源和发展等中医药康养旅游研究的基础，对康养旅游、中医药康养以及中医药康养旅游的概念进行了详细解释；详细介绍了中医药康养旅游的构成要素，包括主体——旅游者、客体——中医药资源和旅游资源、媒介——中医药康养旅游业、保障——相关政策与旅游组织；列举了中医药康养旅游的本质、属性和特点；同时描述了中医药康养旅游的四大功能（养—康—医功能、文化交流功能、教育功能、经济功能）；对中医药康养旅游的意义进行了概括（弘扬中医药文化、普及健康意识、提升国民健康、推动区域发展）；也对中医药康养旅游的现状与发展进行了综述。本章对中医药康养旅游进行了较为全面的框架式介绍，旨在通过本章的学习，对中医药康养旅游概况有一个初步认识，掌握相关基本内容。

思考与练习

一、不定项选择题

1. 中医药康养旅游业的行业协会发挥了（　　　）作用。
   A. 协调监督　　　　　　　　　B. 行业引领
   C. 政策制定　　　　　　　　　D. 接待服务
2. 中医药康养旅游业的构成有（　　　）。
   A. 旅行社　　　　　　　　　　B. 自然资源
   C. 旅游交通　　　　　　　　　D. 旅游饭店
3. 中医药康养旅游的构成要素包括（　　　）。
   A. 主体　　　　B. 背景　　　　C. 客体　　　　D. 媒介
4. 中医药康养旅游者按年龄分类，可以分为（　　　）。
   A. 妇孕婴幼旅游者　　　　　　B. 儿童旅游者
   C. 中青年旅游者　　　　　　　D. 老年旅游者
5. 中医药康养旅游者按照目的不同，可以分为（　　　）。
   A. 健康旅游者　　B. 康体旅游者　　C. 康养旅游者　　D. 康疗旅游者

参考答案

二、简答题

1. 我国中医药康养旅游组织的品牌应如何塑造？

三、分析题

1. 中医药康养旅游业中行业协会发挥着哪些作用？
2. 中医药康养旅游发展中应如何营造良好的营商环境？

参考文献

［1］朱文俊，梁欣儿，冯铭敏，陈家旭，秦佳佳. 探讨基于一带一路背景下中医药发展的有效途径［J］. 中国中医药现代远程教育，2021，19（01）：198-201.

［2］推动中华优秀传统文化进课本、进课堂、进校园［N］. 人民政协报，2020-12-01（003）.

［3］周功梅，宋瑞，刘倩倩. 国内外康养旅游研究评述与展望［J］. 资源开发与市场，2021，37（01）：119-128.

［4］钟晖，王媛. 健康旅游研究综述［J］. 昆明理工大学学报（社会科学

版），2020，20（05）：109-115.

［5］余艳红，于文明.充分发挥中医药独特优势和作用为人民群众健康作出新贡献［J］.中国中西医结合杂志，2020，40（09）：1029-1031.

［6］杨懿，时蓓蓓.健康旅游产业融合发展：动力、机理与路径［J］.湖湘论坛，2020，33（05）：126-135.

［7］葛君书，王贵生，孙颖，李瑞锋.韩国健康旅游的发展对我国中医药国际健康旅游的启示［J］.世界中西医结合杂志，2020，15（06）：1160-1164，1168.

［8］司建平，王先菊.中医药健康旅游消费认知调查研究——以河南为例［J］.中国卫生事业管理，2020，37（03）：237-240.

［9］周诗虹，徐月花，王莲萍，贺郁琳，邢宵.中医特色康复的优势与发展战略［J］.中医药管理杂志，2019，27（17）：4-6.

［10］怀文惠.吉林省中医药健康旅游发展现状和策略研究［D］.长春中医药大学，2019.

［11］邓勇.中医药带给海南哪些机遇［J］.中国卫生，2018（06）：26-27.

［12］刘春放.海南发展中医药健康旅游的思考与探索［J］.当代经济，2018（09）：56-58.

［13］方剑乔.传承中医药文化坚定文化自信［J］.群言，2018（02）：25-26，30.

［14］《上海中医药发展史略》出版简讯［J］.中医文献杂志，2017，35（04）：4.

［15］刘艳飞.健康管理服务业发展模式研究［D］.上海社会科学院，2016.

［16］张英英，赵新星，孟彦峰.国内外健康旅游研究综述［J］.合作经济与科技，2013（11）：6-8.

［17］朱琳.西峡中医养生旅游开发研究［D］.河南大学，2013.

［18］毛晓莉，薛群慧.国外健康旅游发展进程研究［J］.学术探索，2012（11）：47-51.

［19］白鸥.健康旅游研究综述［J］.旅游研究，2010，2（03）：44-49.

［20］田广增.我国中医药旅游发展探析［J］.地域研究与开发，2005（06）：82-85.

［21］高彩霞，柴烨.中医药发展概说［M］.兰州：甘肃文化出版社，2011.

［22］潘加武，吕富来."健康+"助力全域旅游［J］.人口与健康，2019

（03）：71-72.

［23］黄凯，俞双燕，孙汉，尚菲菲．我国中医药健康旅游发展研究综述［J］．世界中医药，2018，13（02）：508-512.

［24］《中医药发展与人类健康》编委会．中医药发展与人类健康（上）［M］．北京：中医古籍出版社，2005.

［25］《中医药发展与人类健康》编委会．中医药发展与人类健康（下）［M］．北京：中医古籍出版社，2005.

［26］黑启明．健康旅游学［M］．北京：人民卫生出版社，2019.

［27］陈涤平．中医养生学导论［M］．北京：人民卫生出版社，2019.

［28］马烈光，蒋力生．中医养生学［M］．北京：中国中医药出版社 人民卫生出版社，2016.

［29］梁晓春，孙平．中医学［M］．北京：中国协和医院大学出版社，2016.

［30］胡凡，王秀兰．中国中医药服务贸易政策研究［M］．上海：复旦大学出版社，2019.

［31］任宣羽．康养旅游：内涵解析与发展路径［J］．旅游学刊，2016，31（11）：1-4.

［32］刘志．中医药康养旅游小镇游客需求与创新开发研究［J］．中国林业经济，2020（02）：89-93.

［33］易慧玲，李志刚．产业融合视角下康养旅游发展模式及路径探析［J］．南宁师范大学学报（哲学社会科学版），2019，40（05）：126-131.

［34］干永和．基于消费者偏好的中医药康养旅游产品开发策略研究［D］．北京中医药大学，2017.

［35］鲍兰平，谢岚琳．"互联网+"背景下三亚康养旅游产品构建与营销策略研究［J］．商业经济，2019（03）：49-50.

［36］蒋勇军．历史学视域下中国近代旅游功能观的多维审视［J］．山西高等学校社会科学学报，2020，32（10）：35-43.

［37］刘溪辰．高职院校中医药文化旅游专业人才培养探索［J］．辽宁高职学报，2019，21（6）：109-112.

［38］陈曦．甘肃中医药康养旅游发展策略研究［J］．旅游纵览（下半月），2017（1）：190.

［39］杨奇美．健康与旅游［M］．哈尔滨：哈尔滨工业大学出版社，2018.

［40］刘小滨．旅游纵览·行业版．2016年第11期．

第三章

中医药康养旅游的资源与环境

本章重点

本章介绍了中医药康养旅游的自然资源和人文资源以及公共设施和服务体系的相关知识。详细介绍了各种自然资源的概念、构成标准,梳理了各种自然资源在康养旅游中的资源价值;介绍了人文环境的中医文化、中药文化和康养文化的概念及内容。

学习要求

通过本章节的学习，学生应对开展中医药康养旅游所依赖的资源和环境的概念、特点及康养价值等相关知识建立一个基本认识；了解和掌握中医药康养旅游发展的人文资源现状和发展趋势，了解和掌握中医、中药文化的内容和特点。为中医药康养旅游项目的打造提供切入点，充分利用和开发资源和环境形成应对市场的独特卖点。

本章思维导图

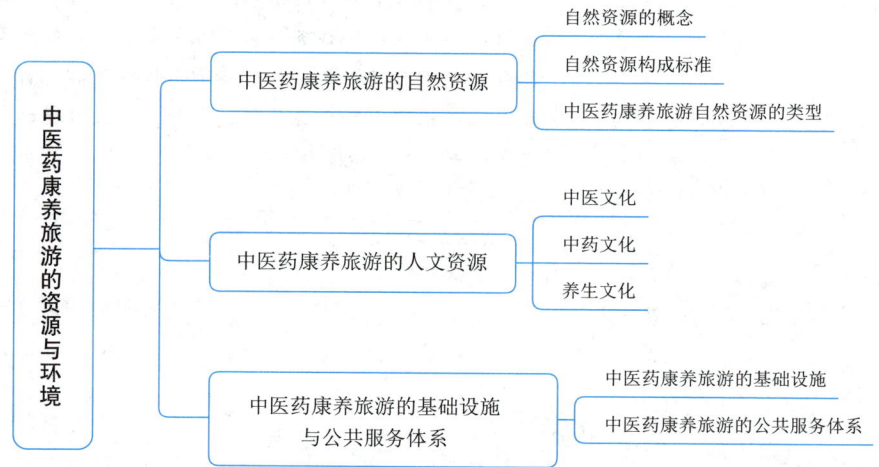

在旅游的三要素中，旅游资源是最重要的因素，是旅游活动得以实现的重要物质基础。中医药康养旅游是对资源、环境要素依赖性较强的一种新型旅游方式，如果没有良好的资源与环境作为载体支撑，旅游者就不能达到放松身心、健康养生的旅游目的。中医药旅游资源也是一种特殊旅游资源，是中医康养旅游的核心。一个地方的中医药旅游的资源和环境是决定该地区中医药康养旅游发展水平的核心要素。因此有必要对中医药康养旅游的资源与环境做个简单的认识和了解。

与一般旅游资源的资源属性分类一样，中医药康养旅游的资源也可分为自然资源和人文资源。自然资源是发展中医药康养旅游的基础条件，人文环境和人文景观也是重要因素。二者共同构建了中医药康养旅游资源与环境。

第一节　中医药康养旅游的自然资源

一、自然资源的概念

康养旅游是近些年来现代旅游业发展过程中，由于民众更加重视自身健康而产生的一种新型旅游方式。目前学界对康养旅游的定义还没有形成较为统一的概念。我国最初提出康养旅游概念的王赵认为康养旅游是"一种建立在自然生态环境、人文环境基础上，结合观赏、休闲、康体、游乐等形式，以达到延年益寿、强身健体、修身养性、医疗、复健等目的的旅游活动"。2016年《国家康养旅游示范基地标准》把康养旅游定义为：通过养颜健体、营养膳食、修心养性、关爱环境等各种手段，使人在身体、心智和精神上都达到自然和谐的优良状态的各种旅游活动的总和。在《〈国家康养旅游示范基地标准〉解读》中，徐红罡（2016）指出康养旅游就是健康和养生旅游，简称康养旅游。此外，任宣羽认为康养旅游是由康养物候基础、康养需要和诗意地栖居三个层次构成的逻辑整体，获得幸福感是终极目标。综合以上观点，本书将中医药康养旅游定义为依托良好的生态自然环境，通过中医药各种养生医疗方法的使用，以达到休闲养生、养老保健、疾病预防等目的的一种旅游方式。从定义的描述中可以看出开展中医药康养旅游的基础条件是良好的自然环境。自然资源就是地球表面存在的各种地理要素，它从地球出现就存在，并随着地表自然变迁而变化。具体而言，它是由地球的山川、河流、海洋、岩层、土壤、植被和动物等自然界物质组成。我国自然资源丰富，但并非每种资源都有利于人体健康，只有对人体健康有益或有促进功能的自然条件或要素才可作为康养资源。当然随着人类对地球资源探究的深入和科学的进步，我们还会发现更多的适合开展康养旅游项目的自然资源。结合《中国旅游资源普查规范（试行稿）》中对旅游资源概念的界定和康养旅游的特点，我们把康养旅游资源定义为在自然界和人类社会中，能够激发旅游者产生康养旅游动机，具备一定的康养功能和价值，能够被旅游业开发利用，并产生经济效益、社会效益和环境效益的各种事物和因素的总和。

从历史记载来看，古人很早就开始利用有利于人的自然环境，如在高山、海岛、风景区建造庙宇或行宫，虽原本是皇族或是僧侣为追求养生与长生，但也反映出古人已认识到良好的自然环境有益于人体健康。用今天的观点来看，实际是一种康养地建设的萌芽。随着社会的不断发展进步，康养事业日益受到重视。充分利用大自然赋予我们的各种珍贵资源以造福人民，也是康养保健的重要内容之一。因此在中医药康养旅游资源中，凡是以中医养生理念为引导，使游客在旅游活动中体验到中医养生方法及其神奇效果的康养生态环境等都属于中医康养旅游自然资源的范畴。

二、自然资源构成标准

从古代中医书籍中可以看出，古人很早就认识到了自然环境对健康的影响。《黄帝内经》中《素问·五常政大论》说道："一州之气，生化寿夭不同，其故何也？岐伯曰：高下之理，地势使然也……高者其气寿，下者其气夭，地之小大也，小者小异，大者大异。"这是指居住在气候寒冷、空气纯净的高山地区的人多长寿，而居住在空气污浊、气候炎热的低洼地区的人的寿命相对较短。养生的理想之地就是空气清新、阳光充足、水源洁净、土壤肥沃、景色秀美的自然环境。古代中医理论认为气候、空气、水质和土壤的好坏决定了一个地方是否能成为养生的理想之居。

中医药康养旅游是对自然资源环境依赖很强的一种新型旅游方式。良好的自然资源是开展康养旅游的基础条件。选择到有健康的水体、洁净的空气、舒适的气候、优美的环境的区域进行康养度假旅游，能使这些自然因子更好地调节并保持人体与外界环境的相对平衡，达到健康和养生的目的。由此可以看出，中医药康养旅游的自然资源作为一种特殊的依赖资源，其养生价值是最核心的因素。衡量一个地区自然资源是否能成为中医药康养旅游的资源条件时，可以从气候、空气、水质、土壤等方面来进行评判。

从气候来看，夏无酷暑、冬无严寒且四季分明的地方适合开展中医药康养旅游。中医认为养生应"天人相应，顺应四时"。这是指人不是脱离自然环境孤立存在的，人类必须适应四时阴阳的变化规律才能发育成长。因此在四季分明的气候环境中开展康养旅游，可以使人顺应四季交替的变换，并在此过程中效法自然，达到强身健体、延年益寿的目的。

从空气方面来看，空气清新的地方适合开展中医药康养旅游。空气是人类生存的最重要外部环境因素之一。人体随时都与外界环境进行着气体交换，机体从空气中吸入维持生命的氧气，并排出二氧化碳。空气中负氧离子的浓度大小是评判空气是否清新的标准。负氧离子即是空气负离子，被誉为"空气维生素"或"空气长寿素"，它有利于人体身心健康。负离子能通过对人体的神经系统、血液循环系统的作用，改善肺功能，促进新陈代谢；改善心肌功能，增强机体抗病能力。主要有镇静、催眠、镇痛、镇咳、止痒、利尿、增食欲、降血压之效果。研究表明，当空气中每立方厘米负离子在 20000 个以上时，就具有杀菌、减少疾病传播的作用；当在 100000 个以上时，就有较强的防病治疗效果。

从水质方面来看，水质优良的地方适合开展中医药康养旅游。水是生命之源，水孕育了生命，生命离不开水。水在人体内时刻进行着营养运输、关节润滑、体温调节、食物消化以及废物排泄等工作，以维持人的机体正常的运转。李时珍的《本草纲目》中写道："人赖水以养生，可不所择乎？"这里指出选用水要谨慎。如果人们经常能饮用含有钙、铁、钠等多种微量元素的水，对强身健体、治疗某些疾病都是有益的。因此选择开展中医药康养旅游的地区的饮用水应该是卫生的、洁净的，还要达到国家规定的水质标准。世界卫生组织（WHO）对世界长寿地区的水质进行了大量调查，根据结果进行分析得出优质饮用水的 6 条标准是：水中不含杂质、细菌、有机物、重金属等，是无公害的水；水中含有一定比例的矿物质及微量元素，且呈离子状态存在，适合人体吸收；pH 值呈弱碱性，能中和人体内多余酸素；是小分子基团水，渗透力强，溶解性好；属于负电位，能消除人体内多余自由基；含有适量的氧。

从土壤方面来看，拥有健康土壤资源的地方适合开展中医药康养旅游。土壤和空气一样是人类生存和发展所依赖的外部环境中的重要组成部分。土壤状况的好坏直接或间接关系着人们的健康、居民生活和生产条件等。健康的土壤有助于维持植物和动物生产力及生物多样性的生态系统功能，能过滤污染物，从而维持或增强空气和水质质量，支持人类健康。因此能开展中医药康养旅游的地区的土壤环境应该是没有被城市垃圾、工业废渣、农药化肥、大气沉降物等污染的优质土地。

三、中医药康养旅游自然资源的类型

我国幅员辽阔，地貌复杂，气候类型多种多样，自然资源丰富。结合中医康养中倡导人与自然和谐统一的理论，适合开展中医药康养旅游的生物康养资源有森林、植物；地貌康养资源有山地、沙地、草地、湿地、洞穴；水文康养资源有温泉和海洋。

（一）森林资源

1. 概念

森林资源，包括森林、林木、林地以及依托森林、林木、林地生存的野生动物、植物和微生物。

森林资源的概念有狭义和广义之分。狭义的森林资源主要指的是各种树木资源。广义的森林资源指林木、林地及其所在空间内的一切森林植物、动物、微生物以及这些生命体赖以生存并对其有重要影响的自然环境条件的总称。

2. 分布

全国森林资源清查结果显示，我国森林面积 2.08 亿公顷，森林覆盖率为 21.63%。我国森林资源相对较少，森林覆盖率低，地区差异很大。全国绝大部分森林资源集中分布于东北、西南等边远山区，而广大的西北地区森林资源则非常贫乏。森林覆盖率以台湾地区和香港地区为最高，达 70%。森林覆盖率超过 30% 的省有福建、浙江、江西、广东、海南、黑龙江、湖南、吉林等。

3. 类型

根据不同的标准，森林的类型划分种类有很多。森林按其在陆地上的分布，可分为针叶林、阔叶林、针叶落叶阔叶混交林、热带雨林、热带季雨林、红树林、珊瑚岛常绿林、稀树草原和灌木林等；按发育演替可分为天然林、次生林和人工林；按起源可分为实生林和萌芽林；按林龄可分为幼林、中龄林、成熟林和过熟林等。

4. 康养旅游资源的价值

（1）调节心理作用

早期的人类是居住在森林中的，人类对森林有一种潜在的积极肯定和依赖情感。尽管大部分现代人远离森林在城市中居住生活，但一旦进入森林，原始情感就会感应出来。研究表明人若是处于森林环境当中，就能感觉到安逸、舒适且情绪稳定；若是长期处于森林环境当中身心能够获得极大的放松，日常生活、工作之中累积的压力就能得到缓解。森林属于人类生理以及心理的避风港，能够实现人们多方面的需求。森林主要通过刺激五官，以降低疲劳、改善心情、调节情绪来调节机体的心理健康。有一种"绿视率"理论指

出，如果人的视野中的绿色达到1/4时，就可以消除眼睛和心理的疲劳，人的精神和心理就会达到最舒服的状态。那些长期处于紧张环境的人可以通过森林康养在身体和心理上得到调整和恢复。

（2）治疗和改善机体作用

研究表明，森林含有大量有益人体健康的杀菌素和负氧离子。比如杉、松、桉、杨、圆柏、橡树等能分泌出一种带有芳香味的单萜烯、倍半萜烯和双萜类气体"杀菌素"，能杀死空气中的伤寒、白喉、结核、痢疾、霍乱等病菌。负氧离子可以调节人体内血清的浓度，有效地缓解弱视、关节痛、烦躁郁闷等症状，提高人体免疫力，对于支气管炎、心绞痛、神经衰弱等20多种疾病有较好的疗效。森林环境可以促进机体生理作用旺盛，加快人体的新陈代谢。人体在森林环境中吸入的空气，在体内产生活性氧，可以恢复人体生物机能，促进机体平衡，达到自然治愈的效果。

森林里种类繁多的树木还会释放出具有不同药用功效的气味。我国中医书籍中记载沉香木能散发一股浓郁的香气，闻之沁人心脾，心旷神怡。沉香的香气能舒缓、调节人的中枢神经，有使人镇静、安定的功效。日本科学家研究也发现，吸入杉树和柏树的香气，可以降低血压，稳定情绪。

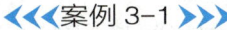
案例 3-1

七里坪森林走一走，轻松活过九十九

无论山外气候有多炽热，在七里坪永远是低于城市6℃~12℃的清凉盛夏。四川峨眉山七里坪海拔1300~1400米区域分布着面积近万亩的珍贵针叶林——柳杉。该处每立方厘米负氧离子高达30000~80000个，空气中蕴含着1600多种纯天然药用植物混合散发出来的抗癌康养因子，对人体抗氧化、防衰老、消除自由基及增强细胞活力具有神奇疗效。七里坪的温泉水来自地下2525米，井水出口温度高于55℃，富含锶、氟、偏硼酸、偏硅酸等具有医疗价值的元素及微量元素，对人体健康大有裨益。除此以外七里坪还拥有四季分明的气候、千年无污染腐殖土、天然阳山。这一切为七里坪发展生态旅游和康养产业提供了得天独厚的自然条件。七里坪充分利用所拥有的森林资源，成功打造成了森林康养旅游地，并成为国内森林康养发展样本。七里坪被推选为四川省"最佳森林康养目的地"，并荣获四川省林业厅授予的"四川森林康养试点示范基地"称号。

【案例分析】四川峨眉七里坪是四川省成功打造的森林康养旅游目的地。峨眉山七里坪利用森林资源的特点，成为将树木的康养价值和旅游业结合起来的典范。

图3-1 四川乐山峨眉山七里坪森林康养镇

（二）温泉资源

1. 概念

温泉是泉水的一种，是从地下自然涌出的自然水。简单地说泉口温度显著地高于当地年平均气温而又低于或等于45℃的地下水天然露头叫温泉。

2. 分布

我国的温泉资源分布辽阔，从松林覆盖的东北到气候宜人的西南边陲，从面积阔的新疆到碧波环抱的宝岛台湾，我国处处拥有温泉资源。据资料统计，我国是世界多温泉国家之一。但是我国温泉资源分布不均匀，西南部和东南部的几个地区拥有较为密集的温泉资源。云南、广东、福建、西藏这几个省区所拥有的温泉资源占我国已知温泉总量60%以上。

根据我国地质构造和温泉的分布特点，可以把全国温泉资源划分为六个地热带：滇藏地热带（包括云南西部、西藏南部的雅鲁藏布江流域）、台湾地热带、东南沿海地热带（包括江西东部、湖南南部、福建、广东等省）、胶辽地热带（包括山东、辽宁及其南北延伸地带）、川西－滇北地热带（四川西南沿雅砻江、大渡河、安宁河谷向南直达昆明以南地区）和汾、渭、张北地热带（包括汾、渭谷地，大同火山区和张北围场玄武岩高原）。在这六大地热带中，滇藏和台湾地热带因处于世界地热带最重要的环节，因而活动最为剧烈。这两个地热带拥有最为丰富的温泉资源。滇藏地热带上的腾冲是著名的温泉康养胜地，是我国唯一的火山与温泉共存的养生之地。全台湾温泉区众多，其中北投、宜兰地区都是有名的温泉乡。

3. 类型

我国的温泉种类很多，含有不同化学物质的温泉对人体健康起着不同作用。按照温泉的化学成分的不同，可分为以下几种：

（1）碳酸温泉

指富含碳酸氢钠成分的温泉，它是天然的美容温泉。碳酸氢钠能清洁皮肤，对慢性湿疹、溃疡有很好的治疗效果。二氧化碳能增强肺部的气体代谢，促进血液循环。如饮用碳酸泉水，能刺激胃黏膜充血，提高消化功能。陕西华清池是碳酸温泉中最具有代表性的温泉。

（2）硫黄温泉

指富含硫化氢的温泉，它享有"神仙水"之美誉。硫黄温泉很好辨认，因为它散发出一股臭鸡蛋味道。硫化氢通过刺激皮肤血液循环和代谢来增强皮肤的免疫功能。硫黄还可以促进损伤的神经系统再生，还可以缓解关节韧带的紧张，解决肌肉疼痛问题。

（3）碘温泉

指在每升泉水中碘离子的含量大于5毫克的温泉，其能明显地激活机体的防御机能。碘离子可以通过皮肤进入人体内，促进各种疤痕组织再生。同时，碘也可被黏膜及呼吸道吸收，调整内分泌腺功能。但需要注意的是，出血性体质、急性发热疾病、肺结核等患者不适合浸泡碘温泉。我国湖北嘉鱼山温泉就是典型的碘温泉。

（4）氯化物温泉

指含有氯化钠、氯化钙、氯化镁等盐类的温泉。氯化物温泉泉水无色透明，无味。盐类能刺激皮肤毛细血管，改变皮肤渗透度，加速皮肤新陈代谢。氯化物温泉有"神经镇痛剂"之称，长时间浸泡能降低神经系统的兴奋度，对神经痛有较好的治疗作用。氯化物温泉还对儿童和体质虚弱的人有改善身体机能的作用。

（5）铁温泉

指含有硫酸铁和碳酸铁的温泉。铁温泉泉色金黄，温润清爽，素有"黄金泉"之美誉。铁温泉既可以沐浴也可以饮用。铁元素对皮肤和黏膜有收敛作用，能美容护肤、消炎止痛。适当饮用一点铁泉水可以提高造血机能，促进红细胞的新生，治疗缺铁性贫血。

（6）氡温泉

指含有少量的氡元素的温泉。氡是一种放射性元素。氡温泉可以修复肌肤颜色，舒缓肌肤疲劳。氡能使毛细血管扩张量减少且收缩，皮肤的瘀血现象减少；人吸入氡气时能降低周围神经兴奋度，可以增强睡意、减轻疼痛。女性如果浸泡一段时间的氡温泉，还可以平衡内分泌，对卵巢功能、月经周期都有很好的影响。

4.康养旅游资源的价值

我国温泉历史悠久，有据可考的温泉使用史已达5000多年。自古以来温泉养生就是中国养生文化必不可少的一部分。《本草纲目》中记有"温泉主治诸风湿，筋骨挛缩，及肌皮顽痹、手足不遂、无眉发、疥、癣诸疾"。在古代，温泉得到上至帝王、下至平民的喜爱。温泉地一般风景优美，空气清新，历代文人墨客也与温泉结下了不解之缘。东汉张衡在游骊山、沐温泉后在《温泉赋》中写道："天气谣错，有疾病兮；温泉汨焉，以流秽兮。"明代旅行家徐霞客醉心于云南昆明的安宁温泉，说"此水实为天下第一汤，此处不可不浴。"从我国古代文人墨客对温泉的描述来看，温泉养生文化讲究天人合一、回归自然。古代人早已认识到温泉的康养价值，通过沐浴温泉水以达到养生的目的。

中医药康养温泉是将中医药的特殊疗效和温泉相结合，使人们在沐浴后达到强身健体、养生保健的目的。药浴依据中医理论中脏腑经络表里相通、内外循环机理，将药物溶于煮沸的水中，采用温热法使药物透过皮肤、穴位等直接进入经络、血脉，通过物理效应和药物效应发挥治疗、保健作用。中药浴可以起到排毒、润肤止痒、防治皮肤病、改善心脏功能、改善全身微循环，促进肠胃蠕动，健脾助消化，消除疲劳，减轻肌肉、关节疼痛，增强内分泌系统功能和免疫力、增强神经调节能力等诸多功效

温泉是中医药和旅游融合发展的中药载体，不断升级温泉产品是促进中医药康养旅游发展的具体途径之一。现在不少中医药康养旅游都开展了沐浴中药温泉项目。温泉根据温度、化学成分等因素的不同，其作用也不同。因此温泉康养已经开始向"个性化""差异化"方向发展，即由专业医师对泡温泉者进行健康检查，然后为其制定适宜的温泉康养方案，进行"一体一汤"浸泡。这种服务，是温泉康养旅游项目的升级。比如沐浴当归池可以缓解人的身体疲劳；沐浴葛根池可以降压降糖除斑痕；沐浴薄荷池，可以散风热，对外感风热、皮肤发痒、咽喉肿痛等病症特别有效。

<<< 案例3-2 >>>

宝山中药温泉

四川彭山市宝山旅游景区位于龙门山巨型推覆构造破碎带上，水量丰富。温泉井深达2500米，水温45℃以上。经专家研究表明，温泉水中富含氟、

溴、锶、锂等多种消毒物质以及对人体具有较高医疗保健价值的微量元素，具有综合治疗、保健美容、改善血液循环、促进新陈代谢等功效，是我国罕见的医疗保健温泉。宝山旅游景区将彭州特有的川芎与温泉资源相结合，以中医药理论为指导，挖掘含有川芎药材的古方古法，开发了多种功效特色的中医药温泉浴，以及药膳、药酒、药茶等产品及服务，推出了极具中医药特色与地方特色的中医药健康旅游项目。

【案例分析】彭州宝山景区将中药材加入温泉中，发挥了中药材的药物属性，充分利用了中医药的药物资源，成功打造了独具特色的中医药温泉旅游项目。

（三）植物资源

1. 概念

植物资源是一切植物的总和。是指人类可以利用与可能利用的植物。包括陆地、湖泊、海洋中的一般植物。

2. 类型

植物资源按照其用途可以分为食用植物资源、药用植物资源、工业用植物资源、防护和改造环境的植物资源等。其中和中医药康养旅游关联性大的就是药用植物资源。它是指含有药用成分，具有医疗用途，可以作为植物性药物开发利用的一类植物。我国中医药药用植物资源很丰富，古代人们就逐步了解、识别出了很多药用植物。这些药用植物具有治疗、预防疾病和保健功能。到了现代随着中医药的发展，很多地方开始人工种植药用植物。

3. 分布

我国地形复杂，地域辽阔，药用植物资源分布很广。按照气候特点、土壤和植被类型，以及药用植物的自然地理分布特点，将其分为8大药用植物区域。

（1）东北药用植物区域

该区域包括大兴安岭、长白山和松辽平原地区。是我国"关药"的主产地，拥有许多品质优良的药材，其代表药用植物有关黄柏、五味子、桔梗、地榆、黄芪、党参等。这里也是我国人参主要种植地。

（2）华北药用植物区域

该区域包括辽东、山东丘陵地区，黄淮海平原及辽河下游平原地区，黄土高原三个主要地区。是我国"怀药"和"北药"主产地。代表药用植物有地黄、杏仁、金银花、山药、怀牛膝、山楂、菊花、银柴胡、连翘、北苍术、玉竹等。

（3）华中药用植物区域

该区域包括长江中下游平原、江南山地丘陵、南岭山地三个地区。是我国地道药材"淮药""浙药""南药"主产地。代表药用植物有姜黄、栀子、白芍、东贝母、葛根、白术、半夏等。

（4）西南药用植物区域

该区域包括秦巴山地区、四川盆地、贵州高原和云贵高原地区。本区药用植物资源种类丰富、数量大、品质优。是我国地道药材"川药""云药""贵药"主产地。代表药用植物有川冬麦、川附子、川乌、川独活、黄精、杜仲、吴茱萸、冬虫夏草、红景天、云天麻、三七等。

（5）华南药用植物区域

该地区包括两广地区。是我国"广药"主产地。代表药用植物有檀香、沉香、儿茶、阳春砂、槟榔、肉桂、广藿香、田七等。

（6）西北药用植物区域

该区域包括我们广袤的西北地区，该区位于干旱地带，药用植物资源较少。代表药用植物有甘草、麻黄、锁阳、新疆紫草、枸杞子、红花、罗布麻等。

（7）青藏高原药用植物区域

该区域包括西藏和青海两省区。是我国高原药材主产地。是地道"藏药"主产区。拥有很多名贵的药用植物资源，野生种类多，蕴藏量丰富。代表药用植物有川贝母、藏茵陈、塔黄、雪灵芝、藏黄连、冬虫夏草、姜活等。

（8）内蒙古药用植物区域

该区域是内蒙古地区。本区药用植物资源分布广泛，数量多。是"蒙药"主产地。代表药用植物有黄芪、防风、赤芍、黄芩、麻黄、远志、柴胡、苍术等。

我国这8大药用植物区域中，西南和华中、华南地区药用植物种类最丰富，其次是华东和西北地区，东北和华北地区药用植物种类相对较少。从区域来看，高原和山地的药用植物拥有量多于丘陵地区，丘陵又多于平原地区。

4. 康养旅游资源的价值

药用植物康养旅游资源的价值，可以分为观赏价值、保健价值和药用价值三个方面。

（1）观赏价值

药用植物除了其药物属性外，还具有一定的观赏价值。不同的药用植物形态各异，具有姿态万千的观赏价值。在景观设计中加入药用植物，可以极大地丰富绿化效果，提升景观层次。

（2）保健价值

大多数药用植物能分泌特殊的有效成分，这些东西对人体能产生一定的防病、治病和医疗保健作用。

（3）药用价值

从药用方面来看，药用植物都具有很强的药物属性。药用植物经过加工处理就能用于临床医学。中医学常按药物性能将药物植物分为清热药、解表药、祛风湿药、理气药、补虚药等几个类别。

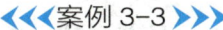案例 3-3

台湾昆仑养生庄园

昆仑养生园，前身是位于桃园的昆仑药用植物园，占地 960 亩。经过创意策划改造后，昆仑养生园成为台湾第一座中草药主题庄园。植物园中种植及野生的药用植物有千余种，有些还是珍稀植物。这里的自然环境让一年四季都呈现出生机勃勃的景象。为方便游客认知，庄园里的每种药用植物都设立了对应的解说牌。园区内设置了参观步道，游客可尽情享受芬多精森林浴，同时一睹各式仙草灵药的原始面貌。一年四季的花季都可以来这里漫步、拍照。

除此以外，庄园内还设有药草园、中医药展览馆、膳食馆、汤浴馆、生态步道以及野餐区等不同区域，集养生餐饮、住宿、亚健康调理、植物认知、科普展览于一体，是宜静宜动、寓教于乐的中医药旅游度假胜地。

【案例分析】台湾昆仑养生庄园利用药用植物的康养旅游资源的价值，打造出集生态观光、教育科普、餐饮养生、文创工艺、药浴体验等为一体的养生庄园，吸引了众多康养旅游者。昆仑养生庄园是成功打造出的中医药康养旅游目的地。

（四）山地资源

1. 概念

山地是指海拔在 500 米以上的高地。其地势起伏很大，坡度陡峻，沟谷幽深。山地旅游资源是指以山体为载体的各种旅游资源的聚合体，有广义和狭义之分。狭义的山地旅游资源是指以山体景观为主的山水景观资源类型。广义的山地旅游资源是以地文景观为载体，多种旅游资源组合而成的旅游综合体，不仅包括山地本身，还包括与之相关的生物景观、水文景观、天象景观、人文景观等。

2. 类型

我国山地资源丰富多样。山地资源主要可分为以下几类：

（1）矿物资源

由于山地起源于地壳的抬升运动，所以地壳运动会使一些原本在地下的矿物出现上升或者下降。原位于较深地层的某些矿物会因为地壳的上升进入较浅地层，甚至还会直接暴露在地面，这样的地域就会比较容易显示出矿物的特点。我国是个多山的国家，所以山地矿物资源丰富且含量巨大。

（2）旅游资源

山区的地形千差万别，植物种类复杂多样，数不尽的奇花异草和珍稀植物构成了山地特有的多彩世界。人们可以通过在山地徒步、旅游，感受山地资源构造出的特殊环境。

（3）能源资源

由于地形的原因，在山区一些地方的风速较大，能够用于风力发电；山地的水量虽然不大，但落差大，能够用于水力发电、照明、加工和灌溉。

（4）气候与生物资源

山地的海拔、气流、与太阳的相对位置等，构成了山地复杂多样的气候特点。这样的气候就导致其生物资源的多样性。因此山地的生物植物种类一般都要大于同纬度的平原地区。因总量多，山地的可入药的动、植物也丰富多样。

3. 分布

我国是个多山的国家。我国山地地形多呈脉状分布，通常称为山脉。山脉是我国地形分布的骨架，数量极为众多。

我国主要山脉中东西走向和东北—西南走向的山脉是数量最多的，东西走向的山脉包括北列为天山和阴山，中列为昆仑山和秦岭，南列为南岭。东北－西南走向的山脉包括西列为大兴安岭、太行山、巫山和雪峰山，中列为长白山和武夷山，东列为台湾山脉。除此之外，我国主要的山脉还包括阿尔泰山、祁连山、横断山脉、巴颜喀拉山、唐古拉山、念青唐古拉山、喀喇昆仑山、阿尔金山、贺兰山、大别山、小兴安岭和六盘山等。此外，还有一些规模相对较小的山地，我国山地地形的总面积占比很大。

4. 康养旅游资源的价值

据研究表明，海拔 1500 米以上的高山或高原，气候凉爽，能使人体阳气内敛，减少耗散，生物钟节奏变缓；高山地广人稀，环境幽静，可使人的情绪稳定，呼吸变平缓；高山空气清新，阳光充足，湿度恰当，适合疗养度假。高山康养尤其适合慢性病患者，特别是患有神经系统、呼吸系统疾病以及过敏性疾病的人。

<<<案例 3-4 >>>

药王谷中药植物养生基地

随着人们对健康重视度的增加，中药旅游这种新兴旅游产品也开始吸引游客的注意力。位于北川羌族自治县境内的药王谷是全国首个中医药康养山地度假区。

药王谷所在区域盛产中药材，山林遍长百年药树，相传许多名医都曾来此山采药治病。山上居民一直有供奉药王菩萨的习俗，药王谷因此得名。

药王谷景区充分利用其原有的自然条件，耗资 3.2 亿元进行开发建设。山地种植园已栽种了几百种中药植物，建成了中医药文化园林，生产出了系列中医药养生保健产品，为系统康养实践提供了难得的条件和氛围。药王谷景区以中医药健康调理为主题，融入了医、道、佛传统养生文化。经过不断地努力发展，药王谷已成为我国第一个以中医药养生为主题的山地旅游度假区，被国家命名为"中医药养生示范基地"。药王谷每年接待上百万客流，在炎热的夏季是康养旅游爱好者的最佳选择。

【案例分析】药王谷景区利用独特的山地自然环境进行中医药系统康养实践，在中医"治未病"和"蜀川药福"的文化理念下，打造出了"药乡度假"的品牌概念，成功地建成了山地中医药康养旅游度假地。

图 3-2　四川绵阳北川药王谷山地养生基地

（五）海洋资源

1. 概念

海洋资源广义而言是指广大连续的海和洋的总水域，包括海水、溶解和悬浮于海水中的物质、海底沉淀物以及海洋生物等。海洋蕴藏着丰富的物质，是人类生命的起源，也是人类资源的宝库。

2. 类型

海洋资源种类繁多，根据标准不同，可将海洋资源分为海洋生物资源、海洋矿物资源、海洋化学资源3类。

（1）海洋生物资源

我国海洋动物种类较多，从低等原生动物到高等的哺乳动物都有代表性种类分布，达到12000多种。海洋植物主要是藻类，还有少量种子植物，达1800多种。我国也是最早使用海洋生物资源来防治疾病的国家之一，海洋中药的使用在我国已有4000多年历史。和陆地中药相比较来看，虽然海洋资源很丰富，但中医临床中能直接应用的海洋中药品数量却不多，所以海洋中医药资源开发潜力巨大。

（2）海洋矿物资源

研究表明，我国海滨砂矿蕴含量丰富。砂矿是指在海滨地带由河流、潮汐、波浪和海流作用，使重矿物碎屑聚集而形成的次生富集矿床。丰富的矿产资源中含有一些对人体有益的元素，结合中医药海滨旅游项目合理开发利用后，可以成为很好的养生资源。

（3）海洋化学资源

海水中含有近80种化学元素，其中含量较大的有氯、钠、钙、镁、钾、硫、溴、硼等。我国海域的海水盐度除沿岸江河入海处外，一般都在3%左右，这种条件适合开展海盐沐浴养生。海盐中有天然的杀菌成分，沐浴适量浓度的海盐水能杀死皮肤表面敏感菌和真菌，可防止皮炎滋生，疏通经络缓解疲劳。海水中含有的化学元素经过合理利用后对人的身体能起到一定的保健作用。

3. 分布

中国位于亚洲大陆的东部，面向太平洋。中国大陆边缘的渤海、黄海、东海、南海互相连成一片，是中国的四大近海海域。跨温带、亚热带和热带，由北向南呈弧状分布，是北太平洋西部的边缘海。

我国渤海水温变化受北方大陆性气候影响较大，水温不高。严冬时期，除秦皇岛和葫芦岛外，沿岸大都冰冻。由于大陆河川大量的淡水注入，使渤海海水中的盐度是四大海域中最低的。黄海是太平洋的边缘海，在中国与朝鲜半岛之间。内陆流入的各河携带泥沙较多，近岸海水呈黄色，故名黄海。

黄海制盐业发达。东海位于黄海的南面。散布在海面上成百上千的岛屿、曲折的海岸、高耸的悬崖把东海装扮得色泽绚丽，风光秀美。南海因位于中国南边而得名。南海地处低纬度地域，是我国海区中气候最暖和的热带深海。南海盐度较高，为四大海域之首。南海诸岛很早就被我国开发利用。

4. 康养旅游资源的价值

海水中含有近80种化学元素，其中含量较大的有碘、钠、钙、钾、镁、硫、溴、硼等10余种，富含负离子。海水和海泥都有矿物质和对人体健康有益的微量元素。在海水中浸泡、冲洗和游泳都有助于人体的健康。海水的温度对机体有刺激作用，使毛细血管轻度充血，促进血液循环，提高机体免疫能力。碧海辽阔的海景、清新的海洋气候、日光照射、海风轻拂会令人轻松愉快。此外海水的浮力还可让人体器官运动负荷变小，从而改善肌肉、关节、骨骼组织代谢及营养供给。

 案例 3-5

山东青岛，促进海洋中医药发展

青岛市在促进中医药健康服务业发展中提出，要利用青岛靠海的优势，加大发掘青岛市海水浴场、海水温泉、森林、海岛等旅游资源，加快建设温泉养生小镇、海泉湾度假城等项目，创建国家中医药健康旅游示范区和中医药健康旅游综合体，建立"治未病"（养生保健）博物馆，开展"寻找传统医学达人"活动，总结提炼"三字经推拿""崂山点穴"等中医药非物质文化遗产，举办中医药文化节，出版中医药动漫产品，打造中医药文化一条街。

图 3-3　山东青岛第一海水浴场

为促进海洋中医药发展等任务,开展中药资源普查,制定青岛市道地药材目录和标准,保护道地药材的知识产权。设立海洋药物标本展示厅,掌握青岛市海洋药物基本情况。组建青岛海洋生物医药研究院,建设青岛市海洋生物医药科技创新中心。

【案例分析】青岛充分利用所拥有的海洋资源,以其为旅游资源载体,融合中医药康养资源,大力促进中医药康养旅游的发展。

(六)沙地资源

1. 概念

在半湿润、半干旱地区,受到自然和人为因素的影响,进而形成类似沙漠的地貌类型,通常称为沙地。能被人类改造利用的沙地,皆可统称为沙地资源。

2. 类型

沙地资源可分为以下几种:

(1)沙地泥土资源

沙地地区的泥土含有很多矿物质。重复的水储积使得土壤变得具有盐性。沉积的碳酸钙和沙砾、石子粘成了沙泥。沙泥中含有的有些矿物质是对人体有益的元素,可合理开发利用使其成为养生资源。

(2)沙地植物资源

沙地中的大多数植物是抗旱或抗盐植物。沙地里的植物,有些在根、茎、叶里存有水;有些具有庞大的根茎系统,可深入达到地下水层,拦住土壤,防止水土流失;有些有较大的茎叶,可减低风速,保存沙土。在沙地中种植出的中药植物很多都具有较好的药用价值。

(3)沙地矿物资源

沙本身也是一种矿产资源,它含有很高的硅成分。盐滩上的水分蒸发之后留在表面的有矿物质,如石膏、盐,还有沙金等。盐湖还伴生有天然碱、芒硝、溴、磷、锶等,有些矿物资源经过合理地利用,也成了可供利用的养生资源。

3. 分布

我国是世界上沙地面积较大、分布较广的国家之一。我国的沙地资源主要分布在西北、华北及东北西部地区。我国有四大沙地,分别是毛乌素沙地、浑善达克沙地、科尔沁沙地、呼伦贝尔沙地。

毛乌素沙地也叫鄂尔多斯沙地,位于陕西和内蒙古交界的地区。毛乌素沙地曾经是水资源稀缺、风沙漫天的四大沙地之一。新中国成立后，政府在毛乌素沙地实施了沙漠治理改造，取得理想成绩。现在的毛乌素沙地生态系统多样，含有丰富的物种资源，成为适合养生的"天然氧吧"。

浑善达克沙地是中国著名的水沙漠，在沙地中分布有很多小湖、水泡子、沙泉。这里水草丰美，风光秀丽，有"塞上江南"的美誉。野生动植物资源较多，还有很多珍稀的植物和药材。

科尔沁沙地位于大兴安岭和冀北山地之间的三角地带。西辽河水系贯穿其中。沙地上分布着榆树疏林，西辽河上游还有虎榛子灌丛和油松人工林。

呼伦贝尔沙地位于内蒙古东北部。呼伦贝尔沙地境内河流、湖泊、沼泽较多，水分条件优越。沙地土壤含沙量较大，黑沙土中含有较多的有机物。

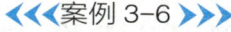

沙地因其沙砾的特性，可以用来进行沙疗。敦煌壁画中有描绘人嬉沙的场景，可见古人早已开始了沙疗。沙疗是将人埋在热沙中，利用天然磁性矿物的远红外线作用、矿物质渗透以及沙粒的天然按摩作用，以达到祛病健体的一种自然理疗方法。

<<< 案例 3-6 >>>

沙疗热起来

吐鲁番市高昌区亚尔镇上湖村已成为游客喜爱的康养旅游的目的地之一。

当地有着几百年历史的埋沙疗法，近年来成为各地游客纷纷前来争相体验的旅游新项目。2016年，高昌区投资2500万元，建设吐鲁番市维吾尔医医院沙疗养生养老康复中心，为游客提供更优质的沙疗服务。夏季，每天都会有医生和护士在埋沙场为患者提供健康指导，专业、规范的沙疗才能起到最有效的治疗作用。除了埋沙，沙疗中心还推出针灸、推拿、熏蒸、药浴等项目，医生会进行24小时健康指导。

上湖村有沙疗医院1个、沙疗康养点20处，每年接待前来沙疗的游客上万人次。上湖村依托沙疗中心优良的沙质，辅助现代高端设备，提升服务品质与就医环境，形成涵盖沙疗前、沙疗中、沙疗后全过程的沙疗健康医疗中心。

【案例分析】根据沙疗中心主任介绍，上湖村将继续深度挖掘当地的民俗风情，提高沙疗旅游的娱乐性和游客的参与性，打造集休闲、娱乐、度假、康养为一体的综合康养旅游项目。

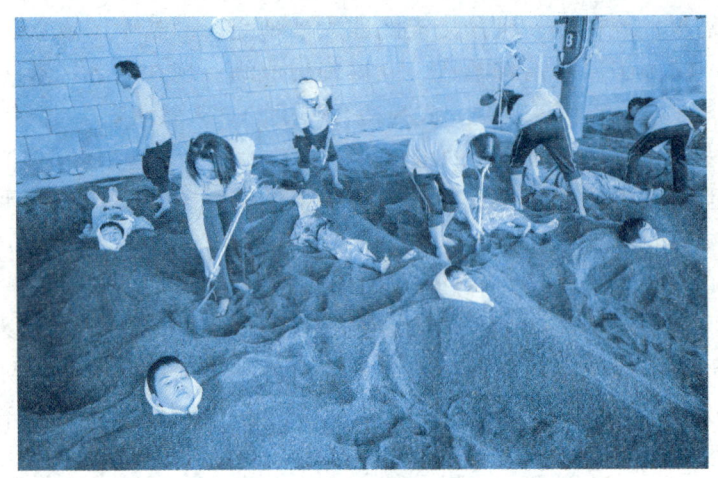

图 3-4　沙疗是当前康养健身的潮流新方法

（七）湿地资源

1. 概念

狭义湿地指地表过湿或经常积水，生长湿地生物的地区。国外专家把湿地定义为陆地和水域的交汇处，水位接近或处于地表面，或有浅层积水。广义湿地是指湿地植物、栖息于湿地的动物、微生物及其环境组成的统一整体。

2. 类型

湿地类型多种多样，通常可分为自然和人工两大类。自然湿地包括沼泽地、泥炭地、湖泊、河流、海滩和盐沼等，人工湿地主要有水稻田、水库、池塘等。

3. 分布

我国的湿地面积占世界湿地10%，有6600万公顷，位居亚洲第一位、世界第四位。在中国境内，从温带到热带、从沿海到内陆、从平原到高原山区都有湿地分布，一个地区内常有多种湿地类型，一种湿地类型又常分布于多个地区。

第二次全国湿地资源调查结果显示，从分布情况看，青海、西藏、内蒙古、黑龙江等4省区湿地面积均超过500万公顷，约占全国湿地总面积50%。我国现有468个湿地公园。

4. 康养旅游资源的价值

湿地具有多种功能。湿地富有生物的多样性，植物和动物的种类异常丰富，是名副其实的"物种基因库"。其中某些湿地植物是中药材的重要组成部分。我国的淡水资源分布于河流湿地、湖泊湿地、沼泽湿地和库塘湿地之中，湿地保存了全国96%的可利用淡水资源，湿地是淡水安全的生态保障。湿地每公顷每年可去除大量的氮和磷，为净化水质和降解污染发挥了巨大的生态功能。湿地负氧离子含量高、抑菌效果强、空气湿度大，具有较高的康养功效。

综合来看，湿地具有生物多样性，能够调节径流，改善水质，调节小气候，以及提供食物及工业原料，提供旅游资源。开发湿地康养产业既能科学、合理、高效地利用湿地资源，又能实现社会经济、生态效益与旅游产业的融合发展。

案例 3-7

西昌邛海湿地公园

邛海，位于四川省凉山彝族自治州西昌市，是四川省第二大淡水湖。邛海湿地环境优美，空气清新。近年来邛海着力于打造湿地公园，已建成的邛海湿地已获得了全国最大城市湿地、国家4A级旅游景区、中国最美养生栖居地、四川省风景名胜十大美景等称号。

如今的整个邛海湿地景色美不胜收。而20世纪末的邛海则是另一番景象。当时，随着城市的不断壮大，大量的湿地在城市化进程中被蚕食、破坏。大量的围海造田、填海造塘和无序开发，导致邛海水域面积降至不足27平方公里，水质降低。近三分之二的湖滨湿地遭到严重破坏，滩涂和原生湿地植被基本消失，西昌各族群众的饮水安全也受到严重威胁。

随着人们环保意识的增强，西昌市委市政府高瞻远瞩，确立了将西昌市建设为"繁荣开放文明秀美的现代生态田园城市"的历史定位，树立了"修复一片湿地，救活一个湖，造福一方百姓"的治理理念，实施了邛海湿地保护与修复工程，让城市发展与湿地保护和谐共生。政府不断投入资金，分期强力推进邛海湿地恢复工程建设，逐步恢复邛海周边被占湿地，使邛海水域面积恢复至20世纪鼎盛时期的34平方公里。湿地公园的建设不仅保护了西昌人民的母亲湖——邛海，也为广大市民游客提供了休闲健身及娱乐的场所，更重要的是改善了自然环境和人居环境。

邛海国家湿地公园是具有较高生态价值的高原湿地自然保护区，具有涵养水源、调节城市小气候、净化水质、提供动植物栖息地和生态景观的多重功效。

【案例分析】邛海湿地公园充分利用自然环境资源，将其功效最大化，释放了生态红利。中医养生理论中所追求的"人与自然的和谐,人与山水的融合",在邛海得到了完美的诠释。

图 3-5　四川西昌邛海湿地公园

（八）草原资源

1. 概念

草原是地球生态系统的一种,是地球上分布最广的植被类型。土地的土壤层薄或降水量少,草本植物受影响小,植物无法广泛生长而形成了草原。

2. 类型

我国草原可以分为 4 个类型,即草甸草原、典型草原、荒漠草原及高寒草原。

草甸草原主要分布在松辽平原和内蒙古高原的东部边缘。种类组成十分丰富,覆盖度也较大。典型草原分布在内蒙古、东北西南部、黄土高原中西部和阿尔泰山、天山以及祁连山的某一海拔范围内。与草甸草原相比,典型草原种类组成较贫乏,覆盖度也小。荒漠草原主要分布在内蒙古中部、黄土高原北部以及祁连山和天山的低山带。种类组成更加贫乏,草层高度和生产力等方面都比典型草原明显降低。高寒草原是指在高海拔、气候干冷的地区所特有的一种草原类型。主要分布在高耸的青藏高原、帕米尔高原及祁连山和天山的高海拔处。种类组成不仅稀少,而且草群稀疏、结构简单、草层低矮、生产力低下。

3. 分布

中国是世界上草原资源最丰富的国家之一，草原总面积接近 4 亿公顷，占全国土地总面积 40%。中国草原一般可以划为 5 个大区，即东北草原区、蒙宁甘草原区、新疆草原区、青藏草原区、南方草山草坡区。

东北草原区包括黑龙江、吉林、辽宁三省的西部和内蒙古的东北部，面积约占全国草原总面积 2%。蒙宁甘草原区包括内蒙古、甘肃两省区的大部和宁夏的全部，以及冀北、晋北和陕北的草原地区，面积约占全国草原总面积的 30%。新疆草原区北起阿尔泰山和准噶尔界山，南至昆仑山与阿尔金山之间，面积约占全国草原总面积 22%。青藏草原区位于中国西南部，包括青海、西藏两省区的全部和甘肃的西南部，以及四川和云南两省的西北部等，面积约占全国草原总面积 32%。中国南方有大片的草山草坡以及大量的零星草地，这些统称为南方草山草坡区。

4. 康养旅游资源的价值

草原空气清新、环境优美，拥有着丰富的康养资源，是最适宜康养产业发展的地区。草原的蓝天白云让人心旷神怡，心情愉悦，身处于草原会让人觉得精神很放松。草原特有的动植物资源也是中医药材的重要组成部分。生活在草原的少数民族也拥有自己的传统医学，因此可以充分利用草原的环境资源和医药资源开展中医药康养旅游。

<<< 案例 3-8 >>>

呼伦贝尔草原康养旅游

呼伦贝尔是世界著名的天然牧场，是世界四大草原之一，有绵延起伏的大兴安岭，有美丽富饶的呼伦湖和贝尔湖。这里风景秀丽，空气清新，景色宜人，是适宜发展康养旅游的好地方。

康养旅游可以充分利用呼伦贝尔大草原的自然景色和气候优势，打造动养、静养、康养相结合的休闲康养旅游项目。目前，一些医疗机构已经在呼伦贝尔开展了草原疗养，让精神长期处于紧张状态的人在辽阔的大草原中冥思或是做简单的运动，使他们放松心情，消除紧张，缓解情绪。

近年来，很多草原康养旅行团在旅行中安排了体验蒙医的针刺疗、针灸疗、推拿疗等。草原康养越来越受到人们的喜爱。

【案例分析】呼伦贝尔大草原上开展的康养旅游，充分利用了草原的康养旅游价值，打造出了特有的草原康养旅游体验模式。

图3-6 内蒙古呼伦贝尔大草原

（九）洞穴资源

1. 概念

洞穴，即在土中、在峭壁上或在小丘里挖出来的空间。通常由水的侵蚀作用，或是风与微生物等其他外力的风化作用形成。

2. 类型

洞穴按照不同的标准，划分的类型也各异。按照空间形态可分为水平洞、倾斜洞、垂直洞、综合洞；按照规模大小可以分为小型洞、中型洞、大型洞、巨型洞；按照水文情况可分为干洞和水洞；按地下空间结构可分为原生洞和次生洞。

3. 分布

我国洞穴资源丰富，数以10万计的岩溶洞穴分布在广大的国土范围内。南方的贵州、云南、广西、四川、湖南、湖北、广东等省区是重要的岩溶区。

我国多种多样的气候条件使岩溶洞穴丰富多样。南方的长洞穴、大洞穴发育较为成熟，东南沿海地区规模和发育密度相对于西南地区较差，过去认为岩溶洞穴发育不好的北方地区，近年来陆续发现了一些洞穴。我国目前已探查到的最大的洞穴是广西乐业县百朗地下河洞穴系统，已探测到有75公里长的洞穴通道。

4. 康养旅游资源的价值

我国历史上关于洞穴的记载有很多。据文献记载，早在商周时期，人们就发现洞穴对人的身心健康有着积极的影响，并积累了丰富的实践经验。当时一些养生家和炼丹道士，常居住洞穴烧丹、铸剑、练功，安享天年。春秋战国时期名医扁鹊，曾"隐居岩岳，静心敛神，精修医道"。隋唐医家孙思邈久居洞穴，并以此洞穴为人治病、养神、练体、研究医药文献，探求长寿之道。北魏时期，由于宣武帝及其家人患"斑烂皮肤病"，长期不愈，为求皮肤病治愈，乃凿石为洞，居穴治疗。由此，以洞穴治疗疾病者、求奇穴异洞养生者日渐增多。洞穴养生法深受人们的重视，尤其是环境好的洞窟，更易促进疾病的康复。近年来，洞穴疗法的康养价值，已引起国内外学者的重视。实践证明，洞穴疗法对多种伤情疾病具有治疗康复和养生防病的作用。

洞穴冬暖夏凉，寒暑变化小。因为洞穴可以通过流动的水和空气来进行内部温度调节，使得洞内温度一般维持在11℃~15℃之间。这样的温度有利于正气虚衰、适应能力差的患者康复；洞穴中有很高的负离子，能够刺激人体呼吸道的自我净化，提高免疫力；洞穴中尘埃和微生物少，空气清新，对于辅助治疗呼吸道等疾病的效果显著；洞穴环境幽静，气流交换缓慢，使人精神宁静、情绪安定，对精神损伤患者尤为适宜。中医药康养旅游可以依托洞穴内的环境与小气候，结合中医药资源开展一系列有益身心健康的活动。

案例3-9

"天然医院"天缘洞

贵州的黄果树景区风景优美，是我国著名的旅游景点。而红果树景区知道的人却不太多，这里拥有飞瀑、碧潭、洞穴和森林等自然奇观。红果树景区负氧离子含量很高，加上洞穴很多，因此贵州科学院在红果树景区建立了首创的洞穴疗养站，这个洞穴疗养站建在该景区天缘洞里。这里负氧离子环境值为6万~10万个/立方厘米，瞬间值可达40万个/立方厘米；洞内充满了丰富的游离子，温度长年保持在18℃左右。泉水饱含丰富的微量元素，其环境对于关节炎、气管炎疾病有良好的疗效。贵州科学院打算充分利用这里的洞穴资源，观察人通过接受洞穴治疗后其身体发生的变化，从而进一步挖掘科学疗法，以减少人们的患病概率和降低患病后对药物的依赖性。幽深的天缘洞是实施洞穴疗法的"天然医院"。

受红果树景区的高负氧离子吸引，越来越多的中老年人选择到该景区长住康养。为了满足康养人士的需求，红果树景区在洞穴内修建了小木屋以提供住宿。天缘洞里还建造了首个"洞穴餐厅"。洞穴餐厅面积很大，可以容纳很多人同时进餐。

【案例分析】贵州红果树洞穴疗养站，将洞穴资源和康养资源结合在一起，开发出受康养人士喜欢的旅游产品，为康养高需求者提供了更多选择。

图 3-7 贵州遵义红果树景区内的疗养洞穴

第二节　中医药康养旅游的人文资源

　　优美的自然环境和良好的气候环境是中医药康养旅游的基础条件，优良的人文环境和人文景观也是中医药康养旅游发展的重要因素，二者相辅相成、相得益彰。习近平总书记指出："中医药学包含着中华民族几千年的健康养生理念及其实践经验，是中华文明的一个瑰宝，凝聚着中国人民和中华民族的博大智慧。"中医药文化是中医药的根基和灵魂，是中华优秀传统文化的重要组成部分。

一、中医文化

（一）历史上的著名中医学家

1. 张仲景

　　张仲景，名机，字仲景，东汉南阳人。张仲景是东汉末年著名医学家，被后人尊称为"医圣"。

　　张仲景的传世巨著《伤寒杂病论》，确立了中医临床"辨证论治"的基本原则，奠定了"理、法、方、药"的理论基础，是中医的灵魂所在，也是中医药四大经典著作之一。此外，书中创造了很多剂型，并记载了 300 余首方剂，这些方剂的配伍精练，主治明确，如桂枝汤、麻黄汤、小柴胡汤、白虎汤、麻杏石甘汤等。这些非常著名的经典方剂，经过千百年来临床实践的检验，都证实了有较高的疗效，为中医的方剂学奠定了基础，张仲景因此又被称为"方剂之祖"。《伤寒杂病论》对于推动世界医学的发展也起了巨大作用，今天日本的大部分汉方制剂仍来源于张仲景的经方。

东汉年间疫病肆虐，接连发生瘟疫大流行，对百姓生活造成严重影响。在这样的背景下，张仲景潜心研究伤寒病的诊治，行医游历各地，经过数十年含辛茹苦的努力，终于完成了我国第一部临床治疗学方面的巨著《伤寒杂病论》的编写。1800余年来，《伤寒杂病论》在瘟疫伤寒证的治疗上具有广泛的临床经验。时至今日，新冠肺炎在全球范围尚未停息，在这场长期的抗疫战争中，优化组合于张仲景《伤寒杂病论》经方的清肺排毒汤，在危重症患者的救治中发挥着重大作用，为全民族的健康做着贡献。

<<< 案例3-10 >>>

河南西峡仲景养生小镇

位于伏牛山南麓的西峡县是医圣故里，地处郑州、武汉、西安三大城市圈，有豫、鄂、陕"金三角"之称。医圣张仲景给予了这方水土深厚的历史底蕴。

仲景养生小镇是由全国著名制药企业仲景宛西制药旗下公司打造，它的建设依托于仲景文化以及西峡得天独厚的中药材优势。西峡仲景养生小镇外有环山拥伺，内处繁华新城核心，围绕中医药康养的特殊功能，融合西峡的中药本草特质，是以古建为表、文化为魂、养生为本、本草为形的中医药康养旅游小镇。

图3-8　河南南阳西峡仲景养生小镇

小镇的主要景点有医圣广场、茱萸巷、六味巷、仲景养生坊、仲景大剧院等。其中茱萸巷打造的是印象西峡,主要展示各种特色中医药文化、特产、非遗产品等。从张仲景的《金匮要略》中演化而来的六味地黄丸是临床上常用的中成药之一,山茱萸是六味地黄丸的一味主药,伏牛山是山茱萸的主产地,产量占全国70%,西峡县被誉为"中国山茱萸之乡"。因此,茱萸巷正是因西峡的道地药材山茱萸而得名。

河南西峡仲景养生小镇正是因医圣故里的人文底蕴,以及丰富的药用植物资源而得以发展。

2. 华佗

华佗,字元化,沛国谯县(今安徽亳州)人,是东汉末年著名的医学家。华佗医术各科全面,尤其擅长外科,精于手术,有"神医"之称,被后人誉为"外科圣手"。

华佗以医术为业,熟练掌握针灸、方药、手术和养生等治疗手段,精通内、外、妇、儿各科,临证施治,诊断精确,方法简捷,疗效神速。他发明了麻沸散,开创世界麻醉药物的先例。华佗采用酒服"麻沸散"后施行腹部手术,首创用全身麻醉施行外科手术的先例,比18世纪初欧美全身麻醉外科手术的记录早了1600余年。

华佗不仅善于治病,还特别提倡康养之道。华佗继承和发展了前人"圣人不治已病而治未病"的预防医学理论,为年老体弱者编排了一套模仿虎、鹿、熊、猿、鸟五种禽兽姿态的健身操——"五禽戏"。练习五禽戏不仅能使全身肌肉和关节都得到舒展,还能锻炼精、气、神,有较好的保健康复作用。

<<<案例 3-11>>>

华佗故里,古城亳州

安徽亳州,从商汤建都开始,距今已有三千多年历史。亳州是"神医"华佗的故乡,由于一代名医的影响,带动了亳州中医药的发展。由于盛产中药材,到明、清时期亳州就是全国四大药都之一。清末,亳州已成为药商云集、药店林立、经销中药材两千多种的全国最大的药材集散地。发展至今,也是我国最大的中药材交易中心。

华祖庵,又称华祖庙,位于亳州市永安街。始建于唐天祐元年(904),

是为祭祀"神医"华佗而建立的庙祠。华祖庵总占地1.3万平方米,有古药园、课徒馆、五禽戏台、洗芝池等建筑。这里也是华佗中医药文化博物馆的所在地,里面有中医药起源、中医药文化发展史、华佗及其中医药学术成果、中医药资源以及亳州现代中医药文化发展现状5大主题展厅。华祖庵已成为世界研究华佗学术的中心,是历史文化名城亳州的一处闪耀着无限风光的景点。

亳州自古以来便是我国知名的药材集散地之一,经过上千年的发展,其中医药文化底蕴深厚,中药资源丰富,有很好的中医药康养旅游基础。

图3-9　安徽亳州华祖庵华佗纪念馆

3. 扁鹊

扁鹊,秦氏,名越人,春秋战国时期名医,被尊为"医祖"。扁鹊周游列国,济世救人,随俗为变,成为医、药、技非常全面的"全科医生"。

扁鹊奠定了我国传统中医诊断法的基础。他在诊断疾病时应用了中医全面的诊断技术,即后来中医总结的四诊法:望诊、闻诊、问诊和切诊。当时扁鹊称之为望色、听声、写影、切脉。此外,扁鹊精于内、外、妇、儿、五官等科,善于用针灸、按摩、汤液等法治疗疾病。

扁鹊十分重视疾病的预防。初中课文《扁鹊见蔡桓公》是战国时期思想家韩非创作的一篇文章,文中所讲扁鹊之所以多次劝说蔡桓公及早治疗,就寓有防病于未然的思想。扁鹊认为对疾病需要预先采取措施,把疾病消灭在萌芽状态,这样可以达到事半功倍的效果。

扁鹊用一生的时间认真总结前人和民间经验，结合自己的医疗实践，在诊断、病理、治法上对我国中医学做出了卓越的贡献。

（二）中医典故

1. 岐黄之术

岐黄之术是中医医术的别称。黄指的是黄帝，岐是他的臣子岐伯。岐伯医学精湛，负责黄帝部族的医疗和卫生工作，后世尊称为"中医鼻祖"。相传黄帝与岐伯常坐而论道探讨中医问题，对疾病的病因、诊断及治疗等原理设问作答，并予以阐明。后世出于对黄帝、岐伯的尊崇，遂将"岐黄之术"指代中医医术。把岐伯的名字排在黄帝之前，充分说明了他对我国古代中医学的贡献之大。

2. 悬壶济世

据《后汉书·费长房传》记载，东汉方士费长房见"市中有老翁卖药，悬一壶于座，市罢，跳入壶内"。卖药老翁用药治病，常常药到病除。于是费长房拜老翁为师，随其学习医术。费长房术精业成后，能医百病，驱瘟疫。费长房为了纪念老师，行医时总在身上背个葫芦。于是后人就把"悬壶"作为行医的代称，称颂医生"悬壶济世"。

3. 杏林

三国有名医董奉，隐居江西庐山。他医术高明，为人治病从不收取诊金，只要求轻病愈者种杏树一株，重病愈者种杏树五株。数年后，"愈人无数，得杏树十余万株，蔚然成林"。于是，"杏林"成了中医的誉称，后来也以"杏林"代称中医界。

4. 坐堂中医

相传东汉末年，被后人尊称为"医圣"的张仲景任长沙太守，当时长沙瘟疫肆虐。为了拯救百姓，张仲景坐在办公的大堂上为病人看病治病，办公、行医两不误。后人为纪念张仲景，便把在中药店行医的中医称为"坐堂中医"。

二、中药文化

（一）历史上的著名药物学家

1. 孙思邈

孙思邈为唐代医药学家，被后人尊称为"药王"。孙思邈对古典医学有深刻的研究，一生致力于医学临床研究，对内、外、妇、儿、五官、针灸各科都很精通，特别是论述医德思想和倡导妇科、儿科、针灸穴位等都是前人未有。孙思邈十分重视民间的医疗经验，不断积累走访，随时记录下来。在太白山居住时，他一方面钻研医学著作，一方面采集草药研究药物学。孙思邈亲自采集药材，研究药物性能，就这样从理论到实践，再由实践经验中提炼出新的医药学研究成果，以毕生精力撰成了医学著作《千金要方》和《千金翼方》。

2. 李时珍

李时珍，字东璧，晚年自号濒湖山人，明代著名医药学家，被后世尊为"药圣"。李时珍参考历代医药等方面书籍925种，"考古证今，穷究物理"，记录上千万字札记，弄清许多疑难问题，三易其稿，历经27年终于完成了192万字的巨著《本草纲目》。此外他对脉学及奇经八脉也有研究，著述有《奇经八脉考》《濒湖脉学》等。

《本草纲目》全书52卷，收药1892种，附图1109种，是我国16世纪以前医药成就的总结。此书采用"目随纲举"的编写体例，物以类从，以部为"纲"，以类为"目"，既方便检索，又体现出生物进化发展的思想，为现代的植物分类学奠定了基础。《本草纲目》刊行后先后被译成日、朝、拉丁、英、法、德、俄等文字，极大地推动了当时世界医学的发展。

<<<案例3-12>>>

千年古镇蕲州

"药圣"李时珍的故里——蕲州，位于长江中下游北岸大别山南麓的湖北省黄冈市，是个山清水秀的小镇。蕲州自古就有"见人皆懂医，指草皆为药"之说。因其独特的地理位置、自然环境和良好的气候，种植中药材得天独厚。李时珍在《本草纲目》中记载的1892种中药材中，蕲州所在的蕲春县就有1000余种。至宋朝，蕲州已成为长江中游一带的药材贸易集散中心。在今天，蕲州古色古香的街道上，还随处可见大大小小的药材批发店。雄武门上建有纪念李时珍采药的"医圣阁"，以及李时珍纪念馆，馆内展示着明代蕲州古城的模型和李时珍行医、采药、著作的文物等资料，这些全面、系统地记录了李时珍专于一部医药巨著的人生。蕲州不因"药圣"李时珍立，却因李时珍而名扬天下。

蕲州有着良好的自然环境和丰富的中药资源，我国本草学上的巨匠李时珍，又为其添上浓墨重彩的一笔。

图 3-10　湖北蕲州李时珍纪念馆

（二）中药的命名

中药来源广泛，品种繁多，名称各异。中药的命名方法丰富多彩，有以功效命名的，有以产地命名的，有以药用部位命名的，有以形色气味命名的，有以传说命名的，等等。分述如下：

1. 以药物突出的功效而命名

如益母草功擅活血调经，主治妇女月经不调、痛经、血滞经闭、产后瘀阻腹痛等，是妇科经产要药。

2. 以产地而命名

我国幅员辽阔，生态环境南北迥异。因而各种中药材在产量和质量方面也有差异，显示出一定的地域性，所以自古以来医药学家非常重视"道地药材"。如河南的怀地黄、怀山药、怀菊花、怀牛膝被称为"四大怀药"；四川的道地药材通常会冠以"川"字，如川芎、川乌、川麦冬，等等。

图 3-11　益母草

图 3-12　川芎

3. 以形态而命名

中药的原植物和药材形状多有其特殊之处,因而常常以它们的形态特征为其命名。如人参外形状如人形,功参天地,故而得名;乌头,因其块根形似乌鸦之头;鸡爪连(黄连的一种),以形似鸡爪而得其名。

4. 以颜色而命名

许多中药材都具有各种天然的颜色,因而其颜色就成了命名的依据。如大黄、金银花、红花、紫草等。

图 3-13　人参　　　　　　　　图 3-14　金银花

5. 以生长季节而命名

如半夏在农历五月,夏季过到一半的时节采收,故名半夏;夏枯草是生长到夏至后枯萎,等等。

(三) 中药的产地

1. 道地药材

中药的产地对中药的质量影响很大。不同的地质环境、气候环境对中药有效成分的产生、积累有直接的影响,也因此自古就有了道地药材的概念。道地药材是指那些具有明显地域特色且栽培历史悠久、品种优良、产量宏丰、质优效佳的中药材。道地药材代表的是优质药材,是中药的一大特色。例如东北药材三宝(人参、细辛、五味子)、四大怀药(怀地黄、怀牛膝、怀山药、怀菊花)、浙八味(浙贝母、浙玄参、杭菊花、杭白芍、杭麦冬、山茱萸、延胡索、白术),以及宁夏的枸杞、山东的阿胶、云南的三七,等等,均属道地药材。

<<<案例 3-13>>>

平阴玫瑰园

平阴县,隶属于山东省济南市,别称"玫城",被誉为中国玫瑰之乡。平阴玫瑰以其花大、色艳、味浓、出油率高而成为中国玫瑰的代表。平阴玫瑰栽培历史悠久，相传为唐代高僧慈净引种，栽植历史长达1300余年。明代时，平阴玫瑰的种植就已颇具规模。位于县城西南11千米的玫瑰园，始建于1959年，占地4.67公顷。园内栽培国内外近30个玫瑰品种。每年5月份，满园玫瑰花盛开，绚烂多姿，香气馥郁。

平阴因其道地药材玫瑰而名扬全国，吸引了大量游客前来中药康养旅游。

图3-15　山东平阴玫瑰湖湿地公园

2. 药材市场

中药材专业市场是经国家中医药管理局、卫生部和国家工商行政管理局检查验收批准，并在工商行政管理部门核准登记的专门经营中药材的集贸市场。目前通过审批而开设的中药材市场有17家。其中，规模较大的4家中药材市场如下：

（1）安徽亳州中药材交易中心

亳州中药材市场是国内规模最大的中药材专业交易市场，占地400亩，建筑面积20万平方米，拥有1000家中药材经营店面，从零售、批发到期货交易，从采购、加工、仓储到大型现代物流中心，形成完整的一体化中药材商业产业链。目前，交易中心中药材日上市量高达6000吨，上市品种2600余种，中药材年成交额100多亿元。

图3-16　安徽亳州中药材专业市场

（2）河北安国东方药城

河北安国东方药城被评为全国百强市场第2名，是中国北方最大的中药材专业市场。安国中药材市场占地1.5平方公里，建筑面积约60万平方米，分上下两层，内有药商门店780余户，共经营2800余种药材。

（3）禹州中药材专业市场

又称中华药城，位于禹州市滨河路与药城路交叉口北，中心交易大厅位于中华药城中心位置。占地30亩，建筑面积2万平方米，可容纳摊位5000个。

（4）成都荷花池中药材市场

荷花池中药材市场是西部地区最大的中药材市场，也是全球最大的冬虫夏草集散中心。该市场占地142亩，建筑面积达20万平方米，经营品种约4500种，常见药材近2000种，是目前全国体量最大、硬件设施最优秀的中药材专业市场。

（四）中药与民俗文化

在中华民族的发展历史中，中国古代民俗文化与中药文化有着密不可分的关系。随着民俗文化的代代相传，也促进了中药文化的传承与发展。

1. 春节

王安石《元日》："爆竹声中一岁除，春风送暖入屠苏"，可见传统的春节习俗中有饮屠苏酒这一习俗。孙思邈的《备急千金要方》中记载："辟疫气，令人不染温病及伤寒，岁旦屠苏酒方：大黄十五铢，白术十八铢，桔梗、蜀椒各十五铢，桂心十八铢，乌头六铢，菝葜十二铢，此七味咀碎，袋盛，以十二月晦日日中悬沉井中，令至泥，正月朔日平晓出药，置酒中煎数沸，于东向户中饮之。"古时的屠苏酒是由大黄、白术、桔梗、蜀椒、桂心、乌头、萸茰七味中药与酒共煮而成。

早在汉代就有正月初一饮酒防疫的习俗，当时饮用的是椒酒。至南北朝时期，才以饮屠苏酒取代了椒酒。春节是一年之始，此时阳气已升而阴寒未散，人们容易外感邪气、患疫疠之病。而屠苏酒里的中药具有祛风散寒、益气温阳、避秽除疫的功效，可防病治病。

2. 清明节

清明节是中国最重要的传统节日之一。它不仅是人们祭奠祖先、缅怀先烈的节日，也是中华民族认祖归宗的纽带，更重要的是认识先辈。青团是清明时节较为盛行的节令小食。最早与寒食节有关。据明代《七修类稿》记载："蜀人寒食采杨桐叶，染饭青色以祭，资阳气也，今变而为青明团子，乃此义也。"

图 3-17　清明节的传统食物——青团　摄影：丁海秀

青团的主要原料为艾草。艾草又称艾蒿、香艾，为菊科蒿属多年生草本植物，既可食用又可作药用。《本草纲目》记载：艾以叶入药，性温、味苦，具回阳、理气血、逐湿寒、止血安胎等功效，亦常用于针灸。艾草在日常生活中较常见，可作香薰、针灸、驱蚊等用途，又可作艾叶茶、艾叶汤、艾叶粥等膳食，以增强人体对疾病的抵抗能力。

3. 端午节

自古以来，端午节就有着挂药草、佩香囊、饮雄黄酒的习俗。艾叶与石菖蒲作为端午节常用草本植物已有 2000 余年历史。端午节为农历五月初五，此时正值春夏之交，气候温热潮湿，易致蚊虫增多、病菌滋生，使人生病。每至端午节，家家都会将艾叶与石菖蒲插于门楣。艾叶和石菖蒲的茎叶富含挥发油，经研究发现，这些成分对多种细菌、真菌和病毒有杀灭或抑制作用。因此，端午节悬挂艾叶、石菖蒲，或佩戴含艾叶、石菖蒲的香囊，可以驱赶蚊蝇、驱瘟除邪。

<<< 案例 3-14 >>>

雄黄酒能不能喝?

"五月五，雄黄烧酒过端午"，在我国端午节有喝雄黄酒以驱五毒的习俗，五毒是指蛇、蝎、蜈蚣、蟾蜍、壁虎。但是近年常有因服用雄黄酒而引起急性中毒甚至死亡的事件发生。雄黄是从雄黄矿中提炼出来的，提炼时需要经过多次水飞，将可溶于水的有毒砷和砷的化合物大量去掉，剩下的就是溶解度很小的雄黄 As_2S_2，规定其含量要在 90% 以上。溶解度较小的 As_2S_2 绝大部分不被人体吸收，最终被排出体外，对人体危害较小。但是，在另外 10% 的成分中就有砷的化合物——As_2O_3，即毒性较大的砒霜。所以服用雄黄酒后容易造成中毒事件。

虽然雄黄有一定的功效，现代临床应用也将雄黄用于治疗白血病、癌症等，但是由于砷对人体可能造成伤害，所以现在很少用到雄黄，内服慎用，更不可久用。一般用其他具有相似功效、但安全性更高的药物替代。

<<< 案例 3-15 >>>

会理药根宴

地处四川省凉山彝族自治州最南端的会理县，在端午节都有吃"药根宴"的习俗，这种极具地方特色的习俗已经传承了千年。关于这个习俗，会理民间有一个从明朝初年流传至今有趣的传说。相传明朝初年，明太祖朱元璋嫡孙建文皇帝在"靖难之役"中孤身出逃，一路流落来到川滇交界的会理境内被采药的山民所救，其获救的食物就是山民情急之下乱炖的"药根根"。

如今，每至端午前夕，会理的各族群众纷纷上山采挖沙参、泡参、玉竹等数十种宜于炖食和洗浴的野生中草药。"药根宴"就是在会理古城核心区几条大街和 2 个广场上，布置 1500 桌的长街药膳宴，场面非常壮观。药膳是用沙参、牛蒡根、当归、黄芩、山药等补中益气、清热排毒的药材，加上土鸡、火腿、猪蹄髈同炖，食之可以滋补健体、祛邪顺气，还有润肠通便、排毒养颜的功效，而且汤鲜十分味美，是会理独有的一道药膳美味。

4. 重阳节

九月九日重阳节，有饮菊花酒、插茱萸的习俗，以避灾求吉，驱邪避秽。菊花是清肝明目的中药，重阳节饮菊花酒，可抵御秋天的燥邪，达到清肝明目之效。唐代王维《九月九日忆山东兄弟》写道："遥知兄弟登高处，遍插茱萸少一人。"这里的茱萸指的便是吴茱萸。吴茱萸芳香浓烈，温中、止痛、理气、燥湿。《风土记》记载："九月九日折茱萸以插头，避除恶气，以御初寒"，具有除蚊虫、祛邪秽的作用。

三、养生文化

养生文化是中华民族灿烂传统文化的精华，具有鲜明的民族特色，为数千年来人民的健康事业和繁衍昌盛做出了巨大贡献。养生是根据生命变化发展的规律，采取能保养身体、减少疾病、增进健康、延年益寿的手段所进行的保健活动。

（一）各家养生学说

从马王堆医书，到《黄帝内经》，自2000多年前开始，历代就有众多医家、儒家、道家、佛家对养生之道做过详细而深刻的论述，逐步形成了一整套系统的中国养生理论。

1. 道家养生说

道家养生思想特别重视精、气、神，认为精气神为万物之基；主张顺其自然，反对人为干扰、征服和破坏，顺乎天理，追求清静无为，方可使养生达到天人合一的境界。此外，道家主要是以顺乎自然的气功养生法，通过调息，以静养神，以动养形。

2. 儒家养生说

儒家养生思想倡导养心葆神，修身养性，注重仁、义、礼、智、信的道德修养，把追求人的自我完善作为养生的最高目标。重生活起居，调饮食五味，强调处事不偏不倚，行为中庸中和，方能健康长寿。

3. 佛教养生说

佛教认为人是由地、水、火、风四大元素和合而成，四者调和则身体和谐，健康无病。强调自戒自律，约束对酒、色、食、财的欲念。主张参禅，修炼易筋经等佛门健身功，追求静心，将各种意念归于静止。

（二）中医药养生的特点

1. 以中医药理论为指导

中医药养生虽然相对独立，但终究脱离不了中医药理论体系的大框架。

中医药理论的特点，深深体现于中医药养生文化中。中医药养生是以"天人相应""形神合一"的整体观念为出发点，特别强调人与自然环境、社会环境的协调。并用阴阳五行学说、脏腑经络理论来阐述人体生老病死的规律，强调辨证施养。

2. 以和谐适度为宗旨

中医药养生强调和谐，只有脏腑、经络、气血等保持相对协调，维持"阴平阳秘"，守其中正，保其冲和，才可健康长寿。并且将这种和谐养生寓于日常生活之中，贯穿在衣、食、住、行、坐、卧之间，事事处处都有讲究。

3. 以预防为核心

疾病是影响人类健康长寿的重要因素，因此，要长寿就必须做到未病先防、已病防变和病愈防复。而中医药养生的众多方法，就是既能让机体预防疾病，又能延缓衰老进程。中医药养生的重要意义就在于预防疾病。

4. 以综合调摄为原则

中医药养生的方法众多，有针灸推拿养生、按摩养生、传统功法养生、药膳养生等，人们可根据自身情况各取所需，实施综合调摄，以达到最好的康养效果。

（三）中医药养生的基本原则

1. 法天顺地

即在养生中主动去效法和顺应天地自然的变化规律，以保持健康长寿。包括顺四时而养，顺昼夜而养，顺月之盈亏而养，顺地域而养。

2. 形神共养

认为养生需顺应四时及环境的变化，调和情志，安定起居，调节阴阳刚柔，使其形神共养、内外同调，方能长寿。形神共养不仅要注意形体的保养，还应注意精神的摄养，使得形体健壮、精力充沛，二者相辅相成、相得益彰，才能使身体和精神都得到和谐发展。

3. 动静结合

中医药养生认为静以养神、动以养形，强调要动静兼修、动静适宜，要求形体要动，但动须有节；心神要静，但应静中有动。

4. 协调平衡

中医药养生强调协调阴阳脏腑、和谐人事、有常有度，只有人体自身以及人与自然、环境间稳定和谐，才能维持机体的"阴平阳秘"，从而保证身体康健长寿。

5. 综合调养

中医药养生必须从整体全局着眼，注意到生命活动的各个环节，全面考虑，综合调养。综合调养的内容，包括人与自然的关系以及气血、脏腑、经络、精神情志等方面，具体说来大致包括顺四时、调饮食、慎起居、调情志、动形体、戒色欲，以及针灸、推拿按摩、药物养生等诸多方面的内容。要求调养时要养宜适度、养勿过偏、审因施养。

第三节 中医药康养旅游的基础设施与公共服务体系

中医药康养旅游的基础设施与公共服务体系对中医药康养旅游活动起着重要的作用。中医药康养旅游的基础设施包含了旅游活动过程中的相关设施。只有配套完善、便捷的基础设施与专业的公共服务体系才能更好地满足中医药康养游客的健康需求。因此，应加强中医药康养旅游地的基础设施和公共服务体系的建设和保障。

一、中医药康养旅游的基础设施

（一）概念

中医药康养旅游基础设施是指为适应游客在中医药康养旅行游览中的需要而建设的各项物质设施的总称，包括中医药康养旅游景区的住宿、餐饮、商业设施等。

（二）相关的配套要求

中医药康养旅游的基础设施是中医药康养旅游项目的硬件支撑，其完善程度直接影响游客的体验好坏，继而影响游客的重游率。基础硬件设施作为发展中医药康养旅游的载体，其品质对于中医药康养旅游目的地的打造至关重要。当前已经进入体验经济时代，游客在旅游的过程中更加强调参与互动，要求中医药康养旅游目的地基础设施更加智能化、便捷性。再者，中医药康养游客对中医药康养旅游目的地具有一定的康养期望值，对生活质量、旅游质量的要求相对较高，因此对中医药康养旅游目的地的基础设施提出更高要求。

1. 景区内部基础设施

要加强中医药康养景区内部的各类基础设施建设，加强与数字信息的紧密结合，塑造中医药康养旅游目的地的智慧化形象，促进中医药康养旅游的高质量发展。例如，可考虑在中医药康养旅游核心景区内部配套建设如一体化信息的数字旅游平台、智能便捷的购票系统和排队设施、干净卫生的公共厕所、安全快捷的交通、宽敞方便的停车场、免费畅通的Wi-Fi等，以提高游客的旅游体验。

2. 配套的接待服务设施

中医药康养旅游景区接待服务设施的配备应考虑数量的充足性、类型选择的多样性、地理位置的适宜性，在接待设施的数量与档次上能给游客提供多样化选择。为此，首先，应考虑接待服务设施便于开展康养旅游适宜的治疗活动，尽量做到干净舒适，倘若还能配置以特色餐饮的功能更能增加游客的体验感。其次，应尽量突出当地的特色，为中医药康养旅游活动的开展提供必要的环境功能设施。再次，应充分考虑到中医药康养旅游中的残障人士、老年人、幼童等特殊人群的各类需求，提供智能化、便捷的无障碍服务。最后，应尽量考虑与中医药康养旅游活动相应的购物设施，可配置销售特色化、品牌化的中医药养生旅游商品、旅游纪念品和当地特产等产品与服务。

二、中医药康养旅游的公共服务体系

中医药康养旅游地或景区的公共服务体系通常包括：旅游交通服务、公共休闲服务、旅游安全健康保障服务、旅游厕所和环境卫生、旅游信息咨询服务、旅游导向标识服务、旅游便民惠民服务、教育宣传等服务体系。通常，通达的交通信息、便利的地理位置、信息的方便快捷、完备的基础设施以及安全的治安环境是中医药康养旅游地或景区发展的重要标尺，这些都影响着游客的旅游意向。中医药康养旅游公共服务体系的建设应重点关注专业服务的水平与质量特色，研究显示，中医药康养旅游地或景区的公共服务质量是影响游客满意度和重游意向的重要因素。

（一）旅游交通服务

中医药康养旅游地或景区应提升对外交通的服务水平、强化内部路网的优化升级，着力构建"快速通畅、安全便捷、绿色智慧"的立体交通网络。内部交通网络还应将旅游区内各景点串联，沿线合理布局休闲驿站、观景台、停车场、旅游公厕等配套服务设施。打造步道、骑行道等慢行交通路线，丰富旅游元素，建设高标准全域康养旅游专线，打造"移步即景"的视觉享受。为中医药康养游客提供便捷可行的旅游交通服务体系。

（二）公共休闲服务

中医药康养旅游地或景区应提供体系完善的公共休闲空间和丰富的文化娱乐活动。对特色核心景点的布局应充分考虑其规模与密度的配合，并提供配套的休闲设施。宜拥有中医药文化类或康体类公共娱乐场所，如中医药康养文化展馆、康体运动场等。

（三）旅游安全健康保障服务

中医药康养旅游地或景区应建立健全的安全风险提示制度和突发公共事件的应急处理预案，完善安全控制和游客的应急救治体系等。应设有卫生院以上规模的医疗机构，并具备急救应急响应条件。应在交通枢纽、旅游活动场所等游客相对密集地方，设专职安全保卫人员与医疗救护点，确保游客人身和财产安全。应对区域内从业人员进行卫生健康知识和救护技能培训，建立具有一定健康护理知识并受过培训的志愿者服务机构。应建立旅游安全预警机制，各景区的游客容量核定应符合相关规定，并应在容量控制的基础上制定旺季游客疏导预案。

（四）旅游环境卫生服务

中医药康养旅游地或景区应加快厕所革命，建设清洁、合理的公共厕所设施。旅游厕所应数量充足、卫生文明、干净无味、使用免费、有效管理。旅游高峰期应配有流动备用厕所，社会单位厕所能向公众开放。中医药康养旅游景点、旅游线路沿线、交通集散点、康养休闲步行区等游客密集区域的厕所应符合相关的规定和要求。

加大环卫设施建设，对垃圾清理系统进行科学的规划。有自己的垃圾运输、清理体系。主要景区或旅游活动相对密集的场所应环境整洁。合理配置垃圾收集点、垃圾箱（桶）、垃圾清运工具等，并保持外观干净、整洁、不破损、不外溢，做到日产日清。无垃圾随意抛撒、倾倒和焚烧现象。

（五）旅游信息咨询服务

中医药康养旅游地或景区应形成不同渠道的信息咨询服务平台，提供现场信息咨询、电话信息咨询和网络信息咨询服务，加强旅游大数据的精准应用，形成"线上一键式、线下一站式"的服务模式。具体包括：

1. 咨询服务中心

应设立数量充足、不同档次、地理位置合理的旅游咨询服务中心或服务点，并能提供及时、准确的咨询服务，兼具受理游客投诉的功能。

2. 智慧服务系统

中医药康养旅游地或景区内应设有运营稳定、可实时查询的旅游公共信息网站或手机 App 下载客户端服务，并提供二维码扫描服务。区内主要旅游景点、旅游街区、游客服务中心、交通站场均应覆盖无线 4G 或 5G 网络或宽带网络。

（六）旅游导向标识服务

中医药康养旅游地或景区内应在主要特色街区、旅游集散中心、餐饮场所、住宿场所、主要购物娱乐点等设置导向标识。同时，升级信息导向设施，以指导游客快速到达目的地。例如在景区入口处附近设立可调整的屏幕来显示景区的区域划分图或者印发宣传手册和小地图，对游客进入中医药康养景区游玩的区域按照不同的服务种类划分，例如中医药康养餐饮区、游玩区、住宿区、休息区等。

（七）旅游便民惠民服务

中医药康养旅游地或景区内应建立覆盖旅游活动全过程的通信、邮政、金融、环卫等便民服务设施。应出台针对特殊人群如残障人士、老年人、青少年等的旅游优惠政策。

（八）教育宣传

中医药康养旅游地或景区内应多渠道地开展本区域中医药康养旅游形象宣传，提供中医药康养旅游相关知识的科普服务，配备中医药康养教育服务设施。

> **案例3-16**
>
> ### 中医药文化旅游街——枣子巷
>
> 枣子巷中医药文旅特色街区作为成都市天府锦城"八街九坊十景"中的"八街"之一，街区按照全市首条公园城市街道示范街区要求，以中医药康养为产业支撑，打造出"老成都、蜀都味、国际范"的文商旅融合发展创新区，将民国风情、智能设计融入其中，形成一条"医、养、游"情景式体验特色街区。枣子巷总长度约880米，依托成都中医药大学及其附属医院的中医药文化底蕴，街区引进了南京同仁堂、盛元堂、德仁堂、杏林春堂等10余家中医药文化品牌入驻，打造以文化体验、医药旗舰、健康养生为主导的体验式、场景化、趣味性中医药主题场景式商业文化一条街。
>
> 风景从枣子巷牌坊开始。牌坊是典型的海派建筑风，极具视觉美感，象征着枣子巷海纳百川的宽广胸怀和兼收并蓄的中医药文化。枣子巷一期打造了13个院落，每一个院落都有一个专属的二维码，可以通过手机扫一扫了解院落文化。巷子里的成都中医药大学为枣子巷增添了一股人文气息。街道两边的中医药雕塑、沿街坐落的各种中医药房、街边的药柜装饰、文化墙上近代四川四大名中医墙绘，让整个枣子巷增添了一抹药香。
>
> 如今，枣子巷成为集老成都生活方式与中医药文化体验于一体，兼具复古文艺、国潮时尚、网红热点IP打卡功能的新式街区，是成都市中医药特色旅游文化新名片。

本章小结

本章从旅游资源和环境的角度介绍了中医药康养旅游自然资源的概念、构成标准及资源价值,梳理了人文环境的中医文化、中药文化、康养文化和旅游设施构成的概念及内容。

思考与练习

一、不定项选择题

1. 下列哪种药材不是产于青藏高原药用植物区域?（　　）
   A. 冬虫夏草　　　　　　　B. 雪灵芝
   C. 藏黄连　　　　　　　　D. 人参

2. 我国的四大沙地有（　　）。
   A. 毛乌素沙地　　　　　　B. 浑善达克沙地
   C. 塔克拉玛干沙地　　　　D. 呼伦贝尔沙地
   E. 科尔沁沙地

3. 沐浴中药浴可以起到（　　）作用。
   A. 防治皮肤病　　　　　　B. 改善全身微循环
   C. 健脾助消化　　　　　　D. 易睡安眠
   E. 改善视力

4. 隋唐医学家（　　）久居洞穴,并以此洞穴为人治病、养神、练体、研究医药文献,探求长寿之道。
   A. 华佗　　　B. 孙思邈　　　C. 张仲景　　　D. 扁鹊

5. 华南药用植物区域是我国（　　）的主产地。
   A. 北药　　　B. 川药　　　C. 广药　　　D. 蒙药

6. 《伤寒杂病论》的作者是（　　）。
   A. 孙思邈　　B. 李时珍　　C. 张仲景　　D. 唐慎微

7. 有"外科圣手"之称的是（　　）。
   A. 华佗　　　B. 扁鹊　　　C. 董奉　　　D. 李时珍

8. 可视为我国 16 世纪以前医药成就大总结的医学著作是（　　）。
   A. 《伤寒杂病论》　　　　B. 《神农本草经》
   C. 《证类本草》　　　　　D. 《本草纲目》
   E. 《新修本草》

参考答案

9. 中医药康养旅游的公共服务体系包括（　　　）。
A. 旅游交通服务
B. 公共休闲服务
C. 旅游安全健康保障服务
D. 旅游厕所和环境卫生
E. 旅游信息咨询服务
10. 属于"四大怀药"的是（　　　）。
A. 人参　　　　　B. 川牛膝　　　　　C. 怀牛膝　　　　　D. 新会陈皮

二、判断题

1. 人参属于川产道地药。（　　）
2. 《九月九日忆山东兄弟》中"遍插茱萸少一人"的茱萸是指山茱萸。（　　）
3. 端午节的习俗是将吴茱萸插于门楣。（　　）
4. 重阳节的习俗是饮菊花酒。（　　）
5. 古代中医理论认为气候、空气、水质和土壤的好坏决定了一个地方是否能成为养生的理想之居。（　　）
6. 我国温泉资源分布不均匀，西北部和东北部的几个地区拥有较为密集的温泉资源。（　　）
7. 硫黄温泉是指富含硫化氢的温泉。（　　）
8. 西南药用植物区域代表药用植物有川冬麦、川附子、川乌、杜仲等。（　　）
9. 海盐中有很多天然的杀菌成分，沐浴适量浓度的海盐水能杀死皮肤表面敏感菌和真菌，可防止皮炎滋生。（　　）
10. 我国草原可以分为草甸草原、典型草原、荒漠草原、高寒草原四个类型。（　　）

三、简答题

1. 简述中医药旅游资源的概念。
2. 阐述基础设施对中医药康养旅游的影响。

四、分析题

1. 我国几大药用植物产地有哪些？
2. 我国的温泉主要分布地有哪些？

参考文献

[1] 朱琳.西峡中医药旅游开发研究[D].2013.

[2] 亓铭松.关于水污染与人类健康的辩证关系[D].2014.

[3] 孙从艳,张怀明.康养地理学[M].北京:人民卫生出版社,2014.

[4] 谢沛元.森林资源的养生价值[J].农家科技下旬刊,2017(11).

[5]《我国药用植物资源现状的调查与分析》.

[6]《旅游资源分类、调查与评价》[M].国家标准GB/T18972-2003.

[7] 杨奇美.健康与旅游[M].哈尔滨:哈尔滨工程大学出版社,2018.

[8] 王键.中医基础理论[M].北京:中国中医药出版社,2016.

[9] 钟赣生.中药学[M].北京:中国中医药出版社,2016.

[10] 康廷国.中药鉴定学[M].北京:中国中医药出版社,2016.

[11] 郭海英.中医养生学[M].北京:中国中医药出版社,2009.

[12] 国家旅游局《国家康养旅游示范基地标准》.

[13] 吴文智,等.旅游公共服务质量对游客目的地忠诚的影响机制[J].2021,35(4).

[14] 查尔斯·R.格德纳.旅游学(第12版)[M].北京:中国人民大学出版社,2014:264.

第四章

中医药康养旅游资源的开发

本章重点

本章详细介绍了中医药康养旅游资源的开发概念、开发原则、开发的生命周期理论、开发模式、开发实施的流程,介绍了中医药康养旅游小镇、中药植物园、康养旅游区、中医药旅游示范区、中医药康养文旅综合体、中医药康养体旅游项目、中医药康养度假养老社区等典型的中医药康养旅游资源开发模式,详细分析了相关的典型案例。

学习要求

本章学习后,学生应对我国不同的中医药康养旅游资源在开发理念、开发模式、开发的流程等方面有一个基本认知,结合现实案例,全面了解中医药康养旅游资源开发相关知识,掌握开发的基本原则,熟悉中医药康养旅游资源开发模式。

本章思维导图

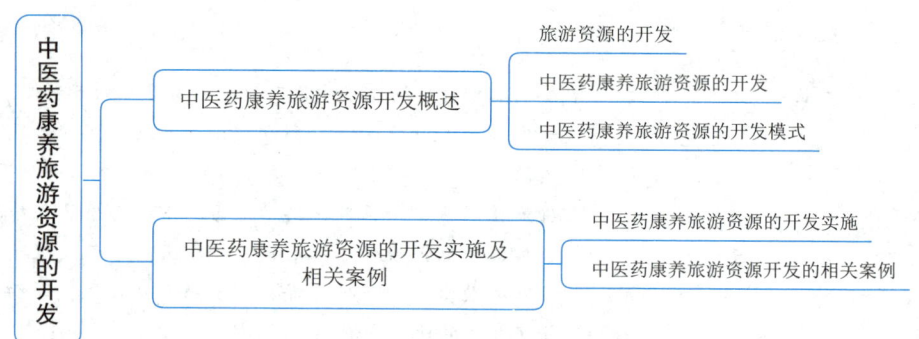

第一节　中医药康养旅游资源开发概述

经济的发展加速了人们的生活节奏，亚健康人群随之增多，加之人口老龄化时代的到来，使得我国的中医药康养旅游备受民众青睐。随即，全国各地依托独特的资源禀赋开发、建设了多个中医药康养旅游基地和景区，构建了以中医药产业为核心、旅游业为支撑、养生业为引导、文化创意为突破的资源开发模式。

一、旅游资源的开发

（一）开发的概念

开发（Development），是指以某种具有发展潜力的资源为对象进行劳动，以达到获得更高效益目的的一系列活动。开发一般包括发掘和开拓两个部分，发掘即发现、收集、整理、选择可开发资源等；开拓即通过投入资金、发展人才、改进技术等手段，使被开发对象的价值得到更好利用。

旅游资源开发的概念通常有狭义和广义两种。狭义的旅游开发指单纯地利用技术对旅游资源进行开发的活动。这一开发活动的目的是为了发挥、提高和改善旅游资源对旅游者的吸引力，为游客创造优美宜人的环境、为旅游业的发展提供基础和原动力。广义的旅游资源开发是指在旅游资源调查评价基础上，以发展旅游业为目的，以市场需求为导向，有组织有计划地对旅游资源进行利用、开发，改善和提高旅游资源对旅游者吸引力的综合性技术经济工程。

本书将旅游资源的开发定义为借助现代科学技术的手段，把潜在的旅游资源改造成旅游吸引物，促使旅游活动得以实现的技术和经济活动。旅游资源的开发包含了开发对游客具有吸引力的吸引物，也包括为游客提供旅游活动所需要的其他条件，例如交通、住宿、饮食、休息、购物等。旅游资源的开发必将伴随着基础设施的建设以及人员的派驻、管理接待机构的设立。

（二）开发的内容

旅游资源的开发涉及多方面内容，一方面涵盖了可供发展旅游业的自然资源和社会人文资源。自然资源具体包括地理位置、气候、地形、动植物、自然风景、特殊景观等，社会人文资源具体包括历史古迹、民族文化、美食佳肴、节庆会典等。另一方面还包括提高旅游地的可进入性、配套各类旅游的服务设施、建设和管理旅游景区与景点、培训相关的服务人员等内容。

任何旅游资源在开发之前都应有一个详细的开发规划，明确旅游资源的开发方向，应对所要开发的旅游吸引物进行市场定位。例如，游客定位、消费能力定位。旅游资源开发目标的确定主要取决于两方面因素：一是旅游资源本身的特征及其可塑性；二是旅游市场的变动趋势。倘若开发方向不明确，则有可能降低旅游资源的使用价值，致使知识经济效益不高。

二、中医药康养旅游资源的开发

（一）中医药康养旅游资源的概念

随着民众健康意识和养生需求的增强，中医药康养旅游作为一种新兴的旅游项目吸引了全球范围内众多游客的目光。中医药康养旅游是传统旅游行业、养生康复行业、中医药行业三大行业有机融合而成的新型产业，它是以中医药资源为基础，依托良好的自然环境与经典的中医药文化资源，集自然、文化、休闲、康养、保健于一体，以维护、改善和提升游客身心健康为目的的生产活动的集合。中医药康养旅游资源融合了旅游资源、中医药文化资源、中医药种植、中医药养生保健理论与适宜的技术和方法等资源，既是中医药康养产业的延伸，又是旅游产业的拓展。近年来，我国中医药康养旅游产业得到了快速发展，满足了大众旅游的养生保健需求，对弘扬和传承我国悠久的中医药文化起到了重要作用。

（二）中医药康养旅游资源开发的基本内容

中医药康养旅游资源的开发应考虑当地现有的资源条件，以满足游客需求为导向，充分考虑市场的供需关系、投入产出比等相关因素，应根据现有的旅游资源基础对所植入的中医药康养资源合理定位。中医药理论注重从整体上把握人体健康，重视人与自然的协调，突出"治未病"的调理机制，此类养生理念恰好与大众广泛认可的"慢生活""深体验"等旅游概念相吻合。因此，开发过程中，既要满足传统的旅游开发原则，又要注意对中医药经典理论的适宜运用。

由于我国中医药康养旅游资源在性质、价值、区位条件、规模、种类、结构、区域经济发达程度、社会文化背景、法律法规、社会制度等方面的不一致，致使我国中医药康养旅游资源的开发模式呈现出多元化的趋势。目前，发展较为成熟的开发模式主要有"中医药康养＋观光旅游""中医药康养＋体验旅游""中医药康养＋田园旅游""中医药康养＋森林旅游""中医药康养＋

研学旅游""中医药康养+医疗旅游""中医药康养+旅居养老"等形式。

中医药康养旅游资源的开发内容众多。但根本任务都紧密围绕着为游客创造优美、舒适、方便的旅游环境和服务设施，满足民众在旅游过程中日渐多元化的健康需求。因此，中医药康养旅游资源的开发应做好以下工作：

1. 解决和提高资源所在地的可进入性

可进入性（Accessibility）是指旅游资源所在地同外界（尤其是同主要客源市场地区）的交通联系及其内部交通条件的通畅和便利程度。可进入性强的旅游资源，能缩短旅游者旅途时间，促进旅游业的发展，可进入性已成为发展旅游业重要的物质条件。在中医药康养旅游资源的开发过程中，资源所在地与外界交通的联系和内部交通条件的建立尤为重要，合理的交通将成为一个地方旅游业发展的关键。旅游者通常都会选择可进入性强的康养旅游目的地，会考虑旅程距离是否安全、方便、舒适等因素。因此，中医药康养旅游资源的开发应着重考虑项目的可进入性，首先解决交通等配套问题。

2. 建设和完善相关的基础配套设施

旅游基础设施是发展旅游业不可缺少的物质基础，是指能为旅游者解决旅行之需而建设的各项物质设施的总称。通常由一般的公用事业设施（例如，供水系统、排污系统、供气系统、供电系统、道路系统、通信网络等）、相关的旅游配套设施（例如停车场、机场、火车站和汽车站、港口码头、夜间照明设施等）以及满足现代社会生活所需要的基本设施（例如，医院、银行、食品店、公园、治安管理机构等）和商业设施（例如，为旅游者提供服务的旅游酒店、旅游商店、旅游场所）组成。中医药康养旅游除包括上述配套设施之外，还包括为游客提供各类康养技术施治与相关服务设施。

3. 开发和运管中医药康养旅游景区与景点

中医药康养旅游景区与景点的开发建设通常有新建、利用、修复、改造和挖掘5种形式。首先，会涉及对新景区、新景点的开辟，即对尚未利用的中医药康养旅游资源进行初次开发；其次，也包括对原有景区、景点的更新和再生性开发，即对已开发利用的景区或旅游吸引物进行深度开发与资源嫁接；最后，中医药康养旅游资源的开发还会涉及配套硬软件等的开发建设，以及对游客活动项目、活动形式、康疗施治等内容的开发与更新。

中医药康养旅游景区与景点的运管应有清晰的市场定位、合理的投入、因地制宜的建设，才能形成完善的旅游消费链条，形成一个较有竞争力、有生存能力和游客喜欢的景区。首先，有效的管理体系是中医药康养旅游景区运管的保障。管理体系是整个景区运营管理的保障，通常由合理的管理机制及架构、规范的管理制度和严格的执行制度三个层面组成。其次，高质量的产品体系是中医药康养旅游景区与景点运营管理的核心。能满足游客康旅需求供给的旅游产品是景区赖以生存和发展的根本,也是中医药康养旅游景区运营管理的核心,包括产品的定位、产品多元化开发、景区品牌的树立和宣传营销三方面的内容。最后,高效的服务体系是旅游景区运营管理的基础。优质的服务水平能提高中医药康养旅游景区的美誉度,是景区运营管理的根本。服务体系包含安全、景区基础设施的完善与员工的服务水平。

4. 培训专业人员保障服务供给

专业人才供给是旅游开发的人力资源保障。旅游服务质量的高低一定程度上影响了旅游地的接待水平,从而影响旅游资源的吸引力。大部分中医药康养的旅游活动离不开专业人员提供的服务,只有专业的服务才能满足游客需求,才能提升市场有效供给。因此,应重视专业人才的培养与提升。

案例 4-1

中医药康养旅游资源开发系统

中医药旅游资源的开发包括开发具有特定结构功能的旅游客源市场子系统、旅游目的地吸引力子系统、旅游企业子系统以及旅游支撑和保障子系统等要素。

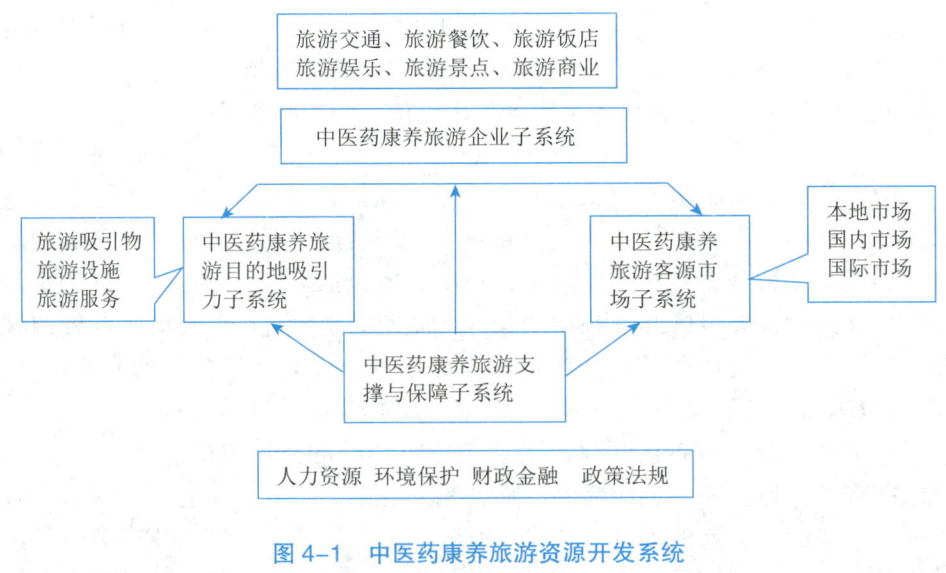

图 4-1 中医药康养旅游资源开发系统

(三)开发的原则

1. 挖掘资源价值,突出独特性

资源是基础,特色是旅游资源开发的灵魂。任何旅游资源的开发都离不开地域资源而空谈开发计划。中医药康养旅游资源开发的独特性主要有三个方面的含义:一是要选择最有中医药康养旅游资源特色且具有一定垄断性或不可替代性的资源;二是开发过程中应突出中医药康养旅游资源本身独有的特质,有意识地保留此类旅游资源的原始风貌特征;三是在新景点的开发、规划与建设中,要尽量体现优势的中医药康养旅游资源,避免雷同和模仿。中医药康养旅游资源贵在稀有,其独特性很大程度上取决于旅游资源与康养服务融合的与众不同,并且要通过各类康养活动与中医药服务的实施来增强此类特质。

(1)尊重自然规律,尽量保护历史原有风貌

中医药康养旅游资源的开发应尽量就地取材,注意保持被开发地原有的独特风貌;同时,注意尊重自然规律,尤其是中药材种植类的旅游资源开发,了解植物自然的生长习性非常重要。在开发过程中,那些过分修饰或是全面毁旧翻新的做法不可取。特别是对自然资源,以及经典的中医药文化资源而言,此类做法会削弱旅游资源的吸引力。但是,对于那些虽有记载传说但相关遗迹已全然不存在的历史人文资源,可以根据史料或是经典传说在原址进行新建或修复。

(2)突出当地中医药康养旅游优势资源

我国中医药康养旅游资源丰富,中医药经典文化源远流长,在中医药康养旅游资源的开发过程中,要用创意创造特色,发现和挖掘地域资源的独特之处,用"人无我有,人有我优"的开发理念来挖掘吸引游客的核心优势资源,突出资源的特有品质,可以在建筑风貌、景观塑造、服务设施装修格调等方面树立特有的旅游资源品牌形象,让游客产生耳目一新的感觉。目前,许多地区在开发过程中仍存在着对自身的中医药康养旅游资源特色挖掘不够,开发形式单一化、同质化、水平低,以及软硬件投入不足等现象,极大地降低了游客的体验感。

(3)因地制宜挖掘经典中医药康养文化

中医药康养旅游资源的开发应深挖当地特有的中医药经典文化。例如,四川眉山市彭山区的彭祖山的中医药康养旅游资源开发项目,充分利用了自然环境的优势,运用中医养生长寿文化营造了适宜于民众长寿休憩的康养旅居环境。再如,山东济南凭借丰富的药材资源,秉承"泉城无闲草"的理念,早在2009年就已确立"扁鹊故里、齐鲁中医"的城市旅游品牌建设目标。

2. 经济效益、社会效益、环境效益协调统一的原则

中医药康养旅游资源开发的目的是为了满足游客日益多元化的健康需求以及提升游客的健康水平，通过中医药康养旅游产业带动当地经济发展，实现经济效益。因此，中医药康养旅游资源的开发，应服从当地经济发展的需要，分析中医药康养旅游项目开发的经济效益、社会效益和环境效益，充分考虑所需开发项目的资源对游客的吸引力等因素，根据自身的实际情况来制订开发计划，避免盲目、重复地开发。同时，还应注重以下因素：

（1）经济贡献

指由中医药康养旅游资源的开发而带来的经济价值与就业机会的增加。通过旅游资源的开发，带来游客量并获得其他有益于旅游业发展的条件，从而增强开发地的发展潜力。当然，经济效益并非是中医药康养旅游资源开发追求的唯一目标，在追求经济效益的同时，还应考虑开发所带来的社会与环境的融载限度，否则，容易造成对开发地资源与环境的破坏，不利于当地旅游业的持续发展。

（2）环境因素

指中医药康养旅游资源的开发需在环境保护和法律法规允许的范围内进行，开发时，应因地制宜地利用好各类资源。

（3）社会文化因素

指中医药康养旅游资源的开发不能危及当地居民的生活与社会道德。

拓展阅读 4-1

（4）竞争影响

指中医药康养旅游资源的开发应尽量与现有的旅游业形成互补，而并非是同类旅游资源的重复开发与恶性竞争。

（5）可行性

指中医药康养旅游的开发在所依托资源上的可行、经济上的可行、技术与服务上的可行；同时，旅游经营者还应具备一定的实力。

（6）遵循地方政策和发展战略

中医药康养旅游资源的开发应遵循当地相关的政策法规。

3. 遵循市场规律的原则

中医药旅游资源的开发必须关注旅游者日渐多元化的健康旅游需求，最大限度地利用各类资源设施和中医药保健服务技术，开发出适销对路的产品，只有遵循市场规律，紧抓市场需求，才能实现可持续发展。

4. 实施综合开发的原则

综合开发指充分利用中医药康养旅游优势资源，挖掘项目的吸引力，突出重点资源的开发；同时，还应根据情况逐步开发与之配套的旅游资源，最终形成一个具有吸引力的整体，可让游客从不同方面发现旅游资源的价值，避免旅游需求出现的季节性波动。

5. 注重生态保护的原则

旅游资源的开发目的是为了更好地利用资源。某些中医药康养旅游资源的开发在一定程度上可能会对自然资源形成破坏。若开发得当，便可降低对自然资源造成的破坏，若开发处理得当，还有可能会对开发地起到保护资源的作用。因此，旅游资源开发的关键在于如何将开发工作处理得当，注意保护旅游资源，不能单纯、片面地强调开发而不顾及对环境的破坏问题。

拓展阅读 4-2

（四）开发的生命周期理论

根据生命周期理论，一个以某项旅游资源为核心的旅游点或旅游景区形成后，都会经历一个由盛到衰的过程。R.Butler 把旅游地的生命周期划分为 7 个阶段：即探索（Exploration）、起步（Involvement）、发展（Development）、稳固（Consolidation）、停滞（Stagnation）、衰落（Decline）和复兴（Rejuvenation）。

中医药养生旅游资源的开发同样遵循这 7 个阶段。在旅游资源生命周期的初级阶段（探索、起步阶段），中医药康养旅游资源得到初步开发，开发目的主要是实现旅游资源的可进入性。中医药康养旅游资源与其他资源一样，皆需通过开发利用以及旅游者消费才能产生功能和实现价值。倘若旅游者对旅游资源不知晓，旅游资源就无法对旅游者产生吸引力，或是旅游者无法接近或进入旅游资源，致使旅游者不能够获得必要的旅游体验，那么旅游资源的经济价值、社会效益也就无法实现。因此，中医药康养旅游资源在初始开发阶段，首先需要考虑如何使其具有可进入性与可利用性，以及如何解决相关的旅游交通和旅游接待等问题。

当中医药康养旅游资源具有可进入性并逐渐发展起来后，会经过稳固阶段，随后，便会进入停滞期。此时，就会涉及旅游资源的再开发。R.Butler 指出旅游地的衰落通常与接待量超过一定的容量限制或者过度商业化有关。再续性开发的目的主要是为了延长旅游资源的生命周期。随着旅游者消费需求的改变，致使其旅游审美情趣也发生了变化，有时即使某种旅游资源完好无损，却不再吸引广大旅游者，此时便需解决对旅游资源的再开发问题。当中医药康养旅游资源进入停滞期时，若对该旅游目的地进行合理得当的持续性开发，例如，通过开发新项目、改善旧设施、开辟新市场等有力措施，又可使中医药康养旅游资源进入复兴阶段。反之，当中医药康养旅游地的游客人次将下降时，有可能意味着旅游地将步入衰落期。

三、中医药康养旅游资源的开发模式

（一）中医药康养旅游小镇

中医药康养旅游小镇是指以中医药康养旅游为特色，以休闲健康产业为核心，集健康、养生、养老、休闲、旅游等功能为一体的特色小镇。它是旅游产业蓬勃发展所催生的新业态、新模式。适宜创建、发展中医药康养旅游小镇的地区，一般应有较好的空气质量、良好的生态环境与适宜人居的气候条件及便捷的交通，这是实现健康生活的重要基础条件。

>>> 案例 4-2 <<<

河北省保定市安国市的药苑小镇

安国市按照"国家级中药产业聚集之都、健康文化养生之地、绿色生态宜居之城"三大功能定位阔步前进，打造了安国药苑小镇。

【项目地址】保定市安国市北段村乡瓦子里村

【项目单位】安国市中药都药博园管理有限公司

【规划面积】4500亩。项目辐射范围：药苑小镇拟建设面积3平方公里，建设用地面积1平方公里，聚集人口约3万人。小镇建设范围东至河马公路，西至定州界，南至朔黄铁路北，北至中照。该项目与市中药工业园区、数字中药都构成中药产业战略支撑，成为发展安国"高速公路经济"的平台。

【项目类型】中医药产业特色小镇

【项目定位】打造集中药文化传承、中药标准化种植加工、中药制药、中药植物观赏、科普、旅游、健康养生、休闲、科研、教育、实习于一体，结合数字中药都与中药产业园区新城创建，以中医药产业为主题的在京津冀地区具有引领、示范作用的特色小镇。

【建设内容】该项目由1000亩中药材标准化种植基地、800亩中医药文化博览园、200亩智能温室种植旅游景区3个板块组成。

【项目特色】以"八大祁药"优良繁育、种植为主体，以中药植物观赏、科普为核心，以中药文化展示、传承为重点，以健康养生休闲为特色，集中药材加工、制药，科研、教育、实习于一体，建设以中医药文化为主题的在京津冀地区具有引领、示范作用的特色小镇。

1. 中药材标准化种植基地：引领京津冀地区绿色中药农业发展。
2. 药用植物种子种苗繁育基地：组培脱毒种苗繁育，为周边地区药农提供优良种源。

3. 智能温室种植旅游景区：开展特色药蔬种植、四季观赏、种苗培育、生态餐厅、休闲观光等生态旅游活动。

4. 中医药文化博览园：以肝、心、脾、肺、肾五脏为主要分区，配以五行、五色、五方的内涵，以水系和陆路构成人体功能经络，将全园连接成一个完整的生命形体，栽培与人体脏器功能调整相对应的 300 种药用植物和乔、灌植物，并设有药膳馆、疗养温泉、健康讲堂等，开设中医养生体验互动、中医药知识普及项目。

5. 建设中药材加工、制药小区，开发健康养老地产项目。

6. 建设社会公共服务设施：围绕药苑小镇建设规划，建设相配套的商务服务设施和文教体卫设施，如医院、学校、幼儿园、商业街、养老院、度假疗养公寓等。

【案例分析】药苑小镇建设严格按照中药都建设总体规划，突出中医药产业特色，充分契合农村城镇性，同时又通过其"城镇性"，带动第一、二、三产业，体现了产、城、人、文四维一体和生产、生活、生态融合发展，成为新的资金、信息、人才、产业集聚平台，有效地带动城乡统筹发展和生态环境改善，形成新的经济增长点，成为京津冀地区以中医药文化传承为核心的健康旅游特色小镇。

（二）中医药旅游示范区

中医药旅游示范区是依托于中医药特色资源，食、住、行、养、游、购、娱、导、情、智、商、学、福、奇、文、体、农等相结合的一种复合开发模式。在政策推动下，以中医药康养旅游示范区为发展引擎的模式成为区域开发的一种重要模式。它打造了以康养生活保健服务为核心的旅游产品体系，形成了中医药产业集群的示范区。目前，全国发展较好的中医药旅游示范区有潍坊的中医药健康食品、济宁的中医药健康文化、泰安的中医药康养旅游、临沂的中医药养老养生项目。

（三）中药植物园康养旅游区

中药植物园康养旅游区指利用各类中草药植物资源的栽种观赏、陈列展示、食用品尝、娱乐教育等形式为民众提供集药类植物风景观光、中药文化学习、中医药膳品尝为一体的康养旅游项目。此类具有代表性的项目即药博园。

<<< 案例 4-3 >>>

安国市药博园项目介绍

【项目概况】安国市药博园位于河北省安国市瓦子里西北，是安国市开发建设"药苑小镇"中一个重要组成部分，是一个健康养生、医疗保健、慢性病疗养的中医药特色休闲胜地，与中药工业园区和"数字中药都"构成安国市中药产业战略支撑，也是发展安国中医药康养旅游的重要景点。该项目主要突出安国药业特色，美化风景，弘扬药业生态文化。药博园规划占地2000亩，其中1000亩为中药材标准化种植基地，800亩为中医药文化博览园，200亩为智能温室（种苗繁育）旅游景区。

药博园由标准化种植示范基地区、高标准温室示范区、中医药文化展示区、健康养生区等项内容组成，打造集中药文化传承、中药标准化种植加工、中药制药、中药植物观赏、科普、旅游、健康养生、休闲、科研、教育、实习为一体的风景文化园区，建设具有引领、示范作用的中医药产业特色小镇。目前已完成种植示范区路网连接、全覆盖喷灌、智能控温等基础设施及药用植物种子、种苗繁育基地建设。药博园已与河北农业大学、北京中医学院、清华大学紫光生物科技有限公司、中国医学院药用植物研究所、中国中医学院、河北农林科学院药用植物研究中心、河北中医学院、沈阳药科大学等单位就药材种子、种苗繁育与栽培实验开展合作。全面推进智能温室种植旅游景区建设，首期安装了热力井供热系统，完成肝、心、肺、脾、肾五脏分区的水电铺设。

【项目定位】药博园以"八大祁药"优良品种繁育、种植为主体，以药文化展示为核心，以健康养生旅游、观光为特色，集科研、教育、实习于一体，创建京津冀地区中药农业典型示范区。

【项目预算】药苑小镇药博园项目估算投资1.8亿元。

【设计特色】一轴带水面，一环连九片，四区出风景，五园出亮点。

【建设内容】由标准化种植示范基地，高标准温室示范区，药博园中医药文化展示、健康养生区三项内容组成。药苑小镇中药都，人民享受慢生活；薰衣花开蓝妖魅，赏花游园乐其中。未来的药博园，将会有万亩药园花海，花香蝶舞，五彩缤纷；也将会有药苑小镇、绿色小镇、热海小镇等项目落地，包括薰衣草风景观赏区、中药养心园、中药保肝园、中药健脾园、中药润肺园、中药护肾园、中药文化展示区、休闲游览区、综合活动区等。

图 4-2 河北保定安国市药博园项目

薰衣草风景观赏区

薰衣草风景观赏区位于药博园东侧，约 240 亩，包含薰衣草花田、水车、花田风车、爱情雕塑、风雨连廊、木栈道等景点。该区种植大面积的薰衣草，形成大地景观，每当花期来临，花香扑鼻，给到访游客强大的视觉、嗅觉冲击，仿佛步入世外桃源，让游客放松。此外还设计了开敞草坪、阳光沙滩、婚礼中心建筑，以满足摄影及婚礼的需求。

中药养心园（火象园）

中医的五行学说认为，火对应心，所以中药养心园又被称为"火象园"。火象园主要种植补心药材，和对相关药材进行科普展示。五行中火对应夏季，该区园林景观主要以夏季景观为主。主要景点为药王台、夏花园。规划种植的乔木有：合欢、栾树、丝棉木、刺槐；灌木有：锦带、紫荆、紫薇、木槿、金银木；地被植物有：鸢尾、萱草、玉簪、地被菊、绣线菊等。

中药保肝园（木象园）

中医的五行学说认为，木对应肝，所以中药保肝园又被称为"木象园"。木象园主要种植护肝药材并进行科普展示。五行中木对应春季，该区园林景观主要以春季景观为主。主要景点有：药带、木栈道、春花园。规划种植的乔木有：女贞、垂柳、玉兰、白蜡；灌木有：碧桃、樱花、海棠、丁香、连翘、迎春；地被植物有：芒草、二月兰、紫花地丁等。

中药健脾园（土象园）

中医的五行学说认为，土对应脾，所以中药健脾园又被称为"土象园"。土象园主要种植健脾药材并进行科普展示。五行中土对应长夏，即夏秋过渡的时期，该区园林景观主要以夏末初秋景观为主。主要景点为养生广场、药池、花田、健康步道。规划种植的乔木有：油松、法桐、合欢、苦楝、国槐、龙桑；灌木有：海州常山、木槿、紫荆、月季、紫薇；地被植物有：凤尾兰、宿根福禄靠、蓝花鼠尾草、八宝景天等。

中药润肺园（金象园）

中医的五行学说认为，金对应肺，所以中药润肺园又被称为"金象园"。金象园主要种植润肺药材并进行科普展示。五行中金对应秋季，该区园林景观主要以秋季景观为主。主要景点为药田、画廊、金溪、秋林。规划种植的乔木有：金塔柏、银杏、金枝国槐、柿树、黄栌、复叶槭；灌木有：金叶女贞、石榴、山楂、紫薇、平枝栒子、金银木；地被植物有：铺地柏、紫菀、地被石竹、地被菊、白三叶、麦冬等。

中药护肾园（水象园）

中医的五行学说认为，水对应肾，所以中药护肾园又被称为"水象园"。水象园主要种植护肾药材并进行科普展示。五行中水对应冬季，该区园林景观主要以冬季景观为主。主要景点为：药园、栈台、溪涧。规划种植的乔木有：雪松、白皮松、油松、龙柏、圆柏、青杄；灌木有：桧柏球、黄杨球、红瑞木、棣棠；地被植物有：甘蓝、二月兰、箬竹。

中药文化展示区

中药文化展示区位于药博园主入口区，包括：主入口集散广场、游客服务中心、药文化展览馆、温泉等项目。

游客服务中心

游客服务中心建筑面积1200平方米，位于药博园南侧入口两侧，设计为2层，内部设置购票中心、厕所、临时休息室、办公会议室等设施，主要为游客提供信息、咨询、游程安排、讲解和教育等一体化综合性服务。

游客接待中心

游客接待中心建筑面积为2500平方米，包括养生会展中心、餐厅等，主要提供餐饮、会议、购物等功能。

药文化展览馆

药文化展览馆位于药博园西南方向，展馆入口朝向东北，规划占地面积2000平方米，总建筑面积4000平方米。展览馆采用先进的展示手段，知识性、观赏性、互动性强，以丰富、翔实、系统的历史资料和文物展品，展示我国中医药的丰富内涵和安国药业的发展进程。

集中药文化、药材标本于一体的药文化展览馆，通过标本、器物、图片、文字等，展示安国药文化，对传承中医药文化、展示千年药都厚重的药文化底蕴、提升城市品位、发展特色旅游、打造文化强市具有重要意义。

温泉中心

温泉中心是以中医药为特色的体验中心，游客可以在此尽情地享受温泉水，体验药膳、药浴温泉等产品，打造全新的温泉文化、养生文化，为顾客塑造一个欢乐、有趣、彻底放松的环境。

综合活动区

综合活动区打造的设施有：思源泉、主题塑像、水幕景墙、景观通廊、亲水平台、音乐喷泉、悦香湖、廊桥、跌水假山、林波台、儿童滑梯、轮滑场、攀爬墙、养心园、健脾园、二十四节气园、保肝园、药香台、药膳轩、纪念品销售处、盆景园、润肺园、林荫大道、展馆、温泉中心、室内游泳馆、秋山、望月亭、体质辨识园、护肾园、品茗园（茶社）、LOVE 雕塑、风车、乐符租组雕、生态木栈道、香恋亭、爱情驿站、迎宾花带、蓝文德尔广场、布鲁斯广场、香识门、五禽园、茶溪、怡心台。

【案例分析】案例展示了该项目集健康养生、医疗保健、慢性病疗养为一体的中医药特色休闲这一主题定位的开发模式，项目结合了"数字中药都"构成安国市中药产业战略支撑，突出了安国市药产业的特色，较好地依托药博园发展了安国市的中医药康养旅游产业。

（四）中医药康养文旅综合体

中医药康养文旅综合体模式是一种大健康产业与旅游度假产业双轮驱动的综合开发模式。这一模式以中医药养生理论、理疗技术为支撑，构建健康产业链与旅游度假产业链两大产业体系，打造延年益寿、强身健体、修身养性、康复理疗、修复保健、生活方式体验、文化体验等康养主题，形成区域康养的生活方式。

中医药康养文旅综合体源于"城市综合体"，是基于一定的中医药文化旅游资源与土地基础，以康养文旅休闲为导向进行土地综合开发，以互动发展的中医药康养文化旅游吸引核、休闲聚集区、文旅地产为核心功能构架，以相关配套设施与延伸产业为支撑保障，整体服务品质较高的中医药文化与康养旅游休闲聚集区。中医药康养文旅综合体这个大健康文旅产业聚集区，以中医药康养文化旅游产业体系构建为基础，通过文化主题，聚旅游、商业、休闲于一体，全方位、多角度呈现中医药健康文化，聚合产业，融合中医药康养旅游新业态项目，成为城市新的旅游目的地。

（五）中医药康养体旅项目

全民健康需求推动了体育运动休闲产业迈入快速发展期。中医药康养体旅项目指在旅游过程中加以实施中医药传统功法等健康运动，使民众获得健康，满足其康养需求的项目，这种项目更注重通过健康休闲的运动来增强游客旅游过程中的体验感。例如，太极拳等功法、自行车运动休闲、登山运动休闲、滑雪运动休闲等。此类中医药康养体旅消费需求会推动体育公园、体育小镇、康体综合体、运动休闲基地等的形成，还会推动中医药康养体旅产业与运动赛事、户外运动、教育培训、餐饮、购物、保健、休闲、娱乐、健康、养生等多种业态的融合发展。

（六）中医药康养度假养老社区

中医药康养度假养老社区模式是指依托区域良好的生态环境，通过中医药康养度假养老社区与城市社区共生模式来打造而实现的区域综合开发的模式。中医药康养度假养老社区的打造既需要构建康养旅居的度假环境，又需要使养老社区不同于以往的养老模式，更注重物质与精神两个层面，通过营造舒适愉悦的生活环境、植入中医药养生文化及配备人性化的专业接待体系、智能化的专控服务体系、便利性的特色产品体系来满足老年人的康养度假需求。此类中医药康养度假养老社区对中医药康养条件、康养技术、康养专业人员、康养服务的配置要求较高，因此，开发时应将中医药康养技术施治与度假养老综合考虑，尽可能地为老年人及亚健康游客提供相对安静、生态、健康、便捷的居住条件和度假方式，使老年人通过良好的人际交往环境获得心理上的享受。此类开发的典型案例有中国乌镇雅园等，形成了房地产与健康养老、养老教育、体育健康、老年康复融合的开发模式。

第二节 中医药康养旅游资源的开发实施及相关案例

随着人口老龄化程度不断提高、公众健康意识日益增强，后疫情时代下，康体养生必然成为最具潜力的旅游消费门类。传统的中医药康养旅游资源开发大多以气候、温泉、海滨、山林等天赋资源为基础，加之常显"刻意"的文化形象包装、内容创意同质现象严重、技术含量低，抢"资源"、重"感觉"、轻"疗效"的开发模式难以形成理想的客单价和重游率。未来，中医药康养旅游资源的开发应着眼于与科技手段相结合来促进游客身心健康提升的实效功能，以良好的客户体验，来实现中医药康养旅游的可持续发展。

一、中医药康养旅游资源的开发实施

中医药康养旅游资源的开发会因市场定位、产品定位、客群定位的不同而致使具体的开发过程不一，总体而言，中医药康养旅游资源的开发通常需要遵循以下程序。

（一）确定开发项目

确定开发项目就是根据当地中医药康养旅游资源的特色、旅游的市场需求以及区域经济发展水平，选定要开发的中医药康养旅游资源项目，并对未来开发工作建立一个初步的构想。即中医药康养旅游资源开发工作的起点。选定资源开发项目的基本依据是：中医药康养旅游市场需求趋势、区域旅游资源特色、地方经济发展水平、区域旅游业发展的主体形象等。

拓展阅读 4-3

（二）可行性研究

可行性研究就是要论证项目中所涉及的中医药康养旅游资源或旅游项目的开发前景、开发建设的必要性与可行性。分析论证是建立在广泛、深入的实地勘察调查，科学客观地评价旅游资源以及其他的相关因素的基础上。可行性研究首先需要对中医药康养旅游资源的质量、开发条件、开发的必要性、建设的可能性以及开发的前景作出科学预测与分析；其次，可行性研究应与国家发展战略、行业政策法规、当地总体规划和相关规划协调适宜；最后，可行性研究还要考虑与土地利用规划相适应等因素。倘若项目可行，则进入到下一步流程，否则将重新确定新项目。可行性研究的结论直接影响到一个项目的命运，因此，认真、细致地进行可行性研究是旅游资源开发必备的环节。中医药康养旅游资源开发的可行性研究主要包括 5 个方面。

1. 中医药康养旅游资源调查与评价

中医药康养旅游资源调查与评价是一个多学科知识交互运用创新的过程，涉及了中医药经典理论、经济学与市场学、旅游者行为学、景观生态学、系统论以及可持续发展理论等综合知识，对各种现实和潜在的旅游资源有序、科学、合理地组合利用和有效保护，最大限度地满足民众的健康需求，使其实现经济效益、社会效益、生态效益的协调发展，实现旅游资源持久、永续的利用。中医药康养旅游资源调查与评价的主要内容包括：中医药康养旅游资源的种类、性质、数量、体量、特色、结构以及空间分布等。在此类调查与评价的基础上，对于中医药康养自然类旅游资源应适当解释成因及演变，对于中医药人文类旅游资源还应查清其历史渊源、演替，以及相关的文化、艺术特征等。

中医药康养旅游产业是资源依赖性很强的产业，在开发前的资源调查与评价是为了解中医药康养旅游资源的丰度、质量、数量、优势、劣势等，这是一项摸清家底的工作。一是，确定所拥有中医药康养旅游资源的质量水平；二是，明确主导的中医药康养旅游资源；三是，排定不同中医药康养旅游资源地的建设顺序，按照"四大价值"与"六大条件"的标准展开分析，从而提出旅游开发的总体规划。"四大价值"指中医药康养旅游资源的历史价值、观赏价值、科学价值、应用价值。"六大条件"指地理位置及交通条件、景观地域的组合条件、景区的容量条件、施工条件、客源市场条件、投资条件。

拓展阅读 4-4

2. 资源地的社会经济环境分析

中医药康养旅游资源的开发不可能孤立于当地的社会经济条件之外，必定会与周围环境发生联系。一方面，区域的社会经济发展水平与外部环境的优劣反映了资源开发的能力、实力、条件；另一方面，开发地区的社会经济环境则反映了对资源开发提供的保障情况。当地的社会经济发展水平是旅游资源开发的宏观条件，若无一定的社会经济基础，中医药康养旅游资源开发的工作就难以顺利进行。因此，在项目正式启动前，应对资源所在地的社会经济环境进行科学分析预测。

中医药康养旅游资源所在地的社会经济环境分析通常包括：当地居民观念、对旅游开发的态度、当地政府部门对该旅游项目开发的支持力度、现有相关的法规政策；预测发展该旅游项目可能会带来的社会影响、文化影响、就业影响、生态环境容量、旅游者心理容量以及开展中医药康养旅游活动的外部大环境等。

3. 客源市场分析

中医药康养旅游资源开发的成功与否，关键是看项目在开发后能否吸引一定数量的游客。因此，中医药康养旅游资源开发的关键问题是客观分析市场客源。首先，客源市场分析要调查客源地的地理位置、与目的地的距离、区域特征、客源地的经济与社会发展情况、每年居民出游率、出游人数、人均消费、出游目的动机、风俗习惯、宗教信仰、民族特征、消费偏好、对中医药康养旅游的需求度与参与度、客流量的季节变换、旅游者的人口统计学特征（例如：职业、性别、年龄、受教育程度等）等因素，上述内容大部分皆需通过实地调研才能获得，工作耗资耗时耗力，但却非常必要。其次，研究市场制约因素（例如，中医药康养旅游产品的竞争力、市场竞争情况等）。最后，需要预测中医药康养旅游客源市场的游客数量、人均消费、消费总额等。

4. 环境影响分析

中医药康养旅游资源的开发难免给当地的周围环境带来影响，一方面，因资源开发项目的实施要修建旅游交通设施、游乐设施、游憩设施、通信设施等物化建筑物与构筑物，一定程度上会对资源地的环境产生不可避免的开发性影响；另一方面，待项目开发建成后，伴随旅游者进入旅游区，旅游者的各类活动也会对旅游目的地的环境产生影响。所以，在开发前就应对此类不可避免的影响进行分析，评估此类影响的类别、大小、程度、范围以及补救措施。

5. 投资效益分析

中医药康养旅游资源开发是一种经济行为，要求资源所在地需要具备一定的经济基础。资源所在地经济条件的分析包括对当地经济现状（例如，当地总的GDP、人均GDP、人均可自由支配收入、物价指数、基础设施等）、发展潜力的分析及资源开发的经济支持、保障能力、经济影响的评价。

通常中医药康养旅游资源开发投资消耗多、风险大、资金筹措难度大，优质的资源项目更易受到投资者青睐。在开展投资效益评估时，应准确估算投资总额，要从客源市场的有效分析中获得年游客预测人次规模、消费金额、年人均消费水平等相关资料，根据预算投资额与资金流动周期核算出旅游收入总额、投资回收期、投资回收率和项目盈利水平。对于投资回收率高、投资期限短的开发项目常被视为可行性较好的项目。经济效益虽作为旅游资源开发项目可行性论证的重要指标，但并非是唯一的指标。尤其中医药康养旅游项目的开发建设不完全是为了获得经济效益，而是为了获得经济、社会、环境与民众健康等多方面的综合效益。因此，中医药康养旅游的可行性研究中，评价标准会存在一定差异。

拓展阅读 4-5

（三）确定开发模式

中医药康养旅游资源项目开发的可行性分析通过后，就可进入下一个流程，即确定中医药康养旅游资源的开发目标，此环节应对资源地所具有的中医药康养优势资源进行定位，对开发工作建立总体布局，列出开发的顺序和步骤，确定开发的范围、规模和模式。同时，应找准当地中医药康养旅游资源的优势，结合市场需求，开发诸如生态体验、度假养生、森林养生、湖泊养生、温泉水疗养生、矿物质养生、田园养生、高山避暑养生、海岛避寒养生等不同类型的项目，打造休闲药庄、中医药养生度假区、养生谷、温泉度假区、中医药主题特色项目等中医药康养旅游体系。

（四）实施开发方案

方案的实施阶段是旅游资源开发中的最后流程，即按确定的方案实施开发。

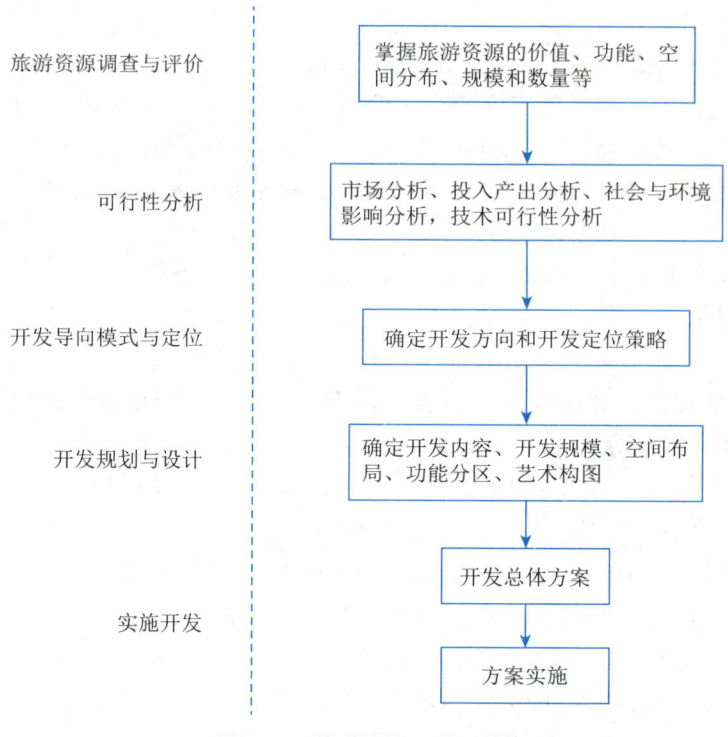

图 4-3 旅游资源开发流程

二、中医药康养旅游资源开发的相关案例

（一）中医药康养旅游小镇

中医药康养旅游小镇是指以"游客康养"为小镇开发的出发点和归宿点，以中医药康养产业为核心，将健康、养生、养老、休闲、旅游等多元化功能融为一体所形成的功能明显的特色小镇。中医药康养旅游小镇的功能性强，其开发的核心要素是满足游客的康养需求。游客来此是为了实现健康、养生和医疗保健的目的，所以中医药康养旅游者对药膳、中药制成品、中医药特色诊疗和保健服务的需求较为强烈。因此，开发过程中应尽量考虑为旅游者植入可供实施的中医药康养项目，例如，中医药浴、中药熏蒸、中药膳食等，满足游客健康需求。

其次，满足游客的社交需求。开发过程中应考虑中医药康养旅游小镇对游客情感要素的满足程度，社交需求是中医药康养旅游者的一项重要需求，游客期望在中医药康养旅游的过程中换一个生活环境，能使自身暂时摆脱工作与生活的压力，获得身心的调节放松。因此，应思考如何将中医药康养旅游小镇打造成一个可供游客开展社交活动的地方，让小镇成为游客情感寄托的场所，增进游客之间的情感交流。中医药康养旅游小镇作为康复性景观中的一种，对旅游者身心健康的恢复至关重要。

再次，中医药康养旅游小镇所营造的学习氛围能满足游客的认知需求。求新求异是游客在旅游过程中的重要需求，他们希望在康养旅游过程中能学习到相关的中医药康养知识，提升认知水平，达到治病、防病、休养身心的目的。此外，游客也希望在中医药康养旅游过程中能感受到中医药经典的文化内涵。因此，在中医药康养旅游小镇的特色打造中，应重视中医药康养学习氛围的营造，让游客能在旅游过程中自觉地融入并学习到知识。

最后，中医药康养旅游者对专业的中医药康养设施、适宜的施治技术、丰富的娱乐设施、疗效好的体验项目关注度较多，说明中医药康养旅游的良好体验感离不开高质量的硬件设施，设施载体的品质对于小镇的打造至关重要。

<<<< 案例 4-4 >>>>

黑龙江省打造中国北方中医药养生旅游目的地

《中国中医药报》2020年8月31日讯：近日，黑龙江省政府印发《黑龙江省全域旅游发展总体规划（2020—2030年）》（以下简称"规划"），明确将黑龙江省打造成为中国北方中医药养生、矿泉疗养、森林康养旅游目的地。

《规划》明确，优先发展冰雪旅游、生态旅游、户外运动三大全谱系旅游产品；重点培育自驾旅游、康养旅游两大新兴旅游产品；优化提升乡村旅游、文化遗产旅游、边境旅游的全域旅游产品战略。在康养旅游方面，要丰富和多样化康养旅游体验产品，使游客能够更健康、更积极、更多参与性地体验黑龙江省康养旅游，将黑龙江省打造成为中国北方中医药养生、矿泉疗养、森林康养旅游目的地。参照国际行业最高的管理和服务标准，提高银发旅游、医疗旅游、健康养生（森林、温泉、冷泉等）旅游项目水平，升级服务配套设施，吸引市场化投资主体，引入多样化的体验产品，增强黑龙江省康养旅游的吸引力和竞争力。

《规划》提出，要发展新型康养旅游产品，包括中医药康复理疗、中医药养生保健、中医药文化体验、药膳食疗、传统文化养生、医疗旅游、康复度假、健康驿站等新型康养旅游产品。研发和推广针对银发旅游市场的战略性旅游产品，专门针对中老年游客需求和兴趣创新设计新的战略性旅游项目。大力培育中医药康养旅游项目基地，促进中医药康养旅游与现有景区景点融合发展，增加黑龙江省旅游新的营销点。借鉴国际康养旅游最高标准，制定黑龙江省康养旅游相关标准及规范。吸引投资升级康养旅游相关设施。此外，在重点康养旅游区推广健康护照计划。在全球重点旅游市场推出"银发旅游""康养旅游"中医药健康旅游产品套餐和举办"银发之旅"推广活动。鼓励各类康养旅游科研、教育机构落户黑龙江省，强化康养旅游营销活动，举办中医药健康旅游国际合作峰会等。

【案例分析】黑龙江省精准对位游客市场需求，充分利用自身的自然资源禀赋，大力发展"银发旅游""康养旅游"，赢得了市场认可。

（二）中医药文化体验型康养旅游目的地

中医药文化体验型康养旅游目的地的开发应深度挖掘项目地独有的中医药文化等资源要素，结合市场需求和现代生活方式，运用创意化的手段，打造利于中医药养心、提升精神享受的旅游目的地，使游客在此类中医药文化体验中修身养性、回归本心、陶冶情操。

⫷⫷⫷ 案例 4-5 ⫸⫸⫸

扁鹊中医药文化旅游康养示范基地

【项目概况】扁鹊中医药文化旅游康养示范基地依托国家中医药"传承精华，守正创新"的发展战略，按照河北省政府"扁鹊计划"的文件精神，大力弘扬医祖扁鹊中医"治未病"理念，发展中医药文化产业。

【项目选址】该项目位于河北省内丘县扁鹊庙西侧，总建筑面积7500平方米。

【项目特色】整体风格古朴大气，与扁鹊庙景区交相辉映，一脉相承，具有独特性、唯一性，拥有厚重的医祖历史文化底蕴。

【项目定位】一是以"溯医祖文化，开养生智慧，探人生本真"为文化引领，以中医文化、扁鹊医祖文化为灵魂，以"基地体验＋平台服务＋产业发展"为商业运营模式。二是以中医药文化扁鹊科普体验为主线，开发中医药文化展示、中医药科普体验、中草药种植体验、中医药衍生产品、中医药产业链智慧服务平台等项目。三是开发"中医药文化＋旅游"的健康旅游新模式，开设易经养生、道德经、中医禅修等心灵灵修课程，学习并体验打坐、太极、八段锦、气功，学习经络、艾灸等中医养生保健知识，吃中医养生餐，学中医食疗养生之道。四是寻根问祖、拜祖祈福，追寻千年医祖足迹，感受中医文化的博大精深与历史沉淀。

【建设内容】该项目设有中医祖庭、扁鹊养生酒店、扁鹊中医药文化特色产品展厅、扁鹊中医生活馆、扁鹊养生餐厅。

【案例分析】该项目依托扁鹊中医药经典文化，拓展了"基地体验＋平台服务＋产业发展"的商业运营模式，在体验上下功夫，成功塑造了中医寻根问祖的朝圣地，构建了中医医祖文化与康养旅游融合的品牌模式。

（三）中医药长寿型康养旅游目的地

中医药长寿型康养旅游目的地的开发应依托长寿文化，发展长寿经济，形成以食疗养生、山林养生、气候养生等为核心，以养生产品为辅助的健康餐饮、休闲娱乐、养生度假等功能的健康养生养老旅游目的地。

图 4-4　山青水秀的自然环境有助于人健康长寿

◀◀◀ 案例 4-6 ▶▶▶

浙南康养小镇

【项目概况】浙南康养小镇位于龙泉市兰巨乡，背靠国家级自然保护区龙泉山，是长寿龙泉第一乡。小镇青山绿水，空气质量良好，药食两用药材资源丰富，是健康食养、药养绝佳福地。因此，在开发时投资方利用其得天独厚的生态条件和长寿特色，大力发展了药材观光、健康餐饮、休闲娱乐、养生度假等多功能的健康长寿小镇。

【资源优势】传统特色的医药康疗技术及医药康养度假氛围。

【选址条件】城市周边,交通便捷,基地具有中医药文化底蕴或中医药种植基础。

【开发定位】依托中医药资源以及养生保健服务设施,以中医药文化独具特色的理论体系和内容为基础,将现代科技和中医养生理论相结合,在环境适宜的旅游度假区实现中医养生、增强体质、修身养性的度假生活方式。

【项目亮点】医药养生文化氛围营造+医药养生多元化深度体验+医药养生品牌树立

【案例分析】项目充分挖掘了长寿文化,从山林食养、药养、水养、文养、气候养生等方面发展长寿经济,构建了以养生产品为辅助的健康餐饮、休闲娱乐、养生度假等功能的中医药养生养老的体系,较好地将旅游资源与中医药文化融合在了一起。

(四)药膳型康养旅游目的地

药食同源,是中医药食养的一大特色。因此,美食养生成为中医药康养旅游中的关键体验环节。此类旅游资源的开发应依托于绿色种植业与生态养殖业,结合休闲农业等资源要素来开发适宜于亚健康人群、具有特定保健功能的生态养生食品,同时,还应融入生态观光、农事体验、食品加工体验、餐饮制作体验等要素,推动康养食品产业链的综合发展。

<<< 案例 4-7 >>>

江南药镇

【项目概况】2015 年,金华市磐安县的江南药镇被列入首批省级特色小镇的创建对象名单,成为省级特色小镇创建对象中唯一传承发展中药材产业的特色小镇。"万山之国"的磐安,境内森林覆盖率达 80.9%,素有"群山之祖、诸水之源"之称。好山好水出好药,作为浙江省最大的中药材主产区,磐安就是一个药材宝库。2019 年,全县中药材种植面积 7.18 万亩,产量近 2 万吨,产值 5.68 亿元。全县引进并培育了中药类生产企业 15 家,形成集中药饮片、配方颗粒(提取)、康养产品等为一体的中药制造体系。已注册登记从事中药材购销的经营单位三千多家,驻磐省外购销商二百余家。"浙八味"药材城入驻中药经营户五百余家,2019 年交易额达 35 亿元。2003 年 6 月,时任浙江省委书记习近平来磐安调研,对磐安发展中药材产业给予肯定。17 年来,磐安人民牢记总书记的嘱托，努力把独特的资源优势转化为发展优势，树起弘扬中医药文化的大旗，扛起振兴中医药产业的使命。

【开发定位】按照产业立镇、科技强镇、旅游兴镇、文化传镇的特色小镇建设理念，以"浙八味"为基础，小镇整合中药材产销加工、药膳药疗等要素资源，加快培育以保健康疗、养生服务和养生产品销售为特色的"中医药养生养老基地"。江南药镇的特色在于以"天然中药材资源宝库"为基础，深入挖掘中药特色底蕴，使千年文化积淀焕发出蓬勃生机，最终形成了中药材种植、深加工、商贸、中医保健、休闲养生、中医药康养旅游多功能融合的历史经典产业特色小镇。

【案例分析】江南药镇项目充分发挥了"中国药材之乡"和全国道地药材主产区优势，按全产业链"强链补链"思维，加快构建了以中药材种植为基础、以中药制造和中医药养生为重点的中医药产业链体系，深化中药创新服务综合体建设，大力推进新技术、新设施、新业态在中药产业全产业链的应用和转化，加快推进浙产道地药材集散和交易中心建设，做大"浙八味"市场道地中药材集散地交易规模，打响"磐五味""磐安药膳"等品牌，培育、壮大了中医药健康产业，推进中药产业高质量发展，把江南药镇打造成全国历史经典传统产业特色小镇建设的样板。

（五）中医药生态养生型康养旅游目的地

中医药生态养生型康养旅游目的地是以原生态的环境为基础，以健康养生、休闲旅游为发展核心，重点建设中医药养生养老、休闲旅游、生态种植等的生态型康养旅游目的地。其通常分布在生态休闲旅游景区或者自然生态环境较好的区域。此类旅游目的地通常依托项目地良好的气候及生态环境，构建生态体验、中医药度假养生、温泉水疗养生、森林养生、高山避暑养生、海岛避寒养生、湖泊养生、矿物质养生、田园养生等养生业态，打造休闲农庄、养生度假区、养生谷、温泉度假区、生态酒店/民宿等产品，形成中医药生态养生康养小镇类旅游体系。

案例 4-8

平水养生小镇

【项目概况】"萍水相逢，相逢平水"。地处绍兴南部的平水镇，空气清新，风光旖旎，看似一幅水墨山水画卷。

【开发定位】平水小镇位于浙江平水镇,境内青山叠翠,千岩竞秀,生态环境良好,文化底蕴深厚。平水小镇以建设"中医药生态养生型特色小镇"为发展目标,积极培育和引导养生养老产业项目,吸引了国际度假村项目、中药养生会所项目、仙人谷养生养老项目等项目先后落户小镇,为小镇发展健康养生养老、休闲旅游提供了条件。

【项目特色】依托原生态的自然环境发展健康养生、休闲旅游等生态养生产业。

【案例分析】平水小镇项目紧紧围绕"打造特色小镇,实现绿色崛起"的理念,实现了绿色生态、生产、生活与中医药养生旅游的深度融合,集休闲旅游、"慢生活"宜居于一体。该项目在开发之初定位的客源市场,既有主打高端消费的若耶山居,也有适合普通消费群体的民宿及农庄,例如养心谷、美筑宋家店、云溪山庄等项目的开发,赢得了良好的客源市场。

图 4-5　浙江绍兴平水养生小镇

(六)中医药养老综合型康养旅游目的地

中医药养老综合型康养旅游目的地依托良好的环境资源,将医疗、气候、生态、康复、休闲等多种元素融入养老产业,发展康复疗养、旅居养老、休闲度假型"候鸟"养老、老年体育、老年教育、老年文化活动等业态,打造集养老居住、养老配套、养老服务为一体的养老度假基地等。中医药养老综合型康养旅游目的地拥有一定经济实力的老年顾客群体,其开发带动了护理、餐饮、医药、老年用品、金融、旅游、教育等多产业的共同发展。

<<< 案例 4-9 >>>

绿城乌镇雅园

【项目概况】绿城乌镇雅园项目位于浙江善水宝地、国家 5A 级景区——乌镇。综合性健康养生养老园区占地面积约 1 平方公里，依托原生态自然环境，为高质量的老年群体建设有养生度假酒店、医疗公园、国际养老护理中心、颐乐学院、养老居住等功能板块，心系人文情怀和生命关爱，秉承精致完美营造理念，打造了集健康医疗、养生养老、休闲度假为一体的特色养老小镇。目前，绿城乌镇雅园已建成健康体验区、课程体验区，设置有样板房体验功能、养生体验课程、手工课堂，预订的客户"生源火爆"。项目交付后的健康管理服务将在 15 分钟内即可为游客完成周到的健康检测，获取健康管理师的健康建议。

【项目规划】该项目作为乌镇国际旅游区的重要组成部分，涉及了养生养老、健康医疗和休闲度假三大主题，集养生居住区、颐乐学院、养老示范区、医疗公园、特色商业区和度假酒店区六大板块于一体。

【建设风格】项目采用新民国建筑风格，以原生态自然景观加以江南园林式造林手法，诗情画意，师法自然。

【项目建设】项目配套有建筑面积 2 万平方米的颐乐学院，颐乐学院模仿古代书院布局形制，内有社区、商业区、餐饮服务区、老年大学教学区、运动休闲娱乐区等，旨在为广大业主搭建圈层交友、健康向上、多姿多彩的生活平台，营造温馨舒适、开心乐观、悠然自在的生活享受。

【案例分析】绿城乌镇雅园项目的开发特色在于依托原生态环境与适老化设施的营造，充分考虑了对老年人生活起居在各个细节方面的适宜度，通过颐乐学院和雅达国际康复医院的修建配套，解决顾客的后顾之忧，让顾客享受到悉心关爱和人性关怀。项目的综合开发和配套，使项目所提供的服务设施更加细致周到，加之项目简约典雅的风格和温馨舒适的设计深受民众一致好评，形成了居医养的特色养老康旅体系。

（七）中医药度假产业型康养旅游目的地

我国正在进入避暑避霾避寒、养生养心养老的大众旅游时代，人们愈加地追求健康和精神享受，康养旅游度假作为新时期人们的一种旅居生活方式，逐渐成为休闲生活主流。中医药度假产业型旅游目的地是以健康养生为理念，以中医

拓展阅读 4-6

药度假产业型的旅游目的地开发为主导的一种旅游业态。此类旅游目的地生态环境良好，食品健康，不仅能向游客提供居住空间，还能提供一种健康的生活方式，以及全方位的康疗、养生设施及服务，给游客冥想静思的空间与环境，达到在恬静的气氛中修身养性的目的。

<<< 案例4-10 >>>

灰汤温泉小镇

【项目概况】灰汤温泉是我国三大高温复合温泉之一，位于湖南省长沙市宁乡市的灰汤镇境内，距离省会长沙约60公里，与韶山、花明楼呈"品"字排列。灰汤镇境内遍布温泉，因其泉沸如汤滚、气腾如灰雾而得名灰汤；又因温泉晶莹洁白，水泡如珠，此起彼落，蔚为奇观，灰汤又被世人称为"汤泉沸玉"。

【资源优势】灰汤温泉资源得天独厚，具有极为广阔的开发前景。灰汤温泉至今已有2000多年历史，温泉区8平方公里，水量丰富，水温达89.5℃，水体中富含锌、硫氢、钼、铜等29种微量元素，水体呈微蓝色，带轻微硫化氢气味，矿化度为0.222~0.320/升，pH值为9，总硬度为0.387~0.960德国度，属高温碱性的氟硅酸矿泉水，也是难得的调理生理机能、美容养颜的纯天然理疗矿物质水。灰汤度假区环境优美、空气新鲜、气候宜人，2015年，获得首批"国家级旅游度假区"荣誉称号。日供水3500吨，尚有日供水量10000吨以上的温泉有待开发。

【选址条件】自然环境优美或经济发达、人口众多的城市周边，交通可达性良好。

【开发亮点】高品质的温泉矿物养生度假环境+多元化、特色化的温泉矿物养生体验+品质化养生度假配套。

【开发定位】养生康体、商务会议、运动游乐、休闲度假。

【开发业态】温泉矿物养生、游乐体验、康复疗养、度假酒店、养生度假区。

高品质的温泉矿物养生度假环境，优美的自然环境、丰富的人文风情、特色的历史传统文化、沐浴文化，多元化、特色化温泉矿物养生体验，不同资源环境、文化主题、特色泡池等，差异化、创新化开发多种类型的温泉养生产品，完善的品质化养生度假配套。

【项目配套】周边有灰汤温泉职工疗养院、灰汤华天城、紫龙湾、金太阳等大型旅游接待场所4家。

第四章　中医药康养旅游资源的开发

图 4-6　温泉养生历史悠久，效果显著

【案例分析】灰汤温泉小镇紧紧围绕温泉资源来发展"温泉+"产业，紧抓天然的温泉资源为核心亮点，做足温泉开发的文章，以温泉为带动发展酒店、会议、运动等特色康养产业，成功打造了中医药康养旅游度假型的旅游目的地，是一个集温泉养生、运动休闲、会议培训、健康体检于一体的温泉小镇。

（八）中医药运动康养型旅游目的地

中医药运动康养型旅游目的地通常依托山地、峡谷、水体等地形地貌及资源，发展山地运动、水上运动、户外拓展、户外露营、户外体育运动、定向运动、养生运动、极限运动、传统体育运动、徒步旅行等户外康体养生产品，推动体育、旅游、度假、健身、赛事等业态的深度融合发展。

◀◀◀ 案例 4-11 ▶▶▶

莫干山"裸心"体育小镇

【项目背景】莫干山"裸心"体育小镇位于浙江德清莫干山，目前拥有 70 多家体育产业企业，均以体育健身休闲、场馆服务及体育用品的销售和制造为主，实现体育产业销售收入过百亿元，体育产业集群效应明显。近年来，德清县体育产业围绕体育休闲服务业发展、体育产品制造、体育彩票销售、体育场馆运营和体育协会等，积极营造有利环境，加大引导投入，已形成乐居户外、久胜车业、成泰普森、五洲体育 4 大产业集群，"象月湖"户外休闲体验基地、莫干山户外运动基地、全球"探索极限基地"等 3 大基地为核心的体育产业总体布局，共有体育产业活动单位 72 家，以体育健身休闲、场馆服务及体育用品的销售和制造为主，在体育休闲产品的出口额、销售额、增速等方面均为行业前茅，2016年仅成泰普森一家的营业收入就超过110亿元，产品在欧洲及亚洲等60多个国家和地区均有消费市场，体育产业项目计划投资额达30亿元，地方特色产业优势明显。2016年上半年，德清乡村旅游接待游客176万人次。

【区位规模】位于浙江省北部德清县境内，沪、宁、杭金三角的中心，距德清县城17公里，杭州60公里，上海190公里，南京280公里。总规划面积58.77平方公里。

【发展定位】清凉世界，避暑胜地，国内户外运动天堂，品质度假首选地。

【开发定位】山地养生型旅游度假目的地，世界"裸心"神圣养生之地，远离尘嚣，回归自然，以顶级森林山水基底为抓手，引入高品质养生度假产品，打造成世界级生态文化养生型度假目的地。

【开发类型】富氧优质的森林环境+百年人文别墅群+高端养生度假聚落。

【发展概况】2016年获批省级旅游度假区，现登记在册民宿550家，精品洋家乐150家。2010年接待国内旅游者590万人次，2012年被《纽约时报》评为"2012年最值得去的45个地方"，被CNN列为"15个必须要去的中国特色地方之一"。

图4-7　浙江杭州莫干山"裸心"体育小镇

【客源结构】以都市白领为主，主打上海市民、亲子家庭客群。

【客源定位】以中高端客群为主导：三九坞、裸心谷、莫干山法国山居等，提供水疗、高尔夫、裸心味、骑马等休闲运动方式

【项目亮点】裸心谷：以生态为媒，构建从住宿—美食—休闲娱乐全方位

的养生度假体验。所有的开发以不破坏自然景观为原则，完整保留原有的林相与植被。在林间一是植入运动养生，开展户外运动如骑山地车、爬山、骑马等；二是提供美食养生，用当地食材制作健康美味佳肴；三是实施理疗康体，建设林木深处的养身中心、健身房、瑜伽房、冥想馆。

【开发项目】竹海、清泉、四季山地风光：芦花荡公园、塔山公园、剑池飞瀑、莫干湖等"世界建筑博物馆"、名人别墅。

【案例分析】莫干山"裸心"体育特色小镇项目的开发充分展示了中医药运动康养型旅游目的地的设计精髓，开发的亮点在于打造以"裸心"体育为主题，将体育、健康、文化、旅游等有机结合，以探索运动、户外休闲、骑行文化等为特色，带动生产、生活、生态融合发展。项目的开发打造了辐射长三角地区的知名户外休闲运动品牌，引进高端体育产业企业，开展探索、骑行、攀岩、马拉松等户外活动，提升户外运动爱好者的体验档次。目前莫干山地区已经成为长三角地区成功的户外运动目的地。

（九）中医药森林康养旅游目的地

人类在几千年的文明发展史上与森林建立了相互依存、不可分割的亲密关系，这也是人类在认识自然、改造自然中不断总结和升华而得出的基本结果。中国的森林康养旅游早就存在且形式多种多样，大致可分为药食养生类、环境养生类、气功养生类、理疗养生类。森林是中医药康养旅游的最好环境，当人们在森林生态环境中较长时间地开展疗养、保健、游憩、度假等多样的休闲旅游活动时，再辅以丰富的生态文化内涵，便能达到修身养心、调摄机能、延缓衰老的目的。

森林及地貌共同形成了非常适宜于人类生存的森林环境，森林环境所具有的杀菌、净化空气、产生负氧离子、降低噪声等功能可促进人类的生理健康并对人类身心健康进行调节。现代医学观认为自然环境的优劣可以直接影响人的寿命长短，此类观点在我国古籍医书中早有记载。《素问·五常政大论》指出："一州之气，生化寿夭不同……高者其气寿，下者其气夭……"其意为，居住在气候寒冷、空气清新高山地区的人大多长寿；居住在气候炎热、空气污浊低洼地区的人常短命。可见，森林作为独特的自然资源，它为人们提供的有益物质是其他环境无法比拟的，森林是最适宜人类居住的地区，是改善人们生活质量的最佳场所。因此，《中国可持续发展林业战略研究》报告中指出："离开了森林的庇护，人类的生存与发展就会失去依托。"森林环境的优劣对人类的健康长寿起着至关重要的作用。

近年来，我国的中医药森林康养旅游目的地均得到了不同程度的发展，目前森林康养旅游发展较好的有东北地区、长三角地区、西南地区。东北地区森林康养旅游资源禀赋较好，林木覆盖率较高，夏天作为避暑胜地，气候凉爽，环境宜人，冬天也有大量的温泉资源可供开发利用，加之东北的人参、鹿茸等康养保健品，为东北地区的中医药森林康养旅游发展提供了高质量的条件。

拓展阅读 4-7

长三角地区的经济比较发达，居民大多收入水平高，市场消费能力强，森林康养旅游发展较好。作为高收入的游客，他们对旅游的品质要求较高，倾向于选择高品质的森林康养旅游。长三角地区森林康养旅游市场潜力巨大，产业发展前景广阔。

西南地区森林康养环境优良，民族文化丰厚，民族特色康疗产品众多。西南地区森林自然环境优越，污染与破坏较少，长寿老人多，例如有"长寿之乡"称号的广西巴马；同时，西南地区少数民族聚集较多，民族文化浓厚，能给游客带来别样的文化体验，同时，西南地区的苗医和苗药、壮医和壮药等为森林康养旅游的发展提供了独具特色的产品与服务。此类康养产品深深吸引着游客。因此，西南地区森林康养旅游资源体系丰富，能充分满足游客求新求异的需求。

表 4-1 我国中医药森林康养旅游资源的优势区域

地区	发展优势
东北地区	资源禀赋高，拥有温泉、森林等康养旅游资源和人参、鹿茸等医药保健品
长三角地区	市场广阔，消费能力强，生活品质要求高，服务业发展迅速
西南地区	产品体系丰富，自然环境优良，文化内涵厚重，拥有苗医、苗药、壮医、壮药等特色产品和服务

◁◁◁ 案例 4-12 ▷▷▷

福建森林康养激发生态旅游新活力

【项目概况】随着经济社会的发展，大众对休闲度假、健身养生的需求与日俱增，发展森林康养产业势在必行。2020 年，福建省林业局等五部门联合发布《关于加快推进森林康养产业发展的意见》，提出依托森林生态景观资源，建设一批设施齐备、产品丰富、管理有序、服务优良的森林康养基地。福建省依托森林生态环境，深挖森林资源，植入医疗、养生等元素，开展以大众健康为目的的森林游憩、度假、疗养、保健、养老等服务活动,深受公民的关注与追捧,努力提高森林康养产业的服务价值,探索绿富共赢的更多实现方式。

但是,作为新兴产业,森林康养产业存在些许问题。一方面,福建省森林康养的从业人员素质参差不齐,多数人从林业、旅游业转型而来,无法提供良好的森林康养专业服务。因此,下一步全省计划将森林康养人才培训纳入相关培训计划,鼓励医学、林业院校开设森林康养及相关专业,培养一批熟练掌握森林医学、健康保健、运动休闲和旅游服务等专业知识的复合型人才。另一方面,福建省森林康养产业同样面临筹措资金难、用地难的问题。为鼓励社会资本参与发展森林康养产业,福建省鼓励各类健康、养老、中医药等产业基金进入森林康养产业,社会资本以租赁、承包、合资、合作等形式依法合规进入森林康养产业,引导其与森林公园、国有林场、农户、合作社等经营主体建立利益联结机制。各地积极探索机制创新,补齐短板。三明市将森林康养项目建设用地纳入土地利用总体规划、城乡建设规划和林地保护利用规划统筹考虑,落实用地保障。

【资源优势】森林资源丰富,林地生态环境良好,拥有养生类资源

依托丰富多彩的森林植被景观、沁人心脾的森林空气环境、健康安全的森林食品、内涵丰富的生态文化等优质的森林资源,将现代医学和传统中医学有机结合,并配备相应的养生休闲、医疗及康体服务设施,丰富森林游憩体验,在森林中开发一系列以改善身心健康、保健、养生、养老为主要目的的森林康养旅游度假产品。

【目标客群】银发养老客群、保健养生客群

【开发定位】富氧野趣的森林生态环境+高品质的康养度假产品+深度生态游憩体验

【开发特色】福建大田县西部的桃源镇赤头坂国有林场开拓生态产业化新路径,打造了最氧睡眠小镇,森林覆盖率达96%以上,负氧离子含量每立方厘米高达1万个以上,九龙江源头桃源溪流经此间,小镇开发方福建好睡眠康养发展有限公司主打"深度好睡眠,睡到自然醒"的森林康养健康睡眠产品。睡眠小镇引进了国际先进的睡眠脑电监测系统,三明市第一医院在此设立睡眠专科门诊,开通医保报销系统,并将"焦虑伴睡眠障碍"列入特殊病种医保报销目录。旅游者在这里能品尝到黄花远志炖番鸭汤、山苍子炖黑兔等特色食品。

【开发项目】森林康养度假、高品质的森林康养项目、度假配套产品、康养与森林游憩的深度体验、探险、游乐、科教、森林特产、生态游憩、养生

康体、运动探险、特色酒店、养生养老地产。

【项目配套】三明提出把森林康养产业作为绿色产业的新龙头,在全省率先开展全域森林康养实践。三明市林业局提出开发资源应立足景色优美的森林景观、宜人舒适的森林环境,实现森林生态资源与医疗卫生、养老服务、中医药产业融合发展。同时,三明推动森林康养基地与当地医疗机构合作,设立健康管理中心,至少派驻1名医生坐诊,将符合条件的森林康养机构纳入医保定点,普通游客可凭借医保卡刷卡消费并纳入医保统筹支付。全市目前12个市级森林康养基地全部设立了健康管理中心,11个开通医保报销系统。目前,三明开发了"森林+静心修养""森林+温泉疗养"等特色森林康养产品。2020年国庆假期,三明全市12个森林康养基地客流量近2万人次,营业额突破千万元。2019年全省生态旅游总人数2.57亿人次,生态旅游直接收入达1106亿元,带动其他旅游收入1084亿元。

【案例分析】该类项目的开发依托森林资源,对森林康养旅游进行了开发探索,通过森林产业+旅游产业的融合模式,开发过程中引入了新理念、新模式、新业态,在政策、资金等方面进行有益的探索,向公众输出了众多优质的森林康养产品,体现了森林生态的服务价值。

(十)中医药沙疗康养旅游目的地

中医药沙疗康养旅游目的地指主要依托于沙疗项目来满足游客提升健康目的的一类旅游景区。沙疗康养让游客置身于温度适宜的天然磁性矿物沙中,利用天然磁性矿物沙的磁疗、智能加热、远红外光疗、沙粒的天然按摩以及药物渗透作用、达到增强体质、防治疾病的效果。中医药沙疗专用沙具有大热大燥的属性,可快速将人体的湿寒毒素垃圾排出,抽出人体皮下湿气,增加血液含氧量和流动力,促进新陈代谢,激活与恢复神经功能,调节机体的整体平衡,全面改善人体微循环,实现祛湿除寒的养生效果。近年来,中医药沙疗康养旅游目的地深受游客追捧。

案例4-13

敦煌五色沙疗旅游休闲康养农业项目

【项目概况】沙疗已经被列为第四批国家级非物质文化遗产,敦煌鸣沙山的五色沙疗(红、黄、绿、白、黑五种颜色)已有千年传承,是敦煌中医药文化的瑰宝,深受亚健康游客喜爱。为了继承和发扬敦煌非物质文化遗产,敦煌市建成了具备敦煌非遗沙疗展示、体验、诊疗、康养产品销售、沙疗技艺传习等功能的五色沙疗中心。

【资源优势】敦煌五色沙疗已有上千年的历史。中国自古就有沙疗法，明代医学家李时珍在《本草纲目》中提到过此疗法。五色沙疗因独具特色很早就被引入了临床研究，在炒热的沙子里休息有快速恢复体力的效果，配合其他疗法还可更快治愈或缓解部分风湿骨科疾病。经过长期的观察、总结，定期做五色沙疗疗养，可以有效改善人体亚健康状态，提高免疫力和新陈代谢。沙土蕴含的能量，能促进人体经络通顺，改善内分泌条件，从而促进人体祛湿排毒，达到治病同时防病的功效。目前已明确沙疗的疗效有：风湿性关节炎、类风湿关节炎、风湿性腰腿痛、骨性关节炎、坐骨神经痛、骨突出、白癜风。此外，沙疗对糖尿病，由湿寒引发的病症如肾虚怕冷、月经不调、支气管哮喘等，也有奇效。并且无副作用，男女通用，老少皆宜。在中国有千年传统、独特光热资源和悠久沙疗历史的地方有两个：一个是吐鲁番，另一个就是敦煌。吐鲁番目前年接待沙疗人数超6万人，而年接待上千万游客的敦煌，有沙疗的相关产业却缺乏规模，属于亟待开发的处女地。首先，敦煌夏季气温较吐鲁番更舒服，吐鲁番夏季最高气温46℃，而敦煌夏季白天最高气温41℃，最低气温16℃~25℃。吐鲁番比敦煌更为遥远，民族结构复杂。敦煌的沙疗在地理、气候和人文等方面都较有优势，加之敦煌旅游景区的旅游相关配套设施条件，敦煌因此成为中国沙疗的首选城市。

【开发定位】敦煌五色沙疗项目以沙疗为主题融合了文化康养休闲农业项目，结合康养与休闲采摘农业内容，利用敦煌三宝、五色沙和鸣沙山品牌资源优势，依托敦煌优质沙漠气候环境以及优质农产品基础，借助敦煌旅游资源打造"大健康+大旅游+泛娱乐+大农业+大人文"的产业综合体。敦煌五色沙疗文化康养休闲采摘农业项目采取夏季户外沙疗策略，通过敦煌旅游资源和沙疗文化吸引全国各地和国外游客到敦煌体验沙疗、农耕和田园文化。导入产业经营品牌，整合产业链，投资并经营休闲农业、文化创意产业、养生养老产业、郊野运动与亲子教育等产业，将民俗文化保护与经济效益相结合，在保护民间技艺的基础上规模化，通过产业化更好地保护非遗文化，把敦煌沙疗发展为一个有地域特色的民俗产业；同时，也可带动产业链条发展，带动第一二三产业从业者增收。

【案例分析】该项目依托于独有的沙疗资源，开发过程中融入中医药产业服务链，整合了中医"治未病"理念、养生理疗与休闲娱乐、田园旅游观光等项目特色，利用独特的光热资源和气候条件，培育发展沙疗康养旅游产业，打造医养结合模式，开发了相关产品，形成了集沙疗、康复、旅游等于一体的沙漠沙疗康养区,成为一个经典的中医药沙疗康养旅游示范项目。

(十一)中医药康养+农业旅游目的地

随着康养产业的发展与产业的细分,出现了中医药康养与农业旅游融合发展的混合型旅游资源开发模式,"中医药康养+农业旅游"的发展模式迎合了消费者追求健康、绿色消费、返璞归真的需求,成为颇受市场欢迎的一种新型开发模式。

案例 4-14

九峰山养心谷中医药农业康养景区

【项目概况】近年来,九峰山养心谷中医药农业康养景区大力推进百合、赤芍、林下参、桔梗等仿野生种植与药食同源系列的产品创新,打造"中医药+多业态"融合发展的康养旅游基地,得到了较大的发展。2016年,该景区被列为十三五国家重点赤芍生态种植关键技术的研究与示范推广的种植基地。

【资源优势】乡村田园景观资源、田园生产资源。九峰山养心谷中医药农业康养景区借助小兴安岭优质的森林资源,融合了教育农园、植物研学、生态采摘园等项目的开发,栽种了柿子、油桃、草莓、蓝莓、葡萄、香瓜等绿色瓜果,以及菊花脑、红秋葵、枸杞菜等养生蔬菜,依托生态种植的有机蔬菜和药食同源的中药材、林下的山珍野果,使该景区能依据节气变化与五行特性来为游客提供养生药膳。例如,丁香功能茶、百合功能酒、森林咖啡等功能饮品,满足游客多元化的健康需求,实现了"中医药+多产业"的融合模式。

【开发定位】以乡村、田园为生活空间,以农作、农事、农活为生活内容,以农业生产和农村经济发展为生活目标,回归自然、享受生命、修身养性、度假休闲、健康身体、治疗疾病的一种康养度假方式。

【开发特色】中医药养生、地方民俗养生、传统膳食养生、康养与农业生产、农耕体验结合、绿色农副产品、草药理疗、农事体验等要素相融入。

【开发原则】中医药田园养生度假的资源开发应注重田园、自然、村庄三者的有机结合,以田园为主,以村庄为次,以自然为补充,以"田园的村庄化和村庄的田园化",发挥田园的空间载体作用。

【案例分析】九峰山养心谷中医药农业康养景区的开发,依托了原生态的自然环境，定位于开发沉浸式体验的中医药健康旅游项目，贯穿中医药文化这条主线，鼓励游客参与药膳、药酒等制作，体验中医药文化的魅力。同时，通过提升景区内部的接待能力和服务水平，打响了九峰山养心谷中医药农业康养旅游示范基地的影响力和知名度。

本章小结

中医药康养旅游资源的开发是中医药康养旅游实践的基础环节，本章介绍了中医药康养旅游资源的开发概念、开发内容、开发原则、开发模式以及开发的实施流程，详细介绍了我国不同的资源条件下中医药康养旅游开发的相关案例。中医药康养旅游作为一种新兴业态，在开发过程中，既应遵循传统旅游资源开发的基本原则又应突显中医药康养特色，与开发地资源优势相融合，按照相关的流程进行开发。

思考与练习

一、不定项选择题

1. 以下哪一项不属于中医药旅游资源开发的原则？（　　）
 A. 因地制宜　　　　　　　　B. 综合开发
 C. 注重生态　　　　　　　　D. 经济效益最大化

2. 当前我国较为常见的中医药康养旅游资源的开发形式包括（　　）。
 A. 中医药康养＋医疗旅游　　B. 中医药康养＋旅居养老
 C. 中医药康养＋田园旅游　　D. 中医药康养＋森林旅游

3. 中医药康养旅游是（　　）等三大行业有机融合而成的新型产业。
 A. 传统旅游行业　　　　　　B. 养生康复行业
 C. 中医药行业　　　　　　　D. 运动治疗行业

4. 旅游资源的生命周期可不包括（　　）阶段。
 A. 探索　　　　　　　　　　B. 起步
 C. 变革　　　　　　　　　　D. 复兴

5. 中医药康养旅游资源的开发应以（　　）为导向。

参考答案

A. 现有资源条件　　　　B. 满足游客需求
C. 市场供需关系　　　　D. 投入产出比

二、判断题

1. 旅游资源的开发涵盖了可利用于发展旅游业的自然资源和社会人文资源两个方面。（　　）

2. 旅游资源地开发必将伴随着基础设施的建设以及人员的派驻、管理接待机构的设立。（　　）

3. 中医药康养旅游资源的开发必须尽量就地取材，注意保持被开发地原有的独特风貌，同时注意尊重自然规律。（　　）

4. 资源是基础，特色是旅游资源开发的灵魂。（　　）

5. 中医药康养旅游产业的资源依赖性较弱，开发前的资源调查环节可以省去。（　　）

三、简答题

1. 简述可行性研究应注意的问题。
2. 简要说明对中医药康养旅游资源所在地的社会环境分析通常包括哪些内容。

参考文献

［1］周敏慧.旅游概论［M］.北京：中国纺织出版社，2009.

［2］张超广.旅游学概论［M］.北京：冶金工业出版社，2008.

［3］文化旅游和基础设施建设项目.四平市人民政府.引用日期2016-03-09.

［4］李云霞，李洁，董立昆.旅游学概论：理论与案例［M］.北京：高等教育出版社，2008.

［5］刘溪辰.高职院校中医药文化旅游专业人才培养探索［J］.辽宁高职学报，2019（6）.

［6］高峻.旅游资源规划与开发［M］.北京：清华大学出版社，2007.

［7］国有林场森林康养.中国管理科学研究院《我国森林康养产业发展战略研究》课题研究成果［DB］.2017-07-08.

第五章

中医药康养旅游的产品

本章重点

本章根据中医药康养旅游资源与产品的不同属性，分别介绍了中医药康养旅游产品、中医药康疗旅游产品和中医药康体旅游产品的概念、特征、设计类型、功能定位、市场定位以及相关案例。

学习要求

学习本章节内容后,学生应对中医药康养旅游的产品设计和开发有一个初步认识,会结合现有案例,设计、开发相关的中医药康养旅游产品。

本章思维导图

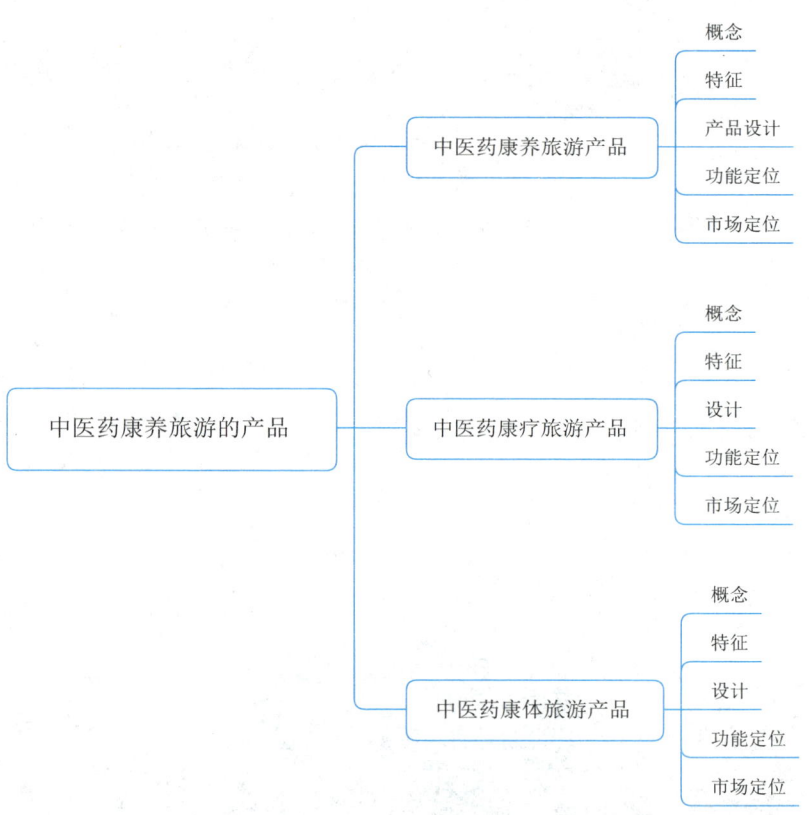

第一节　中医药康养旅游产品

国务院印发的《"健康中国 2030"规划纲要》定下明确目标，到 2030 年健康服务业总规模达 16 万亿。康养产业作为一种新兴服务业，具有巨大发展潜力，康养产业将迎来前所未有的发展契机。康养产业是指与维护健康、修复健康、促进健康相关，直接或间接提供健康相关产品和服务的产业的统称，是运用中医药理念、方法、技术维护和增进人民群众身心健康的活动，包括中医药养生、保健、医疗、康复服务，涉及健康养老、中医药文化、健康旅游等涵盖国民经济第一、二、三产业的综合性产业，具有拉动内需增长和保障、改善民生的重要功能，具有广阔的应用前景、巨大的市场潜力和非凡的幸福价值，属于"朝阳产业"。加快发展康养产业，对于深化医药卫生体制改革、提升全民健康素质、转变经济发展方式具有重要意义。当前，众多国家和地区已把康养产业作为战略性新兴产业和新的经济增长点进行重点培育。

随着工作压力的加大，当前处于亚健康状态的群体不断增多，养生、健康、康养等词语逐渐被人们提起，康养旅游作为一种旅游与康养融合发展的新旅游形式，受到了人们的广泛关注和大力欢迎。旅游产业和健康产业同为幸福产业，具有天然的融合基础，我国从战略层面对康养旅游的发展进行了规划，积极将健康、医疗、养老和旅游融合，因地制宜建设康养旅游目的地。旅游业和"大健康"产业结合的康养旅游，拥有着良好的市场环境，数据显示，目前世界上有超过 100 个国家和地区开展了康养旅游。

国内康养旅游还是一片蓝海，我国康养旅游的市场规模将呈现快速增长的态势，年复合增长率可望达到 20%，2020 年市场规模已达 1000 亿元左右。参与康养旅游的人群以中老年群体偏多，更注重旅游的质量，且相对有较高的消费能力，从传统的走马观花趋向于深度的体验游，更注重旅游的品质。与此同时，康养旅游行业仍处于发展初期，健康旅游产品的供给不充足，因此国内康养旅游的市场是无可限量的，有很大的发展空间。

从中医的角度来讲，人体的生命活动是机体在内外环境的作用下，由多种因素相互作用而维持的一种动态的相对平衡过程。而健康则是人体阴阳维持相对平衡的状态，即"阴平阳秘"。中医药与养生保健在中国一直有着广阔的市场，随着养生保健理念的兴起，市面上出现的各类中医养生馆、推拿、药膳等服务，已成为民众生活中增进健康、疗养休息的重要内容。

养生保健类产品是中医药康养旅游产品体系中的重要组成部分，中医药文化特色鲜明，对硬件设施的要求相对较低。中医药康养旅游类产品结合健康服务的医疗产业，进而形成中医药康养旅游、旅居产品，其发展受到国家、地区、企业的重视，很多地区将此产品作为旅游、旅居的重要突破口。中医药健康旅游示范点有中医药生态旅游点、中医药人文旅游点、中医药养生保健旅游点3种类型。中医药是中华民族的国粹精华，旅游的目的是为了放松身心，这恰好符合"天人合一"的中医理念。用中医知识教会人们怎么去放松身心，贴近自然，把中医药融入人们的日常生活，促进中医药文化和旅游的相互融合。

一、概念

（一）康养旅游

当前康养旅游的概念并不统一，学者们主要集中于康养旅游资源类型、产品开发、消费市场的研究，对于康养旅游发展影响因素的分析较少。相对形成共识的，是康养旅游是集中一段时间离开常住环境，以旅游为载体换种不同的生活方式，体验康体养生保健服务，达到调理亚健康状态、恢复身心等目的的旅游形式。康养旅游具有保健、养生、旅游、放松等特点，能满足人们康体休养和转换环境的需求，是大健康时代旅游业的又一个贡献点和增长点。2016年，《国家康养旅游示范基地标准》出台，将康养旅游定义为通过养颜健体、营养膳食、修心养性、关爱环境等各种手段，使人在身体、心智和精神上都达到自然和谐的优良状态的各种旅游活动的总和。

（二）中医药康养旅游产品

旅游产业是综合性产业，产业链条长，产品形态多，对交通、餐饮、住宿、零售、金融、文化等方面都有不同程度的拉动作用，在服务大众、促进消费、推进经济结构优化等方面极为重要，成为各地打响品牌、促进内需、平衡城乡二元结构、解决民生问题的重要抓手。

近年来，旅游产业和健康产业融合发展，成为世界各国经济发展的新亮点，引起了政府、产业界的重视，许多国家已经将旅游产业和健康产业作为其国民经济的重点内容来发展。中医药是中华民族的国粹精华，自古以来，中医药医疗与养生保健在中国就有广阔的市场，随着养生保健理念的兴起，各类养生产品层出不穷。这类产品结合健康服务的医疗产业，形成了中医药康养旅游、旅居产品，其发展得到了很多地区和企业的高度重视，并将此作为旅游、旅居的重要突破口。

中医药健康旅游示范点分为中医药生态旅游点、中医药人文旅游点、中医药养生保健旅游点 3 种类型。而中医药康养旅游产品，则是基于中医药康养旅游的基础上，相关产业和基地根据自身在各方面的特征、优势，在产品开发上发挥自身的资源优势，以中医药自然资源、文化内涵、中医药康养保健手段等为主要吸引物而产生的各种预防、治疗疾病、医疗、保健、康复、休闲、养生、美容等产品或服务的统称。面对多样的中医药康养旅游产品，不同的产品消费者的接受程度不同，选择也存在着差异。

表 5-1 医疗旅游与康养旅游之间的比较分析

旅游类型	概念界定	产品内容
医疗旅游	以医疗护理、保健和疾病治疗为主	涵盖内科、外科、牙科、整形等医疗服务
康养旅游	通过养颜健体、营养膳食、修心养性、关爱环境等各种手段，使人在身体、心智和精神上都达到自然和谐的优良状态	预防、治疗疾病，康复保健

二、特征

（一）文化性

中医药学作为中华民族科学文化的瑰宝，是打开中华文明宝库的一把钥匙，以多样的实践形式发展中医药学，是国家意志和民意的统一。中医药既是文化，又有实际功效，还具有精神价值。中医药康养旅游的目的是为了放松身心，这恰好符合"天人合一"的中医理念，它用中医知识教会人们怎么去放松身心，贴近自然，把中医药高深的知识融入人们的日常生活。中医药康养旅游集中医药、康养及旅游于一身，使中医药文化深入日常生活，让中医药文化能以多样的方式传播和传承。

（二）多样性

多样性主要体现在适应人群、功能以及产品自身的多样性 3 方面。传统观念认为康养旅游主要针对的是亚健康或老年人群，但实际上康养涵盖所有追求健康生活的人群，不论是对亚健康群体、老人，还是对青年人，康养旅游都能发挥它的作用。康养旅游并非单一的旅游，其产品的表现形式也呈现出多样性，如乡村田园康养旅游产品、民俗文化康养旅游产品、医学保健康养旅游产品、中医药康养旅游产品等。而中医药康养旅游产品又可根据不同的功能与适宜人群，设计出类型多样的产品，如养生保健类、美容保健类、观光类，等等。中医药康养旅游结合不同地方的地域资源、人文景观、气候环境等。

（三）科学性

中医药康养旅游产品的设计及开发都是以中医药理论为核心基础，同时，根据不同的资源环境等条件，科学地开发产品。中医药康养旅游更多的是注重自然，以及调养身心。中医药康养旅游许多项目都需要专业人员的指导，一些传统的养生功法的实施也需配备专业人员。中医药康养旅游产品根据不同消费者的特征、需求、动机等，通过了解市场情况，开发有针对性、多样化、多层次的产品，并细分形成产品谱系。

（四）教育性

通过中医药康养旅游活动，使游客得到有关中医药的教育以及相关的健康教育，提高自身对中医药康养旅游与健康的认知水平，更好地了解和体验旅游过程，达到增强体质、预防治疗疾病、康复保健的目的，最终让游客从本质上改变自己的生活方式，提升健康。

三、产品设计

中医药康养旅游产品众多，体系相较其他的旅游也更为丰富。在产品设计时，需结合多方面的因素，如地域资源、自然环境、自然资源、地域特色、人文景观等。除此类自身属性外，还需要结合市场情况及消费者需求和特征等。总体而言，中医药康养旅游产品可分为大众产品和专项产品两类，其中大众产品是普适性产品，专项产品是依据相关基地特色建立的产品。

中医药康养旅游产品，一是产品关联度高。中医药康养旅游与消费者的衣、食、住、行、医疗等行业密切相关，同时又涉及休闲、文化、金融等多个行业，其产业间的融合发展将是康养产业发展的必然趋势。《"健康中国2030"规划纲要》提出，积极促进健康与养老旅游、互联网、健身休闲、食品融合，催生健康新产业、新业态、新模式。二是产品结构复杂。中医药康养旅游产品已延伸至医疗服务以外的旅游、体育休闲、养老服务和健康管理等领域，其涵盖了第一、二、三产业，跨产业的融合发展导致原有产业链的分解，促使原有产业进行重构。三是产品体验程度高。中医药康养旅游产品的体验性非常强，民众通过体验活动获得康养的服务，实现康养的目的。例如，康养旅游业中，旅游者可参与体验温泉疗养旅游、文化旅游、生态养生旅游、田园风光游等活动，对康养产业提供支撑性的促进。

考虑到以上的诸多因素，根据产品的功能，中医药康养旅游产品可大致分为以下几类：

表 5-2 中医药康养旅游产品设计种类介绍

种类 （根据功能分类）	项目	
	大众 （根据消费者不同年龄阶段、 不同性别再细分）	专项 （根据消费者不同年龄阶段、 不同性别以及相关特色再细分）
养生保健类	推拿、药膳	禅修、芳香理疗
美容保健类	瘦身减肥、美白	祛斑、调理整形
医疗保健类	药浴、拔罐	熏蒸
观光与文化体验类	中医药植物观赏、中医药文化节	人文景观、博医馆、中医药制作流程观赏
购物类	药饮、中医药生活用品	中医药工艺品、图片制品
民族医药特色类	藏医、民俗文化	蒙医
生态康养类	温泉、森林浴	盐疗、沙疗

（一）资源要素设计

1. 中医药养生保健类产品

此类产品主要在中医药理论体系的指导下，开展推拿、足疗等养生保健服务，从而达到促进旅游者放松身心、提升健康的目的。

2. 中医药医疗保健类产品

此类产品以康养保健为主要目的，开展拔罐、刮痧等服务。

3. 中医药购物类产品

中医药购物类产品在康养旅游中的主要功能则是可以为游客提供多种多样的中医药产品及具有当地特色的产品。

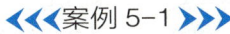
案例 5-1

孙思邈康养文化基地

该基地位于四川省青城山片区，于 2019 年 7 月开业，总占地面积近 17 万平方米，已建成紫薇三医堂和紫薇国学堂、凯兴文养、道林武养、德兴食养、道逸居养 6 大板块。以独特的道家养生文化资源为依托，打造活力健康的养生平台，将道医道药道养文化弘扬光大，促进"道家医养文化与旅游融合发展"，努力打造天府青城康养休闲旅游度假区康养名片。

【案例分析】本案例展示了孙思邈康养文化基地以康养保健为主，将养生保健、医疗保健融合到中医药传统文化中，为康养旅游产品的设计提供了很好的范例和蓝本。

(二)文化要素设计

1. 文化体验与观光类产品

此类产品依托中医药自然资源与人文资源的特点与优势,为消费者提供相应的观光与体验活动,使消费者能体验到中医药文化及相关的知识。

2. 民族特色医药类产品

此类产品最大的特色就是可以发挥民族医药的独特性,让游客在体验过程中了解更多的民族文化与特色。

<<< 案例5-2 >>>

蜀南·花海中医药旅游基地

蜀南花海景区位于四川省宜宾市长宁县古河镇和乐村,项目面积10000余亩。美丽的长江支流淯江自南向北贯穿蜀南花海景区。景区打造了中医药健康旅游基地,进行了花卉、中药材的知识科普,完善了各相关中药材的标识标牌制作和科普二维码制作,景区共制作科普标识标牌和二维码各200余个,有力地科普了中药知识,弘扬了中医药传统文化。蜀南花海中医药健康旅游基地的创建,满足了游客观光的需求,提供了丰富的中医药旅游产品,发展了中医养生文化。

【案例分析】本案例结合特色中医药产品,利用自然资源和人文资源,进行了相关的中医药知识的科普,极大地丰富了中医药文化内涵。

图5-1 四川宜宾蜀南花海景区

（三）产品要素设计

1. 美容保健类产品

此类产品结合自身最大的特点——天然、副作用小为消费者提供美容保健服务。

2. 生态康养类产品

此类产品主要依托于独特的自然资源，结合中医药文化，以调整游客身心、促进健康为目的。

<<<案例5-3>>>

左权龙泉森林康养基地

该基地位于太行山主脉西侧、左权县境内。位于晋冀豫三省要隘，区位独特，向称"晋疆锁钥，山西屏障"。左权龙泉森林康养基地是华北最佳避暑胜地、AAAA级国家旅游景区、山西省风景名胜区、山西省品质旅游景区、晋中市文明景区，是2019年国际民歌赛等省内重大活动的主要活动和接待地。基地在发展森林康养项目时，保持了真山真水、原汁原味，重点打造森林康养、休闲避暑新高地；拓展"森林康养+"，开辟了森林研学教育、森林休闲慢生活体验、养老、森林康养、森林疗养、休闲避暑度假等业态。

【案例分析】该案例依托自然资源，结合研学教育，以促进健康为目的，拓展了生态康养的新业态。

上述7种产品是根据中医药康养旅游的功能进行的大致分类，按市场情况及适应人群又可再分为大众服务产品和专项服务产品，其中大众服务产品的特征是普适性较高，而专项产品普适性较低，人群接受度较低，因此，专项产品可再细致地根据相关特色找准着力点进行开发设计。除从上述角度开发设计产品外，还可具体地根据消费者年龄、性别再细致设计更有独特性和针对性的产品。产品的设计和开发需要结合多方面的因素，需具有特色和吸引力，这就需要细致地设计产品路线，厘清产品体系。对于中医药康养旅游产品而言，各类产品之间并不是完全独立或互相排斥而是有交融之处的。因此，在设计产品时也可根据市场需求和产品各自的特色，设计有特色的中医药康养旅游产品。

四、功能定位

康养旅游在不同视域下，其概念也有所不同，大部分学者将健康养生与养老产业简称为康养产业，指出康养旅游是利用中医药理念、方法、技术维护和增进人民群众身心健康的活动，主要包括中医药养生、保健、医疗、康复服务，涉及健康养老、中医药文化、健康旅游等相关服务的产业。从旅游科学的视角，康养旅游被界定为以健康需求者的全方位需求为导向，通过目的地提供的旅游观光以及健康服务类项目来满足健康需求者实现优化生命代谢目的的养生、养老、养心、康复、美容、医疗的活动。从产业链的视角，学者将康养旅游看作是为保证居民身心健康所需的产品和服务，并由此形成的研发生产与服务市场的群体。

中医药康养旅游作为健康养生产业与旅游业、现代休闲农业和新兴工业等的融合体，其本质就是健康养生企业与旅游企业、农业企业、工业企业间向其前后产业实现纵向联系，也就是在各自产业链上的融合与重组。随着人们对健康的需求的增多，以及民众在迈向小康之路的进程中对医疗健康意识的增强，如何提高民众生活质量，在娱悦身心的过程中又能达到强身健体的效果成为整个社会关注的问题。因此，中医药康养旅游是一种需求型、扩展型、延伸型的新型融合旅游。

中医药康养旅游产品体系丰富，产品众多，细分产品根据不同的特征功能偏重点也会有所不同。中医药康养旅游产品通过养颜健体、营养膳食、修身养性、关爱环境等各种手段，可以使人在身体、心智和精神上都达到自然和谐的优良状态。细分产品的功能则更有针对性。如养生保健类产品主要在中医药理论体系指导下，以中医药特色疗法为手段，开展推拿、足疗、药膳等中医药健康养生保健服务，从而达到促进游客放松身心、提升健康的目的；观光与文化体验类的产品则是依托中医药自然资源与人文资源优势，开发相应的观光与体验项目，让消费者在观光活动中认识中医药、感受中医药、熟悉中医药，可以在体验中加深对中医药的认识和了解并将之运用到生活中。中医药康养旅游产品有很多种类，大众产品的市场需求较旺盛，面向的人群也较广，功能没有细分产品那么具有针对性；细分产品也有很多，市场需求相对较低，但功能更具有针对性。不同的产品的开发都需结合并充分发挥自身的资源禀赋优势，同时密切结合市场的需求，打造出具有"中医药＋康养旅游"鲜明特色的产品。

五、市场定位

从近年来国际旅游行业的发展现状来看，世界各国在发展的过程中纷纷结合消费者的需求对康养旅游项目进行规划。泰国的康养旅游种类丰富，有完善的健康旅游发展环境、核心健康产品。立陶宛推进以海水浴疗法为主的健康旅游。印度政府极力扶持国内健康旅游发展，组建国家医疗保健旅游局。印度运用古老的系统疗法向国际游客提供低成本的健康旅游服务。目前，新加坡、印度、泰国、文莱、古巴、匈牙利、马来西亚和阿拉伯联合酋长国已成为主要的医疗保健目的地，阿根廷、玻利维亚、巴西、哥斯达黎加、墨西哥和土耳其正在打造成以美容医疗为核心的康养旅游目的地。也有部分国家已将康养旅游产业确定为未来旅游产业的核心产业。例如，澳大利亚政府结合澳大利亚康养旅游资源制订了详细的发展规划；墨西哥学术界在研究中也针对墨西哥旅游产业的发展状况立足于实践，提出康养旅游在墨西哥旅游产业中的重要地位。

在我国，很早就有中医传统的康养理念，实际意义上很接近现代健康管理的思想理念与组织体系，健康管理相关人才资源、技术资源，在社会上也广泛存在，承接古人养生学源流，汇入西方现代医学的精粹，中国健康管理事业、康养产业逐渐形成。当前我国的康养产业虽有一定规模，但总体而言，康养产业的发展在我国仍处于初期起步阶段，国家在健康管理现代文化理念、标准评估、维护技术、康养产品、产业模式、管理模式、服务范围上还与国际水准存在一定差距。

伴随我国民众健康理念的转变，使得康养产业的战略重点向保健方向发生转移，政府相继出台政策鼓励健康服务产业从"治病为主"转变为"保健为主"，已从国家层面制定医疗产业计划，推进和实施健康服务产业发展转变的行动。我国相继出台《中医药健康服务发展规划（2015—2020年）》《"健康中国2030"规划纲要》等文件，鼓励康养产业发展。随着人们对自身健康关注的增加，康养产业的发展将备受关注。结合世界健康服务产业发展机遇与中国康养发展的现状、背景、机遇以及对目标客群需求的分析，中医药康养旅游具有广阔的发展前景。

市场导向是旅游产品开发必须遵循的重要原则。目标群体的定位以及消费者的需求是否被满足，直接决定了中医药康养旅游是否能够赢得市场及在市场中的定位。因此在开发和设计产品时，要以消费者为核心，结合自身特色、优势和资源尤为重要。中医药康养旅游以"中医药+康养旅游"为最鲜明的特点，与其他旅游分开，相较于普通旅游或其他旅游而言，中医药康养旅游更具特色。虽说当前消费者对中医药康养旅游的认知程度较低，但对于参加中医药康养旅游的意愿高，潜在市场广阔。面对多样的中医药康养旅游产品，不同的产品消费者的接受程度不同，选择也存在着差异。在产品开发上需要充分发挥自身的资源优势，结合消费者的不同特征和需求，细分目标市场，开展有针对性的营销推广。

第二节 中医药康疗旅游产品

随着亚健康人群的不断扩大，以健康、疗养、保健为主题的健康旅游活动不断增加，康疗旅游也在健康旅游的基础上衍生出来，作为一种康复疗养与旅游融合发展的新旅游形式同样也备受关注。健康疗养旅游发展能为旅游业带来可观的经济效益。据报道，日本的健康疗养旅游所产生的经济效益每年达到300多亿美元，为日本的经济发展做出巨大的贡献。与此同时，康疗旅游在国内的发展还并不完善，相较康养旅游和康体旅游而言，康疗旅游市场较小，群众熟知度较低。

健康养生日益受到社会大众的重视和青睐，康疗旅游在世界范围内得到蓬勃开展。康疗旅游以生态环境、特殊资源、传统文化、现代科技等为依托，以改善身体机能、保障心理安适、实现身心和谐为主要动机，以护养身心健康、提升生活质量、激发生命潜能为核心功能。在国际上，对康疗旅游及相关旅游的研究较多，康疗旅游发展相对成熟的国家主要有瑞士。

国内高度重视并鼓励发展康疗养生旅游业，成立了医疗旅游协会或健康旅游促进机构，注重配套设施建设和软性服务，执行国际通行标准等，借鉴康疗养生旅游发达国家的先进经验和成功做法，"康复疗养＋旅游"形式的市场巨大，结合了康复疗养的健康养生活动，在追求高品质生活的今天，具有广阔的发展前景。以健康、疗养、保健为主题的健康旅游活动不断增加，各地推出了康养旅游发展规划，旅行社也纷纷推出康养旅游产品线。伴随旅游业与中医药产业的融合发展，中医药康疗旅游在中医药健康旅游的基础上逐渐兴起。国家出台了多项政策，明确指出要促进中医药健康旅游的发展，而中医药康疗旅游则会给中医药健康旅游增加浓墨重彩的一笔。

一、概念

（一）康疗旅游

目前没有对"康疗旅游"这一词的统一明确的定义，但结合其目的及字面意思，可定义为"以康复疗养为目的的旅游形式"。2016年，国家旅游局编制并实施的《国家康养旅游示范基地标准》中提出，康养旅游是旅游者通过养颜健体、营养膳食、修身养性、关爱环境等各种手段，使人在身体、心智和精神上都达到自然和谐的优良状态的各种旅游活动的总和。它通过旅游活动达到健康养生的目的，起到预防治疗疾病、康复保健的作用。康疗旅游相对于传统的康复疗养而言更着重于疗养，康疗旅游更具独特性，它结合旅游的方式在康复疗养过程中能够更全面地进行身心疗养，使游客由心到身体、由内到外得到更好的休养。

（二）中医药康疗旅游产品

世界旅游组织将医疗旅游定义为以医疗护理、疾病与健康、康复与休养为主题的旅游服务。而康疗旅游正是一种以康复疗养为目的的旅游，同时，中医药以预防、保健、康复、休养、"治未病"等为主的内涵理念符合当前民众对健康旅游活动的需求。将中医药与康疗旅游结合起来，可使游客在单纯进行康复疗养的基础上得到更多的预防保健等知识，从而达到身心俱养的目的。

中医药康疗旅游产品就是在康疗旅游基础上，以深厚的中医药理论为导向，以中医药自然资源、地域资源、文化内涵、中医药康复疗养手段等为主要吸引物而产生的各种医疗、康复、疗养等产品或服务的统称。

表 5-3　康养旅游与康疗旅游之间的比较分析

旅游类型	概念界定	主要特征	产品内容
康养旅游	通过养颜健体、营养膳食、修心养性、关爱环境等各种手段，使人在身体、心智和精神上都达到自然和谐的优良状态	通过旅游活动达到健康养生的目的	预防、治疗疾病，康复保健
康疗旅游	以康复疗养为主要目的的旅游方式	健康性、医疗保健性、体验性	康复疗养运动、娱乐产品及康复疗养食品

二、特征

（一）文化性

中医药是中华民族的国粹精华。自古以来，中医药医疗与养生保健在中国就有广阔的市场，随着养生保健理念的兴起，市面上出现了各类中医养生馆，推拿、药膳等服务已经成为人们生活中增进健康、疗养休息的重要内容。文化是实现旅游价值的灵魂和内核，旅游是实现文化价值的载体和途径。"中医药+康疗旅游"的方式，不仅将产业进行了融合，更是响应国家大力发展中医药的号召，中医药与康养旅游通过相互融合，使得中医药文化得到更广泛的传播。中医药与人文风情、民族文化相结合的产品，也可以使游客有不同的体验，在旅游过程中更多地了解相关文化，使得地域文化和民族文化得到传播。

（二）多样性

多样性主要体现在适应群体及项目内容上。传统观念认为康疗旅游主要针对的是亚健康或有康复疗养需求的群体，但实际上康体涵盖所有追求健康生活的人群。此外，中医药康疗旅游产品多种多样，尽管康疗旅游初衷简单，但对应不同的人群及消费者的需求，结合地域资源、自然资源、环境条件、人文景观、医疗资源等多方面因素，也具有了多样性这一特点。

（三）科学性

中医药康疗活动的开展主要是以中医药理论为核心基础，强调自然生态的要素，强调康复疗养目的，具有较强的科学性。故而很多康疗活动需要在专业人员的主持、指导下开展，按专业规范和规定程序进行。中医药康疗旅游集中医药、康疗、旅游为一体，在产品设计、开发时结合多方面的理论知识、市场情况及消费者特征，具有极强的科学性。

（四）针对性

相较于传统的康复治疗而言，康疗旅游结合了旅游和康复治疗，使得游客除养体还能养心。"中医药+康疗旅游"更全面地将康疗旅游与中医药相结合，这使以康复治疗为目的的旅游在疗效上更上一层楼。相较单一的中医药养体或是康疗旅游而言，中医药康疗旅游产品更具针对性，疗效也更好。

三、设计

康疗产品的开发，首先要有能够满足康复疗养需求的配套产品和设施，为健康和疗养提供一流的环境与服务。利用滨湖环境与优质水资源，可提供特色水疗、理疗康复、健康管理、体检鉴定、预防保健、美容美体、人才培训、会议接待等服务。在中高端康复疗养项目开发中，还可设置针对VIP会员的养生保健档案、专业养生指导等专项服务。滨湖地区开发这类项目时，需注重资源与环境的利用，同时促进知识的传播，如完善解说系统等。

开发康复疗养产品，一方面，是健康产业链条的完善。其中包含了两项产业活动——制造经营活动和服务活动，内容涉及医药、保健品、食品饮料、医疗器械、中药材、医用材料等产品以及健康管理、休闲健身、营养保健、医疗卫生、咨询服务等领域的服务。可通过招商等方式，引入相关的产业，在完善产业链的同时，增加自身经营与发展能力。另一方面，利用周边的养殖业、渔业、生态农业等相关产业，与旅游业特别是康复疗养旅游业进行有效的协调和对接，通过开展特色住宿、接待、娱乐、购物、餐饮等方式，促进湖泊综合功能的发挥。下面以四川省相关的康疗旅游产品开发为例来进行介绍。

（一）中医药养生康疗旅游产品

1. 重点开发森林康养等服务

以四川省知名森林康养项目、旅游品牌优势和市场优势为载体重点开发森林康养、中西医医疗养生、美食养生、道教养生、藏药浴养、茶道养生、生态休闲、文化体验养生、阳光冬暖养生度假、禅养等服务，鼓励有条件的医疗机构在风景旅游区设置连锁门诊部开展医疗与养生保健服务，支持中医药体验、康复疗养、休闲养生等健康旅游路线品牌建设。

2. 开发中医药旅游品牌路线

持续开展中医药健康旅游示范区、示范基地和示范项目建设，推出一批中医药健康旅游精品路线，推广针灸、推拿、足浴及刮痧等系列化的中医理疗项目。继续推进中医药健康服务走出去，巩固与"一带一路"沿线国家在传统医药领域的合作交流，拓展海外中医药健康服务业务。抢抓四川省新冠疫情后健康产业转移升级机遇，构建"研发、生产、治疗、康复、生活、养老"一体的阶梯发展态势。有效整合民族医药与民族地区的自然风光、藏传佛教、历史文化、民间民俗等资源，壮大四川民族医药文化旅游产业。

金堂·玉皇养生谷

玉皇养生谷景区位于金堂县官仓镇龙泉山脉深丘地区，占地6200余亩，集林木景观、农业采摘体验、登山健身、垂钓、餐饮、住宿、棋牌、康养休闲于一体，依托山水林田湖资源禀赋，以"玉皇养生"为核心理念，凭借"龙泉山城市森林公园"破题升级，建设成集运动养生、休闲度假、高端服务等多种功能于一体的城市森林公园。现在已形成以种植养殖业为基础，集丘区林木景观、农业采摘体验、登山休闲健身等于一体的综合性休闲度假景区。

【案例分析】本案例结合中医理疗项目，依托中医药体验、康复疗养、休闲养生等健康旅游思路，打造了极具特色的综合性休闲康疗产品。

（二）中医药文化康疗产品

1. 建立中医药健康旅游产业园区

结合四川省丰富的佛、道、长寿、茶道等养生文化，深入挖掘中医药文化内涵，开发具有四川特色的中医药文化旅游产品。加速现代中医药发展，推进"三个一批"建设，支持建设一批主题鲜明、业态聚集和旅游服务功能完备的中医药健康旅游产业园区。

2. 支持中医药康疗文化旅游产品建设

利用中医药医疗、保健、科研、教育、产业等资源，开发中医药健康旅游文化体验产品，鼓励景区在旅游功能和旅游活动中体现中医药文化元素，通过具有中医药文化特色的建筑风格、内部装饰、景观小品、环境设计、名称意象等方式，形成文化度假旅游氛围。支持各旅游景区利用地理、区位优势，开发旅游度假区、养老社区、康养旅游小镇等。

案例 5-5

四川绵阳药王谷

药王谷位于四川省绵阳市北川羌族自治县与江油市接壤的药王山上，是国内著名 4A 级旅游风景区，海拔 1400~2000 米，度假区总面积约 10 平方公里。将当地最具特色的灵芝、天麻、三七、辛夷、杜仲、厚朴、茱萸、虫草等中药材融入了度假区特色药膳菜谱中，名不见经传的药王谷也成了时下最热的修身养性胜地。以药王谷人文生态景观为蓝本，药王谷引入了定制旅游与医疗旅游概念，成为中国定制旅游与医疗旅游的拓荒者。

图 5-2　四川绵阳药王谷景区

【案例分析】依托中医药康疗文化旅游和中医药健康旅游思想，使药王谷成为修身养性胜地。

（三）特色中医药康疗产品

1. 开发特色健康中医药旅游线路

深度挖掘四川省历史名医文化、藏羌彝医药文化、彭祖长寿文化及道教、佛教等养生文化，开发中医药观光、文化体验、特色医疗、疗养康复旅游等主题旅游线路。在继承"道教养生、佛教养生、长寿文化、阳光旅游"等主题旅游线路的基础上开发"日光、水疗、地热、温泉"等特色健康旅游线路。

2. 开展特色民俗中医药文化活动

鼓励旅行社积极发展中医药健康旅游及推出中医药健康旅游主题线路。通过民族特色村寨、特色景观旅游名村等历史文化特色资源丰富的村庄，合理发展健康乡村旅游。推出一批特色鲜明、群众喜闻乐见的民俗文化活动，满足更多游客对新时代旅游的需求。

案例 5-6

松林彝家山寨

松林彝家山寨位于攀枝花市仁和区布德镇老村子村，占地面积 1000 亩，有原始森林、各种水果种植基地、纯天然蔬菜，还有各种娱乐设施、休息室、游泳池、爬山梯、鱼塘、机麻室、会议室、住宿。很适合度假、避暑、聚会等。有彝家风味、彝家特色、篝火晚会。每年的火把节、彝族年、桃花节，都有文艺表演，让游客陶醉在节日的氛围里。

【案例分析】本案例将中医药文化与传统民俗风情相结合，为康疗产品的设计开拓了新思路。

四、功能定位

"医疗旅游"指将旅游和治病、疗养结合起来的一种旅游形式。旅游者可根据自己的病情、医生的建议，选择合适的游览区，在旅游的同时进行治疗。通俗而言即人们到异地，在一个拥有世界顶尖医疗技术的医疗机构进行治疗的同时游览该城市或国家的景区、度假地,这也是伴随着民众对健康和旅游的需求,交叉共融发展而出的一种产业业态。

康疗旅游应定义为以康复疗养为目的的旅游形式。中医药在养生保健、修复康养上的独特效果为人们所接受。中医药结合康疗旅游,在康疗旅游的基础上融入了中医药。自古以来,中医药就有保健、养生、治疗康复的作用,康疗旅游以康复疗养为目的,通过康复疗养、营养膳食、修心养性等各种手段,可以使人在身体、心智和精神上都达到自然和谐的优良状态。

(一)中医药康疗模式

以身心锻炼、保健养生、传播医药文化以及康复医疗等作为主题的旅游新产品和新业态称为医药康疗旅游。医药类别因地区资源差异而有所不同,我国的藏医药、羌医药以及中医药的养生保健、颐养天年等理念深深地根植于我国传统中医药文化中,多种四季养生文化传统和习俗也流行于民间,上述养生的理念为我国推行全民大健康的战略奠定了良好基础。医药健康旅游业的大力发展与培育又以传统中医药文化为支撑,可以依托中医院、民间医疗机构、中药材种植区、中医药加工基地等实体组织力量,打造一批医药健康旅游综合性示范基地,加大中药康疗旅游新产品的研发和推广,增加新产品种类等,例如,医药养老、医药健康科普、中药膳食饮品、医药文化健身、药材基地观光、医药医疗康复、医药养生保健等。我国的医疗康旅有着较好的基础,应加大力度鼓励各类藏医药、羌医药以及中医药等医药文化的资源融合,制定相应的医疗康疗模式的建设标准与服务标准,提升医药健康旅游开发建设的档次,形成一条对人们养生保健有益的医药健康旅游产业链,让游客在旅游的过程中了解医药文化,享受专业的医药健康服务,提升身体健康和生命质量。

(二)医养康疗模式

所谓医养康疗模式是一种私人医疗机构整合旅游资源,将医疗康养依据不同的旅游资源穿插在旅游过程中的一种组合模式,游客可在旅游过程中享受到专业医养机构提供的价格实惠且技术精湛的医疗康复服务,使人们在体验旅游、娱悦身心的过程中,享受专业的健康医疗服务甚至是手术,实现康体的目标。医养康疗模式是一种全新旅游模式,目前国际权威旅游组织认为此模式的主要目的在于疾病防治以及康复修养等方面,我国学者则认为该模式是当前居住地由于价格或技术等问题不能满足人们对医疗的服务需求,致使人们去其他地区寻求相对能够接受且技术先进的保健服务,长此以往,这种医疗的模式逐渐与旅游相互结合,形成全新的产业,医养康疗模式由此诞生。医养康疗模式与其他旅游模式最大的不同点在于其具有治疗康复性,人们离开居住地而前往其他地区寻求医疗康养,主要是想利用其他地区先进的医疗技术以及优美的天然环境等因素。经济的发展使人们对于生活的态度不再局限于过去的生活，而更想走向其他地区去领略不熟悉的风土人情，增长见识。因此，医养康疗模式的需求群体并非仅为过去的精英特权阶层，普通阶层的市场需求也在逐年增加；同时，旅游者也会在旅游的过程中选择环境优美或技术先进的医疗旅游目的地进行康体疗养。

五、市场定位

全球医疗旅游人数已经上升到每年数百万以上。2000年世界医疗旅游业的总产值不足百亿元，而到了2005年已达到200亿美元，其发展势头十分惊人。医疗旅游已成长为全球增长最快的一个新产业。世界医疗旅游业发展较好的国家是瑞士、泰国、印度、印尼、哥斯达黎加等国，目前均在大力发展医疗旅游产业。2007年，印度、泰国、马来西亚、印度尼西亚和新加坡5国的医疗旅游产业年收入合计高达34亿美元，大约有290万外国人到这5个国家进行观光旅游兼治疗。

市场导向是旅游产品开发必须遵循的重要原则。目标群体的定位以及消费者的需求是否被满足，直接决定了中医药康疗旅游是否能够赢得市场及在市场中的定位。中医药康疗旅游以"中医药+康疗旅游"为最鲜明的特点与其他旅游分开，相较于传统的康复疗养活动和其他旅游而言，中医药康养旅游更具特色。与此同时，康疗旅游在国内的市场并没有全面打开，消费者对中医药康疗旅游的认知程度也较低。中医药康疗旅游是将中医药和健康旅游相结合，不论在旅游市场、医疗市场还是中医药市场，它都面临极强的竞争。根据我国亚健康人群数量及当前人们的需求，中医药康疗旅游潜在市场广阔。基于中医药康疗旅游自身及市场现状，在开发和设计中医药康疗旅游产品时，需要结合旅游产业、医疗产业以及中医药产业的发展情况，找准目标群体，抓准定位。同时，在开发和设计产品时，以消费者为核心结合自身特色、优势和资源开发产品尤为重要。

第三节　中医药康体旅游产品

康体旅游是一种新兴的旅游形式，它以国际公认的全健康为基本理念，以生态环境、专项资源、传统文化、现代科技为依托，以改善身体机能、保障心理安适、实现身心和谐为主要动机，以护养身心健康、提升生活质量、激发生命潜能为核心功能。亚太旅游协会（PATA）指出，康体旅游注重养生、养身、养心和养志，主要包括运动、按摩、治疗、护理、休闲、营养、美容以及文化活动。我国政府高度重视并鼓励发展康体养生旅游业，注重配套设施建设和软性服务，执行国际通行标准，成立医疗旅游协会或健康旅游促进机构等，挖掘各地区得天独厚的养生资源。中医药作为我国的国粹，其对健身健心有独特作用与特殊的文化魅力，其逐步与康体旅游产业并轨发展，成为"大健康"视域下的新型旅游方式。

"中医药+康体旅游"的跨域融合，使中医药与健康旅游在服务体系、示范产品、康复理疗、养生保健、文化体验等方面容易形成资源互补，既可以探寻传统中医药的魅力，又兼得养生、健身、健康收获；既能了解中国的传统文化，又有益身心健康。由此，不少地方政府和企业都认识到康体旅游的发展前景，将其作为旅游产品升级的重要方向、促进地方经济发展方式转变的重要抓手，采取切实措施大力推进康体旅游产业的发展。目前，国内已经形成巴马长寿养生胜地、北戴河海滨疗养胜地、安吉乡村养老基地、新疆特种旅游基地、海南旅游地产养老、北京中医药文化养生基地等康体旅游目的地，以及贵州民族体育旅游节等节庆活动，进一步促进了康体旅游的传播和产品的推广。此外，各地还结合旅游标准化建设，出台了一批涉及温泉、漂流、滑雪等康体旅游领域的地方标准，为规范康体旅游发展发挥了重要作用。

一、概念

（一）中医药旅游

中医药是我国独具特色的传统文化，是华夏五千年传承和历史发展过程中形成的中国特有的文化，具有"简、便、验、廉"的特点和"未病先防""既病防变"的核心理念。中医药旅游，集中医养生文化、医疗产业和旅游生活方式于一体，将健康的元素、旅游的元素与医学养生的元素有机融合，满足人们休闲观光、保养身心、治病疗养、文化体验等多重健康需要。世界旅游组织将医疗旅游定义为以医疗护理、疾病与健康、康复与休养为主题的旅游服务。它以医疗护理保健和疾病治疗为主，涵盖内科、外科、牙科、整形等医疗服务。中医药旅游作为医疗旅游的一种特殊形式，是旅游业发展到一定阶段后，依托于深厚的中医药文化内涵、独特的理论体系和内容、各种中医医疗保健手段、中药材资源而产生的一种新型旅游方式。

中医药以预防、保健、康复、休养等为主的内涵理念符合当前人们对健康旅游活动的需求，传统的太极拳、八段锦、五禽戏、气功、推拿、针灸、温泉浴等都是以中医药为特色的康体旅游产品的发展方向，不但能适应和满足人民群众健康生活的需要，还能满足其对心灵的畅达和品质生活的追求。

图 5-3 中医药产品

（二）中医药康体旅游产品

虽然目前没有对"康体"一词的明确定义，但从其字面理解，"康"代表着"健康""康复"，"体"代表着"身体""体态"。2016 年，国家旅游局编制并实施的《国家康养旅游示范基地标准》中提出，康养旅游是旅游者通过养颜健体、营养膳食、修心养性、关爱环境等各种手段，使人在身体、心智和精神上都达到自然和谐的优良状态的各种旅游活动的总和。它通过旅游活动达到健康养生的目的，起到预防治疗疾病、康复保健的作用。

什么是康体旅游？康体旅游是健康体育运动与旅游融合的产物，是在康养发展基础上产生的新型旅游形式，它是以养生产品、体育娱乐产品及保健产品为主，更加突出健体形式，通过一系列的休闲、养生、体育、娱乐及保健活动达到身心健康目的的旅游活动。康体旅游提供的服务包括运动、休闲、减压、疗养等项目，可达到调节身体机能及松弛神经的目的，弥补以观景、吃购为主的常规旅游项目之不足。

在中医药旅游与康体旅游核心词解释的基础上，凝练出"中医药康体旅游产品"是以深厚的中医药理论为导向，以中医药自然资源、文化内涵、中医药康体保健手段等为主要吸引物而产生的各种医疗、保健、康复、休闲、养生、运动等产品或服务的统称。

表 5-4　中医药康体旅游不同概念之间的比较分析

旅游类型	概念界定	主要特征	产品内容
医疗旅游	以医疗护理保健和疾病治疗为主	医疗保健性、地域性与高消费性	涵盖内科、外科、牙科、整形等医疗服务
中医药旅游	中医医疗保健手段、中药材	传统性、地域性、文化性	针灸、推拿、拔罐、健身气功、药膳、药酒、温泉浴
康养旅游	通过养颜健体、营养膳食、修身养性、关爱环境等各种手段，使人在身体、心智和精神上都达到自然和谐的优良状态	通过旅游活动达到健康养生的目的	预防、治疗疾病，康复保健
康体旅游	以休闲和康体为核心目的的康体方式	运动性、体验性、健康性	养生产品、体育娱乐产品及保健产品

二、特征

（一）文化性

　　文化是实现旅游价值的灵魂和内核，旅游是实现文化价值的载体和途径。国家将原文化部、原国家旅游局的职责进行整合，组建文化和旅游部，作为国务院组成部门，为进一步运用文化的内容提升旅游内涵，运用旅游的方式传播、传承文化要素。中医药是中华民族所独有的民族医学体系，中医药康体旅游是将我国传统的康体养生理论、方法同现代生活中有益于人体健康的多种健康方式结合起来而形成的新的旅游业态，使养生旅游与传统的养生理论、人文资源紧密联系，通过旅游在获取养生体验的同时，达到修身养性、健身康体、丰富知识、延年益寿的目的。

（二）多样性

　　多样性主要体现在适应人群、目的地以及项目内容三方面。传统观念认为康体旅游主要针对的是亚健康或老年人群，但实际上康体涵盖所有追求健康生活的人群，他们既注重养生的功能，也注重过程的运动性和体验性。青年人群也较为注重健康与保健过程中的娱乐化与健体化。根据不同人群的需求，在各式各样的自然环境、气候环境、地理位置、文化资源、动植物资源等基础上，开展具有中医药传统文化特点的康体旅游活动，范围较广，能根据不同的心理、身体需要进行养生旅游项目和目的地的选择。最后，中医药康体项目种类较多，能结合不同地区的中医药资源与康体资源开展特色项目与旅游项目的组合。

(三)科学性

中医药康体活动的开展是以中医药理论为核心基础,强调自然生态的要素,强调健康的康体项目,并逐步融入西方现代康疗方法,具有较强的科学性。很多康体养生活动需要在专业人员的主持、指导下开展,按专业规范和规定程序进行。中国的传统体育养生项目代表着中国传统养生文化和思想,其中的导引术、太极拳、五禽戏等项目都是我国传统医学中运动元素的体现,具有运动与健康融合的科学属性。

图5-4　江苏常州东方盐湖城博物馆中展示的五禽戏

(四)教育性

通过养生旅游活动,使游客在休闲中能够得到"健康教育",提高"认知水平",达到增强体质、娱悦身心、提高身体素质的目的,同时可使游客转变生活方式,提升生活质量。

三、设计

国务院办公厅下发的《关于进一步促进旅游投资和消费的若干意见》中明确提出要发展中医药健康旅游,推出开发一批以中医药文化传播为主题,集中医药康复理疗、养生保健、文化体验于一体的中医药健康旅游示范产品。如今,把休闲、养生、健康内涵贯穿到"食、住、行、游、购、娱"各环节和旅游业发展全过程,已经成为中国康体旅游的发展方向,其旅游产品的开发越来越凸显出多样性与丰富性。中医药康体旅游已然成为中国旅游产业转型升级中的一个新方向。在体验为王的时代,新颖奇特、创意十足、实用性强的旅游设计能够极大地提高其产品附加值。关于中医药康体旅游的设计要素与设计原则，主要包括自然与文化两方面。

（一）资源要素设计

1. 自然资源分析

资源一般为先天形成的，是影响区位的因子或为地理要素，或同地理现象有关，包括自然条件和自然资源。自然资源是天然形成的或在天然景色的基础上，经人工稍加修整的自然地区，包括山川、湖泊、海滨、森林、温泉、沙漠等类型。自然资源又可分为两类：一类是普遍性的自然条件和资源，如大气、土地和在地表上各处都能找到的资源。另一类是局部性自然条件和资源，这是由于地域差异而造成的，如由于地带性和非地带性规律而形成的特定气候区、土壤区和生物区及相应的自然资源；同地球内外营力组合有关的矿产分布；受河流与地貌结合制约的水力资源等。

在自然资源方面，需要具有适宜开展中医药康体旅游的良好自然环境，利用各地特有的温泉、沙漠、湿地、海洋、海岛等自然资源优势，把传统中医药康体手段和现代科学方法结合起来，同时注重突出对防治常见病、多发病的中医药养生知识和技术的宣传。如中药传统膏方、药膳、药酒、养生茶制作，品药膳、中药保健茶，传授中医康体养生方法、太极拳、八段锦与健身操，辨识真伪劣珍稀中药材等。商品主要有中药材、中草药配方、中医保健食品、中医药保健用品等。同中药材种植园协同，推出中医药养生旅游种植景区、本草药用观赏植物园区、药用动物科考、GAP示范园区、药膳、药品采摘体验产品。

2. 旅游资源分析

旅游资源是指在自然场合或与文化相融合的场所中，可供旅游者审美、感知、享受、体验自然功能与价值，为旅业业开发利用的环境和景观。结合《中国旅游资源普查规范（试行稿）》中对旅游资源概念的界定和中医药养生旅游的特点，笔者认为，凡符合中医药养生理念的，能在旅游融合理念下使游客体验到中医药养生方法、中医诊疗手段、中药材观赏与旅游养生环境等的都属于中医药康体旅游资源的范畴。

在中医药种植资源方面，需要具有一定的特色和体量，能形成视觉景观。在体验资源方面，突出具有观赏、采摘、休闲运动、康乐、科普、节庆、研学文化展示等旅游功能，发展体验与观光相结合的中医药康体特色旅游。在项目资源方面，能提供一定的中医药康体旅游体验服务，如中医药膳食、中医药饮品、中医药康复、疗养、运动等项目。

3. 资源要素的设计指标

针对康体资源目的地，以环境优良度、康体度、和谐度作为一级指标，来进行评价体系的构建。"环境优良度"的指标为气候舒适度、海拔高度、空气质量指数。"康体度"的指标为矿养度、体育建设度、地理区位度、中医药健康度，其数据统计根据表5-5中各地区单位的温泉、矿养康体资源个数和体育康体资源个数统计得出数量。"和谐度"的二级指标为道路交通、中医药文化、社会治理、旅游配套设施。

表5-5　中医药康体旅游资源的设计评价指标

因子	评价指标
环境优良度	气候舒适度（I） 海拔高度 空气质量指数（AQI）
康体度	矿养度 体育建设度 地理区位度 中医药健康度
和谐度	道路交通 中医药文化 社会治理 旅游配套设施

（二）文化要素设计

1. 中医药文化

中医药历经数千年实践、传承与发展，独具特色的整体观、辨证论治、"天人合一""药食同源"与"治未病"等思想，作为防治疾病的有效手段，在健康观念与医疗旅游发展下，其资源类型主要有中药材基地、中医诊疗与保健康复等形式。

北京的中医药"老字号"是有历史渊源的独特的中医药文化旅游资源，如清代的同仁堂白塔寺药店、同仁堂、广誉远等老字号及北京太医院（明代永乐年间太医院旧址）、北京的文化名人故居、白云观、东岳庙、火神庙、真武庙、娘娘庙、药王庙等。在文化资源开发中应突出中医药特点，将中医药名人、中医药种植园、中医药疗法、传统习惯、风土民情等融入旅游产品之中，开展养生授课、名医问诊、养生茶和养生药膳项目，将知识性、趣味性、观赏性、体验性完美结合，使游客在旅游休闲中了解中医传统文化的精髓及发展历程，增加文化知识，注重中医药养生知识的普及、宣传、教育，倡导以中医药文化为主的文化旅游，鼓励游客参与药酒、药膳等制作，学习中医药材机理、康体养生方法，接受传统文化的感染与熏陶。

<<<案例 5-7>>>

位于广州的两处中医药博物馆

广东中医药博物馆

广东中医药博物馆位于广州中医药大学大学城校区内，室内展厅 8000 平方米，另有室外中草药种植园 55000 平方米。馆藏体现中医学的发展历程的医史文物 5000 余件，中药标本 2400 多种 1 万多份，室外药圃栽种中草药 2200 多种。

作为广东省内中医药最专业的博物馆之一，这里是近距离了解中医药文化最理想的地方之一。通过博物馆的各种标本展示和互动教学环节，培养游客对中医药的兴趣。而镇馆之宝，是一条长 48 厘米的特大野生人参。此外，如果是团队，提前预约还会有解说员讲解，带领游客学习辨别一些真假药材的方法，或者体验中医药科普互动游戏——"巧手分阴阳""闻香识药"，以及"耳穴体验"等。

神农草堂

神农草堂按照中医的"内经图"进行整体设计，倚靠白云山，是一家融"天然"和"文化"于一体的半敞开式中医药博物馆。与一般岭南园林不同的是，园中用于绿化的草木均有药用价值，从最毒的一剑封喉、断肠草到老广煲凉茶常用的鸡蛋花、罗汉果，再到中医常开的藿香、薏苡仁等，园中中草药超 1000 种。所以，边逛边认识中草药，是到了这里的必做之事。

图 5-5 广州神农草堂中医药博物馆

神农草堂内还新建了全国首个以青蒿素为主题的中医药展馆——"青蒿呦呦馆",主要以中国科学家屠呦呦发现青蒿素获诺贝尔奖的事件为背景,向公众展示研发青蒿素这一成就背后的智慧与艰辛。

2. 传统体育文化

体育(Physicaleducation,缩写 PE 或 P.E.),是一种复杂的社会文化现象。体育在 Physicaleducation 一词的翻译上是经历了从译作"身体之教育""体教""身教"到译作"体育"的文化过程。体育最早见于20世纪初的清末,由对幼儿进行全面教育时的教育方针而来。及至2009年7月9日,由国家体育总局对"传统体育"重新做出新定义:传统体育是以中华文化为理论基础,以技击方法为基本内容,以套路、格斗、功法为主要运动形式的活动。它是以身体与智力活动为基本手段,根据人体生长发育、技能形成和机能提高等规律,达到促进全面发育、提高身体素质与全面教育水平、增强体质与提高运动能力、改善生活方式与提高生活质量的一种有意识、有目的、有组织的社会活动。

旅游从某种意义上讲,是一个以人口流动为典型特征的社会现象,旅游业的发展使传统体育的开放程度不断加强,在某种程度上形成了现代文化与传统文化的碰撞。历年来,国家和政府重视传统体育文化的价值,使得具有民族特色的中华传统体育不断地在各民族的交往中飞速发展。2018年,为全面贯彻落实党的十九大精神和习近平新时代中国特色社会主义思想,繁荣发展少数民族传统体育,促进健康事业发展,国家体育总局与国家民委印发《关于进一步加强少数民族传统体育工作的指导意见》,提出把传统体育与旅游、文化等融合发展,利用运动休闲特色小镇、体育休闲旅游等项目,通过组织开展本民族、本地区特色的传统体育赛事、活动、表演,宣传体育旅游资源,扩大市场影响力。

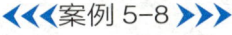

印度瑜伽文化

印度的灵修被认为是世界康体旅游的典范。瑜伽被公认是世界上最多样化的健康运动,它融合了多种文化,包括印度教、佛教、耆那教与西方哲学。瑜伽灵修通过观察动植物自然法则,无意中发现各种动物患病时能够不经过任何治疗而自然痊愈,于是开始模仿不同动物的姿态,将这些方法运用于瑜伽修行中,成为初期瑜伽体式的源头,将内在的"我"与宇宙无上合一,以

"和谐""相应""统一"习练修身。瑜伽纳入古印度六大哲学派别（胜论派、正理派、数论派、瑜伽派、弥曼差派、吠檀多派）中的一系，是古印度人探索和认识自然、人与自然界共存关系，祈求"天人"和谐与"通神"对话的途径和方法。后来，修行者发现了呼吸与生命的紧密联系，将体式与呼吸相应，创立了瑜伽习练中的呼吸法。至此，瑜伽开始逐渐从宗教形式向追求身体、心灵和自然和谐统一的健康方法演变。因此，瑜伽不仅只属于哲学和宗教的范畴，也是现代社会的绿色理念与健康生活方式的代表。可见，传统体育文化世界的传播价值与认同范式，需根植于传统体育文化之中，借助于现代康体的形式，对其文化价值观进行阐释，是独具魅力的文化资源。

图5-6　瑜伽追求身体、心灵、自然的和谐统一

（三）产品要素设计

旅游产品，是旅游生产者和经营者为满足旅游者的需要，在一定地域上生产或开发以供销售的服务的总和。目前，在我国医改向纵深推进、康体养生需求膨胀以及推进中医药国家战略的契机下，初步形成了中医药博物馆产品与中医药诊疗旅游产品。中医药博物馆以展示地区中医药发展历史、文化内涵、医典名著、医学处方、医家成就为内容，有观摩并亲自体验中医药治疗技术、中医药养生知识讲座等旅游产品，如上海中医药博物馆的中医中药世博行旅游专线景点、杭州胡庆余堂的中医药博物馆、武威汉简与敦煌中医药文化纪念馆。另外，中医药旅游产品将健康配套服务与旅游融合进行开发，主要涵盖了中医药生态园区、针灸按摩馆、健身养生馆、中药洗浴馆、气功互动教学、专家诊疗咨询与中医诊疗养生产品等，如安徽亳州的中药旅游观光、湖北武当山的道教医药及膳食、天津天士力的中药工业旅游示范点等以及甘肃中医养生旅游产业园、三亚的中医院"绿色疗养"等康体旅游服务。

案例 5-9

梅州南药基地

南台药业位于梅州市平远县境内,是一家集中药材种植、中药饮片加工、中药保健食品、保健用品生产和中药研发等于一体的中药企业,同时又拥有中医药文化养生旅游的功能,构建了"医—药—养—文"四维一体的大健康产业生态园,其拥有8个中药材种植和种子种苗繁育基地,种植了一批紧缺濒危的野生南药品种。

(四)旅游服务设计

服务在旅游业的发展过程中尤为重要。中医药康体旅游是人们的生活水平达到一定程度之后才发生的一种消费行为。因此,人们的这种生活行为本身就要求比较全面、细致和高质量的服务。旅游服务包括饮食、住宿、交通、导游、商品供应等多方面的服务。服务是开发中医药康体旅游市场的重要手段,又是体育旅游市场的具体体现。这一市场行为是否成功的重要标志是游客的满意程度和社会效益与经济效益。优质的服务应该是既要让旅游者满意,又能产生较好的社会效益和经济效益。中医药康体旅游设施包括旅游交通工具、旅游宾馆、供应旅游商品的商店、满足旅游者康体需求的设施。这些设施装备都是为了从事中医药康体旅游活动所必备的实施条件和安全保障。中医药康体旅游设施是否齐全、实用,服务是否周到,标志着旅游市场开发的程度,是旅游市场的硬件条件标准。

案例 5-10

珠海逸丰生态园

珠海市斗门区莲洲镇红星村的逸丰生态园,是以种植和加工铁皮石斛为主要产业的现代生态农业园,被列为第二批"广东省中医药文化养生旅游示范基地"。在生态园中,设置"草药园",游客可以学会辨识近百种草药,比如说山茶花、狗尾草、山韭菜、马齿苋、凤尾草……将铁皮石斛种植结合铁皮石斛鲜榨项目,提供鲜榨的铁皮石斛原汁品尝服务。

图 5-7 铁皮石斛

四、功能定位

功能定位是指在目标市场选择和市场定位的基础上,根据目标消费者需求的特征,结合旅游产品的特点,对提供的中医药康体旅游产品应具备的基本功能和辅助功能做出具体规定的过程,其目的是为市场提供适销对路及有较高性价比的旅游产品。旅游消费者通常都十分重视旅游产品的功能性。对于消费者而言,没有功效的产品,消费者便不会形成购买动机。因此,中医药康体旅游产品必须结合自身资源禀赋,准确进行功能定位,才能更好地挖掘产品特色,突出旅游产品性能,找准产品特色与差异性,突显中医药主体功能与康体旅游功能。

根据目前中医药康体旅游产品的发展情况和消费者的内在要求,中医药康体旅游项目的主要功能定位需依据中医药文化内涵、产业定位、健康功能与旅游设施以及旅游资源的协同发展,形成功能综合体。虽然每个中医药康体旅游目的地具有多样性的特点,但每个地区应具有自己的特色,其主体功能必须要突出,其主要功能定位类型有传统运动康体类、矿养康体类与康体娱乐类 3 个类型。

(一)主题功能类型

1. 传统运动康体类

我国中医养生文化历史久远而又博大精深,传统运动养生源远流长。传统运动养生康体的特色是以中医的阴阳、脏腑、气血、经络等理论为基础,以养精、练气、调神为运动的基本特点，强调意念、呼吸和躯体运动相配合的保健活动。传统的运动养生，经过历代养生家的不断总结和补充，逐渐形成了运动肢体、自我按摩以练形，呼吸吐纳、调整鼻息以练气，宁静思想、排除杂念以练意的保健方法。从原始社会的导引萌芽到《吕氏春秋·古乐》中的"舞"；从《黄帝内经》中的"治之以按摩"到《周易》的问世，及战国时期《行气佩铭》的出土；从导引、吐纳勿令九窍闭塞（张仲景的《金匮要略》）到"导引可以逐客邪于关节"（《中藏经》）再到"熊颈鸱顾""以求难老"（《三国志·华佗传》）；从王羲之所书的《黄庭经》到梁代陶弘景著《养性延命录》再到魏末嵇康著有《养生论》和《答难养生论》；从唐代孙思邈《千金方》到《摄养枕中方》；从宋代大家苏轼《教战守》将导引与治国相联系到无名氏编创文武八段锦，可见，中国传统运动康体类活动内容丰富，能有效满足大众的康体旅游消费需求。

2. 矿养康体类

我国矿石药物的出现可追溯至两千年前的《本草纲目》，其作为我国经典的医药著作，书中对当前我国中医药物中涉及矿物质中的20种类型已有记载，说明它们能够有效维持或恢复人们的身体健康。现代医学研究证明，矿物质对人体有多项好处，比如对人们的身心健康进行调节，促进血液循环，调整生理机能等。地热温泉具备水资源与矿产资源双重属性，地热温泉的载热介质为地热流体，对于人类健康的价值极高。在古代，民众就已意识到温泉的重要性，对温泉的价值的认知已在国内外延续了千年之久。我国对温泉资源的开发和利用也形成一定规模和特色。伴随着民众对健康的需求，人们对温泉康体模式的选择越来越多，如何在温泉与康体健身的基础功能上打造经典的文化旅游内涵，成为吸引游客的一大命题。温泉作为吸引游客的载体，游客可以通过沐浴温泉来实实在在体会温泉的疗效，获得康体的效果，而温泉文化则应该结合实际让人们有一定的感悟，进而达到休闲养生的旅游目的。五大连池是国内著名的康养旅游胜地，相关机构经过多年验证，证明该地区天然矿泉对消化系统、皮肤以及其他系统的多种疾病有显著的治疗作用。因此，矿产资源在康养旅游资源的开发中价值极高。

3. 康体娱乐类

根据我国《文化及相关产业分类》标准，康体娱乐具有以下定义：社会各部门提供的与康体娱乐活动有关的一切产品和服务，以及与这些产品与服务相关的所有经营活动的总和，主要包括健身娱乐业，它涵盖了体育健身、休闲娱乐、户外运动、观赏和体育旅游等内容。康体娱乐把大众娱乐和体育锻炼有机结合起来，不仅具有娱悦身心的娱乐性，还有强健体魄的健身性。

例如：篮球、足球、游泳、健身、保龄球，以及日光浴、SPA、泰式按摩等。这些传统康体娱乐活动适合任何年龄层人们参与，在锻炼身体的同时，也利于促进人们之间的友谊。目前，康体娱乐产业迅猛发展，市民"健身热"高涨，有着良好的发展势头。

（二）区域功能定位

根据旅游目的地所在区域发展目标框架，依据当地政治经济环境、技术资金实力、旅游资源基础以及目标市场分析，结合区域的功能定位产品的经济功能、社会功能与文化功能，并以是否满足旅游消费者的中医药康体需求，是否能提供新奇的旅游体验经历，是否能创造具有吸引力的"品牌产品"作为区域功能定位标准。

1. 社会功能

中医药康体旅游的发展，能够促进目的地基础设施的改善，促进当地生活环境的改善，以及中医药生态环境的保护与修复。在中医药康体旅游的开发过程中必须对人居环境进行合理规划和建设，针对目的地的可进入性、公共设施的完备程度对旅游者的进入频率和停留时长有极大的影响，应考虑餐饮、住宿、交通等基本情况。旅游目的地的自然环境、文化特色、宜居程度直接作用于旅游者的感官体验和重游率，要因地制宜进行自然环境、特色种植区的修复、保护以及通信、水电、垃圾处理等基础设施的改建和公共服务体系建设。

2. 文化功能

文化是推动旅游发展的重要生产力，中医药康体旅游的可持续发展离不开文化的挖掘。随着经济的快速发展与西方文明的冲击，一些优秀的传统文化出现断层现象。中医药康体旅游的文化功能，要利用目的地区域的气候适宜、土壤肥沃、植被发达、地势平坦的天然优势，合理提炼中医药的当代健康文化，通过科学规划把目的地区域打造成一个有着明确文化主线，汇聚地域历史文化、名人文化、民间文化的生态文化旅游区。同时，建筑风貌、传统民俗节庆活动、民间手工艺品、食疗等构成了淳朴浓郁的传统文化风情，应当注重这种传统文化构成因素的保护与传承，保证中医药文化独特性的传承与发展。

3. 经济功能

旅游业是一个"百搭"的行业，中医药康体旅游的开发可以带动多种产业的发展，产生投资的乘数效应，推动经济融合发展。中医药康体旅游的发展能够为目的地区域带来游客，吸引大量的消费，在一定程度上能够提高当地的经济水平，带动相关产业的发展。同时，能吸引资金的注入，增加就业，改善区域经济面貌，提高服务水平。因此，中医药康体旅游目的地的产业布局和管理应当具有前瞻性，推动目的地区域制度建设的完善和管理的科学化，以旅促康，推动传统产业转型升级，发挥最大的经济功能。

（三）区域形象定位

形象是某一地区内对旅游区总体的、抽象的、概括的认识与评价，是该地区区域内的历史、现实与未来的一种理性再现。主要由物质景观形象，即旅游区所具有的体现旅游形象功能的景观；社会文化景观形象，即当地居民的居住、生产、生活等活动构成的目的地的社会文化景观；旅游企业形象与核心地区形象构成。如西班牙的"黄金海岸"、瑞士的"冰雪王国"、伊春的"森林故事"、海南的"碧海连天"、浙江的"诗画江南"。可见，要根据所在地域的特点进行因地制宜的主题形象设计。

（四）旅游路线定位

旅游路线是指旅游者从居住地到目的地，再回到居住地所进行游览活动的轨迹。具体而言，旅游线路是旅游部门凭借旅游资源、旅游设施和旅游服务，针对目标市场，为方便旅游者进行旅游活动而设计的用交通线合理连接客源地和一系列旅游地、旅游区和旅游点的线性连续空间。

在旅游吸引物方面，要中医药与康体资源二者互补；在旅游可达性与设施方面，要尽可能地符合便捷、舒适、安全的要求；在旅游成本方面，大部分游客要求成本最小化。因此，旅游规划设计要明确旅游线路的消费对象，构建旅游线路的基本内容，规划设计多条线路，并对旅游线路的质量与体验进行检验。

五、市场定位

市场定位（marketingpositioning）也称作"营销定位"，是市场营销工作者用以在目标市场（此处目标市场指该市场上的客户和潜在客户）的心目中塑造产品、品牌或组织的形象或个性（identity）的营销技术。企业根据竞争者现有产品在市场上所处的位置，针对消费者或用户对该产品某种特征或属性的重视程度，强有力地塑造出此企业产品与众不同的、给人印象鲜明的个性或形象，并把这种形象生动地传递给顾客，从而使该产品在市场上确定适当的位置。简而言之，就是在目标客户心目中树立产品独特的形象。

我国旅游业正进入全域旅游发展新阶段。由传统观光型旅游向体验式旅游发展转变过程中，中医药康体旅游融合了运动、旅游、健康等特色元素，被认为是最具活力和潜力的旅游市场之一。无论是世界范围，还是国内市场，都是旅游产业中成长最为迅速的一个细分行业。

（一）国外康体市场

康体旅游大约在 20 世纪 90 年代中期兴起，北美地区的康体旅游收入最高，欧洲接待的康体旅游次数最多，属于较为发达的地区。德国是较大的客源市场，奥地利是最佳目的地，美国的夏威夷气候温和，风景秀丽，生活悠闲，是另一个主要的康体旅游目的地。在亚太地区，澳大利亚与泰国处于领先发展的地位。泰国凭借康体旅游的先天自然条件，在康体水疗、泰式按摩和服务方面取得了较好的口碑。在日本，温泉疗养由来已久，以温泉为主题的康体市场发展良好。根据全球康体研究机构（GWI）发布的全球康体旅游经济报告（GlobalWellnessTourismEconomy），康体旅游的市场预计到 2022 年会以更快的速度（年增长率 7.5%）达到 9190 亿美元。从全球康体旅游地区市场份额可以看出，发展较好的前 5 个国家（美国、德国、中国、法国、日本）占了全球市场的大半江山。亚太地区康体旅游发展速度较快，近两年出现巨幅增长，中国和印度的增速分别位列第一和第二。在新兴市场方面，到 2022 年，旅游支出增长的市场有一半以上都在亚太地区、拉丁美洲－加勒比地区、中东－北非地区和撒哈拉以南非洲地区。

表 5-7 世界各地区康体旅游市场分析

地区	康体旅游支出	年增长率	主要国家和地区
北美	2157 亿美元~2417 亿美元	5.2%	美国、加拿大
欧洲	1934 亿美元~2108 亿美元	5.5%	德国、法国
亚太	1112 亿美元~1367 亿美元	13%	澳大利亚、泰国、中国
拉丁美洲－加勒比地区	304 亿美元~348 亿美元	9.5%	墨西哥、智利
中东－北非地区	83 亿美元~107 亿美元	11.8%	迪拜
非洲	42 亿美元~48 亿美元	11.1%	

（二）国内康体旅游市场发展

与欧洲、加拿大、美国等趋于成熟的康体旅游目的地相比，我国的康体旅游仍然在发展当中。相对而言，中国作为传统中医药的发源地和传统思想融合的国度，拥有得天独厚的有利条件，历史悠久，中医技术源远流长，具备成为理想康体旅游目的地的基本条件。近年来，随着国民生活水平提升和消费升级，以中医药和康体旅游为代表的体验式消费快速增长。越来越多的人把文化与健康融入旅行中，中医药与康体的结合也催生了庞大的市场空间。目前，中医药康体旅游市场主要以国内市场为主，将康体规划注入越来越多富有创意的康体目的地、静养地和旅游景点，康体、酒店和旅游以一种前所未有的形式整合到了一起。中医药康体旅游市场受到国家政策与风潮、自然环境与交通地理，以及经济发展等因素的影响。另外，当地居民的生活水平与第三产业的发展，也会影响中医药康体旅游市场的发展。在开发与设计中医药康体旅游产品中，要结合旅游疗养、药疗康复、专家诊疗、药材观光、家庭疗养等内容，对特色项目，如针灸、按摩、推拿、刮痧、拔罐等传统中医疗法进行优势组合，考虑市场需求、地域特点、历史沉淀、经济发展水平等因素，打造具有针对性、独特性的中医药康体旅游产品。

（三）市场因素分析

1. 地理因素细分

地理因素是根据不同地域旅游消费者行为的特征来细分市场。我国领土辽阔广大，人口众多，南北差异、东西差异比较明显。由于农耕社会的封闭性，使我国各个地区形成了各自的特征。不同的地理区域、气候条件、经济水平、地区社会文化、人口密度等因素，影响人们的消费需求。

2. 人口因素细分

人口细分是指按照人文学中的人口统计变量来进行市场细分。人口因素主要包括消费者的年龄、性别、职业、受教育程度、经济收入等能反映出消费者自身特点的诸多因素。这些因素来源于消费者自身，与消费者需求差异性之间存在有极为密切的关系，且比较容易调查统计。

3. 心理因素细分

心理细分是指按照消费者的心理特征进行细分市场。它是对消费者较深层次的分析，它主要包括消费者的生活态度、个性特点、购买动机等心理变量。

4. 行为因素细分

行为因素细分是指企业根据消费者不同的消费行为变量来进行市场细分。它包括进入市场的程度、使用频率、消费者对产品的偏好程度和所追求的利益等变量。

（四）市场细分

在旅游消费方面，康体游客是高消费、高收益的人群。在出游目的方面，主要由旅游目的地或康体目的地推动，以在休闲游或商务游中参与康体体验为主。根据中医药康体旅游需求的差异性及相似性，按照消费能力、人群、受教育程度进行市场细分。

根据旅游消费能力的不同，可将中医药康体旅游市场分为高端型、标准型和经济型旅游市场。高端型有较强的经济实力，追求舒适，消费能力强，注重活动中享受品质服务，对服务细节要求较高。标准型具有一定的经济实力，消费方面不吝啬，但也不奢侈。经济型注重精简实用，对服务接待和环境条件方面要求不高。经济型力争少花钱多体验，消费能力低，处处精打细算。

根据参与人群的不同，可将中医药康体旅游市场分为青年市场、中年市场与老年市场。青年市场人群是祖国的未来、民族的希望，承担着建设祖国的重任，所以通过旅游这种青年人喜欢的方式唤起他们用中医养生的方法来保持身心健康，也可以有效地传承中医养生文化。中年时期是长寿的关键。中年重视康养，不仅自己可以延年益寿，还会影响老一辈和下一代人的健康，使全家都能坚持科学的生活方式，营造轻松愉快、和睦融洽的生活氛围。因此要重点开发中年养生市场，通过中医养生旅游，使中年人关注中医养生知识，感受到中国传统文化的魅力，把中医养生当成自己的一项事业，影响并带动周围的人进行中医养生，从而提高整个中华民族的健康水平。老年人是养生旅游市场最直接的消费群体。因为老年人相比较中青年，他们可自由支配的时间较为充足，且更关注自身的健康和长寿。但大多数老年人的养生保健只是在吃喝、锻炼两方面。随着中国老龄化社会的加剧、异地医保的逐渐完善，养生旅游作为一种全新的生活方式会吸引更多的老年人。在这一群体中，具有开发潜力的目标市场主要是企事业单位的退休职工、退休教师、医生、律师等有稳定收入、文化素养高、出游动机强的老年人。

根据受教育程度的不同，在中医药康体旅游的认知与消费倾向方面有明显的差异性。学历高的人更容易接受新产品、新消费和新的生活方式，同时对于中医药文化与健康生活方式及其文化内涵的领悟更深刻。受教育程度中等及以下的旅游者更多地追求表层体验，希望在中医养生旅游过程中获得一定的效果，比如直观的观赏体验，从而达到内心的满足。

（五）定位内容

1. 区域定位

区域定位是指企业在实行营销策略时，应当为产品确立要进入的市场区域，即确定该产品是进入国际市场、全国市场，还是在某市场、某地等。只有找准了自己的市场，才会使企业的营销计划获得成功。

2. 阶层定位

每个社会都包含有许多社会阶层，不同的阶层有不同的消费特点和消费需求，企业的产品究竟面向什么阶层，是企业在选择目标市场时应考虑的问题。根据不同的标准，可以对社会上的人进行不同的阶层划分，如按知识分，就有高知阶层、中知阶层和低知阶层。进行阶层定位，就是要牢牢把握住某一阶层的需求特点，从营销的各个层面上满足他们的需求。

3. 职业定位

职业定位是指企业在制定营销策略时要考虑将产品或劳务销售给什么职

业的人。将饲料销售给农民及养殖户，将文具销售给学生，这是非常明显的，而真正能产生营销效益的往往是那些不明显的、不易被察觉的定位。

4. 人群定位

人群定位是考虑把中医药旅游产品如何销售给那些需求人群。不同年龄段的人，有自己不同的需求特点，只有充分考虑到这些特点，满足不同消费者的要求，才能够赢得消费者。这时，选择一部分具有相同个性的人作为人群的定位目标，针对他们的爱好实施营销策略。

本章小结

本章从中医药康养旅游产品、中医药康疗旅游产品和中医药康体旅游产品的角度，对相关产品的概念、特征、设计类型、功能定位、市场定位等方面进行了详细的介绍，根据产品设计类型配备了案例，并对相应的案例进行了讨论。

思考与练习

一、不定项选择题

1. 康养旅游的特点有（　　　）。
   A. 文化性　　　　　　　　B. 多样性
   C. 科学性　　　　　　　　D. 教育性
2. 养生保健类的中医药康养旅游产品有（　　　）。
   A. 推拿　　　　　　　　　B. 药膳
   C. 手术　　　　　　　　　D. 诊断

参考答案

3. 中医药康养旅游是（　　　）与旅游业、现代休闲农业和新兴工业的融合体？
   A. 健康养生产业　　　　　B. 运动康复产业
   C. 观光旅游产业　　　　　D. 中医养生产业
4. 康疗旅游的特点是（　　　）。
   A. 文化性　　B. 多样性　　C. 科学性　　D. 针对性
5. 康疗旅游应该定义为以（　　　）为目的的旅游形式。
   A. 养生保健　　B. 娱悦身心　　C. 缓解压力　　D. 康复疗养

二、判断题

1. 医疗旅游就是康疗旅游。（   ）
2. 盐疗、沙疗是购物类中医药康养旅游产品。（   ）
3. 中医药康养旅游主要依托于独特的自然资源，结合中医药文化，以调节游客身心，促进健康为目的。（   ）
4. 市场导向是旅游产品开发必须遵循的重要原则。（   ）
5. "中医药+康疗旅游"更全面地将康疗旅游与中医药相结合。（   ）
6. 开发康复疗养产品，是健康产业链条的完善。（   ）
7. 在开发和设计产品时，以消费者为核心，结合自身特色、优势和资源开发康疗旅游产品尤为重要。（   ）

三、简答题

1. 请简述中医药康养旅游产品的特点。
2. 请简单介绍中医康养旅游产品设计的种类。

参考文献

［1］段湘辉.大健康时代康养旅游发展格局和影响因素研究［J］.武汉职业技术学院学报，2021，20（01）：89-93.

［2］国家旅游局.国家康养旅游示范基地标准，2016.

［3］干永和.基于消费者偏好的中医药康养旅游产品开发策略研究［D］.北京中医药大学，2017.

［4］扶梅娟.长沙市康体休闲产品游客消费特征研究［D］.中南林业科技大学，2011.

［5］吴必虎.区域旅游规划原理［M］.北京：中国旅游出版社，2001：6-7.

［6］闫巧珍.现代瑜伽运动与传统瑜伽的背离［J］.文山学院学报，2011（6）：48-50.

［7］高程丽.正确认识和运用瑜伽［J］.体育科技文献通报，2013（3）：94-95.

［8］左冰.对旅游供给理论的几点探讨［C］.中国地理学会2004年学术年会暨海峡两岸地理学术研讨会.

［9］李晋宏.旅游文化开发对地方经济发展的推动作用［J］.生产力研究，2003（6）：57-58.

第六章

中医药康养旅游的服务

本章重点

随着经济的发展，人们对健康的需求也越来越高，并潜移默化地影响着人们对旅游方式的选择，中医药康养旅游产业即将迎来重要发展机遇期。因此，对中医药康养旅游的服务也提出了更高要求。怎样才能更好地提供中医药康养旅游服务以提升自身竞争力呢？本章详细介绍了中医药康养旅游服务业从业人员应该具备的职业能力、中医药康养旅游服务的内容、中医药康养的适宜技术、针对中医药康养旅游商品的相关服务与相关的典型案例。

学习要求

通过本章的学习，学生应掌握从业人员的执业能力，熟悉中医药康养旅游服务要领、中医药康养适宜技术的相关知识，了解游客档案的建立及健康管理，结合典型案例，对我国现有中医药康养旅游服务的内容有全面认知。

本章思维导图

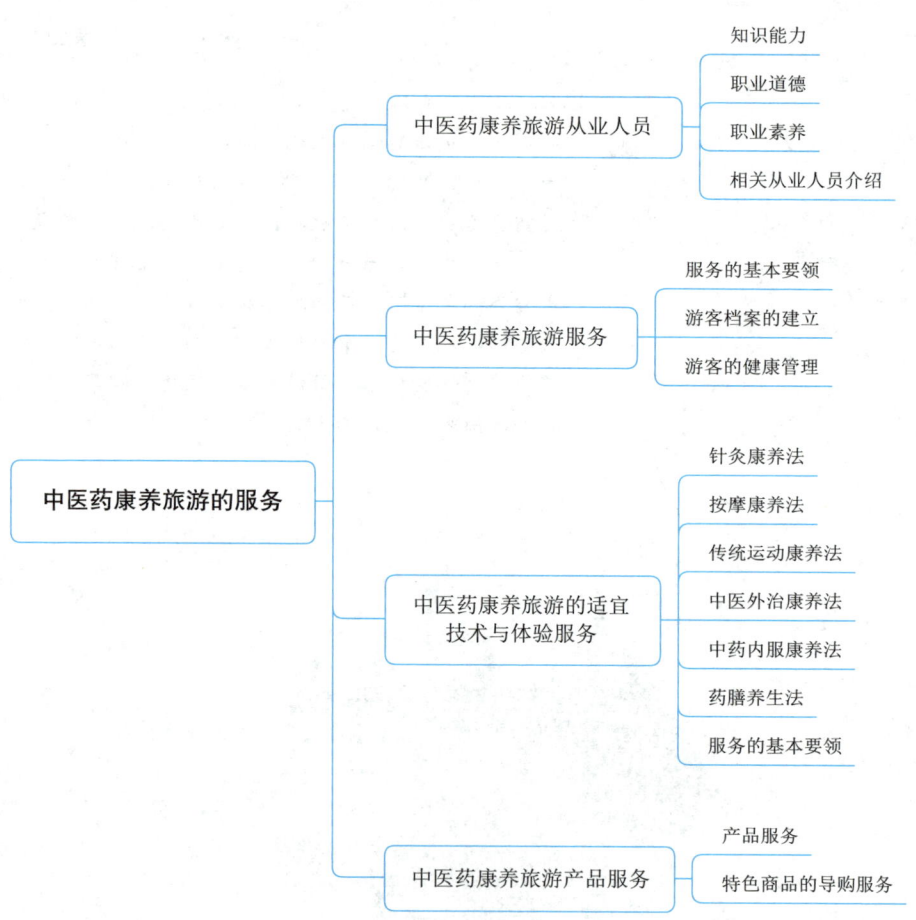

第一节　中医药康养旅游从业人员

随着时代的发展、城乡居民收入水平的大大提高，人们的生活方式悄然发生变化，中医药康养旅游也成为人们提高生活质量的一种方式。而其从业人员是整个中医药康养旅游服务的灵魂，从业人员在整个旅游过程中所体现出来的文化修养、敬业精神、服务技能、服务效率、组织协调能力、应变能力等，对游客的整体旅游感受会产生直接影响，甚至对整个中医药康养旅游业的发展产生影响。因此，中医药康养旅游行业对从业人员知识能力、职业道德、职业素养均提出了高要求。

一、知识能力

（一）理论知识

1. 语言知识

语言是中医药康养旅游从业人员的基本功，是与游客进行相互了解、信息沟通、文化传播、旅游指导、感情交流的重要工具。从业人员需要有过硬的语言能力。中医药康养旅游的服务效果主要取决于从业人员掌握和运用语言的能力。相关人员在服务过程中必须熟练掌握和运用生动形象、表达丰富的口头语言。

2. 史地知识

现代游客除了消遣度假外，更想通过旅行增长见识、改善生活品质、获取教益。因此，中医药康养旅游从业人员，尤其是中医药康养旅游的导游就需要具备广博的史地文化知识，对名胜风景、风土人情、历史典故、民间传说、民俗风情、风物特产、文学名著、名人逸事、古典园林、建筑等方面的知识都应了如指掌，并将上述的知识有机地联系在一起。相关从业人员要有真才实学，"上知天文，下知地理"，有渊博的知识做后盾，与游客交流时才能做到内容丰富、言之有物。

3. 旅行知识

为了使中医药康养旅游活动顺利进行，在活动过程中帮助游客解决各种问题，其从业人员必须掌握必要的中医药康养旅行知识。旅行知识主要包括交通知识、出入境知识、通信知识、卫生知识、旅游业知识等，从业人员掌握必要的相关知识，能在服务过程中减少出错的概率，起到至关重要的作用。

4. 中医药知识

中医药知识主要包括中医药基础知识（中医整体观、阴阳五行、辨证论治、"治未病"）、中药文化、中医药治疗、中医药功法等。这些知识是中医药康养旅游从业人员服务的"原料"，是从业人员的看家本领。从业人员了解和熟悉中医药知识才能有的放矢地为游客提供服务。

5. 康养旅游知识

康养旅游知识主要包括养颜健体、营养膳食、修身养性、自然环境等知识。中医药康养旅游从业人员掌握必要的康养旅游知识往往能起到事半功倍的作用，更好地为游客提供有针对性的服务。

6. 政策法规

政策法规是中医药康养旅游从业人员工作的指南针。从业人员在为游客服务的过程中，必须以国家的方针政策和法规为指导，根据国家的相关政策和法律法规予以正确处理，否则会使游客产生误解，甚至使国家蒙受损失。中医药康养旅游从业人员自身的言行也应符合国家相关政策法规的要求，自觉地遵纪守法。

（二）综合能力

1. 应变能力

中医药康养旅游活动中难免会出现意外事故，是否能妥善的处理是对从业人员的严峻考验。因此，要头脑清醒、冷静分析、临危不惧、遇事不乱、有条不紊、积极主动、果断决定、办事利索、正确处理、随机应变，处理多方面关系时要灵活、机智、干脆利落、友好协作，这些都是中医药康养旅游从业人员在处理意外事故时所应该具备的能力。在食、住、行、游、购、娱等活动中，游客都有可能遭遇特殊或突发情况，如交通工具延误、感染传染病、食物中毒、钱财被抢被盗、遭遇自然灾害、人员纠纷等，从业人员都应沉着应对、果断处理。

2. 表达能力

中医药康养旅游从业人员在工作中要能以准确、高雅的语言，生动形象的表达，与游客进行交流。清楚、正确、灵活、生动是中医药康养旅游从业人员语言表达的基本要求，四个方面相辅相成、缺一不可。游客通过从业人员的语言表达来获取各种中医药康养旅游信息，增长见识，从而感到旅游生活妙趣横生，体验感增强，留下经久难忘的印象。从业人员应该注意语言的趣味性、科学性、针对性、生动性和情感性，平时多积累、多训练、多总结、多提高，在长期实践中不断努力。

3. 组织能力

为了使中医药康养旅游过程愉快，从业人员应该共同协作，根据中医药康养旅游接待计划和实情，合理、巧妙地安排旅游活动，带领所有游客游览好、体验好、生活好。这些都要求从业人员要有较强的组织能力，要求从业人员在执行旅游活动时有较强的中医药康养方面的针对性，确保旅游活动的顺利开展。

4. 协调能力

协调能力是指中医药康养旅游从业人员根据旅游活动的计划和具体情况，根据游客的需求，协调旅游各方面合作关系，有针对性地对旅游资源进行分配并留有余地，同时在协调团队活动过程中注意方式方法，使之相互融合，并及时掌握变化，灵活地采取措施。

5. 健康管理技能

健康管理技能是指中医药康养旅游从业人员需要具备医学基础知识、营养学知识、心理学知识、运动知识以及互联网知识，并运用五大专业知识对游客的身心健康进行检测、评估、分析、健康指导和危险因素干预。

二、职业道德

中医药康养旅游从业人员的工作是一项范围广、综合性强、责任重大的工作。中医药康养旅游从业人员除了要加强知识能力方面的学习，还必须加强职业道德的修养。中医药康养旅游从业人员职业道德是指中医药康养旅游从业人员在从事相关的服务工作中所应该遵循的与其中医药康养旅游职业活动相适应的道德原则和规范的总和，是所有中医药康养旅游从业人员在其职业活动中应遵守的行为准则。我国中医药康养旅游从业人员职业道德规范主要有以下内容：

（一）爱国爱企，自尊自强

爱国爱企、自尊自强是所有中医药康养旅游从业人员必须遵守的基本道德规范和行为准则。它要求中医药康养旅游从业人员在工作中要始终站在国家的高度，要有中华民族自尊心和自信心，以国家和中医药康养旅游企业的利益为重，为国家、企业的中医药康养旅游发展多做贡献。

（二）遵纪守法，爱岗敬业

中医药康养旅游从业人员必须遵守国家的法律、法规，自觉地执行中医药康养旅游行业的各项规定，遵守其行业纪律，执行行业从业人员服务质量标准，热爱本职工作，刻苦钻研业务，为旅游者提供高质量的中医药康养旅游服务。

（三）热情大度，端庄整洁

中医药康养旅游的游客复杂多样，不同的游客的心理状态各异，中医药康养旅游从业人员应做到热情好客，始终从游客的角度考虑问题，为游客着想，使游客充分感受到中医药康养旅游的乐趣。从业人员一定要随时注意自身的仪容仪表，穿着得体，干净大方，把着装看成是"礼形于外"的大事，使游客满意、舒心。

（四）一视同仁，不卑不亢

旅游者来自不同的国家、地区，不同的民族，其社会、经济地位也不尽相同，但皆是中医药康养旅游从业人员的服务对象，应对其一视同仁，尊重其人格，维护其合法权益，热情周到地为其服务，不能厚此薄彼。中医药康养旅游从业人员对待游客应尊重有礼，同时也应不卑不亢，真正体现出从业人员的国格、人格以及民族自尊心、自信心。

（五）宾客至上，服务至诚

中医药康养旅游从业人员应把游客当作朋友、亲人，把游客的合法权益放在首位，尊重游客，平等待客，热心、耐心、细心地帮助游客解决遇到的问题，想游客之所想，急游客之所急，增强服务意识，积极、主动地提供服务，真正做到让游客满意。

（六）技术娴熟，优质服务

要想为游客提供优质的服务，尽心、尽责地解答游客提出的问题，把中医药康养旅游做好，其从业人员就需要掌握博而专的知识、中医药康养的实用技能，不断提高自身的道德修养和业务能力，把规范化和个性化的服务相结合，高效率地提供服务。

（七）团结服从，顾全大局

中医药康养旅游是一项综合性服务，涉及多部门的合作，从业人员要讲团结、顾大局，把国家和集体的利益放在首位，以此为准绳，在服务过程中努力做到这一点，确保中医药康养旅游的服务质量。只有这样，才能维护中医药康养旅游业的整体形象，为游客提供优质服务。

三、职业素养

（一）心理素养

心理素养是指中医药康养旅游从业人员善于调节和掌握游客心理情绪的能力和自身优良的意志品质。从业人员要有敏锐的感知力和观察力、准确的判断力、冷静的思维力和较强的自控力，面对复杂多变的环境要保持良好的心态，还具备一定的抗挫能力，学会调节情绪。从业人员在游客面前应保持良好的精神状态，不受外来因素的影响，要有持久而稳定的情绪。

（二）身体素养

中医药康养旅游从业人员的工作繁杂、面广量大、工作对象复杂、流动性大、劳动强度大，这些都会直接影响从业人员的实际工作能力的发挥。因此从业人员的健康状况和身体适应能力是从事中医药康养旅游的首要条件。身体强健才能最大限度地调动意志力，发挥潜能，随时应对各种突发情况。

四、相关从业人员介绍

（一）营养师

营养师是指具备营养基础理论和营养临床技能的专业人才，专门从事饮食指导、疾病预防、亚健康预防、辅助治疗、健康管理等，设计好方案，提供跟踪服务。营养师是集保健、中医、西医、心理师、厨师、管理员、营销员等职业特点于一体的综合性职业。中医药康养旅游的营养师主要是为游客提供具有中医药康养特色的营养指导、配餐方案及开发营养食谱，从事营养知识的传播，参与中医药康养旅游中与营养相关的活动策划。

（二）健康管理师

健康管理师是指为适应社会的需求，提高人们身体素质和健康意识，培养健康管理人才，从事对人体健康和疾病的监测、评估、分析以及健康促进和维护的专业人员。健康管理师是集合了预防医学、体检、健康教育、营养学、康复学、心理学、医学信息管理等专业特点的综合性职业。从事中医药康养的健康管理师侧重于为游客提供健康保险、医疗服务、健康体检、中医保健、保健食品、美容养生、健康养老、医疗旅游、母婴服务、体育健身等相关服务。

（三）睡眠师

睡眠师又称为助眠师，是指为有睡眠问题的个体提供全方位解决睡眠困扰的帮助，提升个体睡眠质量的专业人士。针对不同的失眠群体，睡眠师会提供个性化的中医药康养相关的助眠服务解决失眠问题，提升睡眠质量。通过睡前创造的良好睡眠氛围，减少失眠者的孤独感，消除个体焦虑感，从而提升睡眠质量。

（四）养老服务员

养老服务员是指从老年人的需求出发，为其提供多层次、多样化的生活服务、精神慰藉、医疗保健、康复护理、文化体育、安全防护、整体关怀等养老服务，满足老年人特殊的物质和精神生活基本需求的专业人员。从事中医药康养的养老服务员则更侧重于提供中医药康养相关的治病、护理、疾病预防、传授养生之道等。

（五）导游

导游是指按国家规定取得导游证，在接受旅行社委派后，为游客提供向导、讲解以及旅途服务工作的人员。其主要工作内容是安排游客参观游览活动，进行生动精彩的讲解，帮助游客了解中医药康养的相关知识，安排落实游客旅途中的食、住、行、游、购、娱等活动，与游客沟通、交流，普及中医药康养文化，解决旅行中的突发事件。

第二节 中医药康养旅游服务

一、服务的基本要领

服务在中医药康旅游中起着十分重要的作用，从供给角度而言，服务是为满足康养旅游者的精神和物质需求，所提供的一切有偿和无偿服务的综合。本章节针对服务过程中的仪容、仪表、仪态及用语进行阐述，帮助服务人员提升服务水平，以提高康养旅游者的满意度。

（一）仪容

仪容是服务人员职业形象的重要组成部分，包括头发、面容、颈部及手部等部位的修饰。良好的仪容是我们自身的一项基本素质，也是对商务合作伙伴的尊重，是走进客户心里的第一张通行证。服务人员仪容礼仪基本要求，面必净、发必理、手必洁、妆必淡；神态勿傲勿暴勿怠、颜色宜和宜静宜庄。

1. 头发

要适时梳理，不可有头屑，发型要朴实大方。男性的发型给人以得体、整齐的感觉，显示成熟、稳重；女性梳理清秀典雅的发型，能体现出干练、大方、成熟。总体上还可以根据自己的脸型、体型、年龄、发质、气质，梳理与自己职业和个性相匹配的发型，以增强人体的形象感。

2. 面容

服务人员应修饰面部，使其充满活力，阳光向上。从工作性质上而言，从事中医药康养旅游服务的人员本身应该是健康的象征，处处体现健康素养，方给游客留下良好的印象。

3. 手部

手也是显露人体高雅的重要部位，手要清洗干净，指甲要经常修剪，长度要适度，尽量不涂甲，如果实在需要不要染过于夸张的颜色，避免给顾客造成不舒服的感觉。

（二）仪表

良好的仪表无疑增添了极高的职业感、可信度，也具有极强的标示性。服务人员在上岗时要穿工作服，不要太随意，工作服可以提高旅游景区的形象和个人气质。要注意保持领口和袖口的洁净，并注意保持工作服的整体挺括。穿工作服时要注意检查扣子是否齐全，有无松动，有无线头、污点等。

鞋子是工作服的一部分，在工作等正规场所要穿皮鞋，一定要保持皮鞋的干净光亮。不要穿白色线袜，或露出鞋帮的有破洞的袜子。男职员的袜子颜色应跟鞋子的颜色和谐，通常以黑色最为普遍。女职员应穿与肤色相近的丝袜。穿工作服要佩戴工作证，无论是哪一个具体部门的员工，均应把工作证端正地佩戴在胸前。

饰品也是服饰的组成部分，旅游景区服务人员一般不提倡佩戴首饰，如需佩戴应以简洁、统一为原则。如已婚人士可佩戴款式简洁的婚戒，女服务人员发饰应统一款式。

表 6-1 职业装的种类及穿法

男性——西服的穿法/西服的种类	女性——职业套装的穿法
1. 西服的穿法 ①合身 ②衬衫的衣领和袖口应多出西装 1.5 厘米 ③衬衫颜色为白色或浅色 ④鞋、皮带、钱包相同品牌 ⑤袜子颜色为黑色或深色 ⑥男士的裤子应有裤缝 ⑦西服的口袋不能放东西 ⑧手机、钥匙不能挂在裤袋上 2. 西服的种类 ①双排扣：扣子应全部扣上，坐下时应解开 ②单排扣：最下面的扣子永远不扣 ③刚毕业的人不建议用上面的了。还是先穿标准装，比如套装，基本款，男生深灰色、深蓝色	1. 职业套装的穿法 ①着职业套装 ②服装的颜色不宜超过 3 种 ③忌太透、太露的服装 ④裙子下摆长度及膝 ⑤忌穿挑丝的袜子 ⑥搭配饰物不要超过 4 件 2. 刚入职场女孩子要具备 ①3~5 厘米黑色皮鞋 ②基本款套装（裙长及膝，不可过紧包臀） ③3 千元~6 千元手表 ④素色丝巾 ⑤手提包 ⑥笔记本电脑 ⑦一支有色润唇膏

（三）仪态

仪态是服务人员在服务的过程中要做到举止大方、不卑不亢、优雅自然。

在与游客交谈过程中，首先双方要互相正视、互相倾听，不能东张西望、看书看报、面带倦容、哈欠连天，否则会给人心不在焉、傲慢无理等不礼貌的印象。其次微笑要贯穿礼仪行为的整个过程，这是一种国际礼仪，能充分体现一个人的热情、修养和魅力。真正甜美而非职业性的微笑是发自内心、自然大方的。在服务过程中，服务人员还应该注意态度诚恳、表情自然和姿态得体等。

1. 态度诚恳

在与游客交流时，说话者要做到态度诚恳、亲切，并且通过耐心的倾听、细致而全面的解答、和颜悦色的面部表情、清晰悦耳的声音，将尊重、热情、关怀等信息传递给游客，让游客从中得到一种美的享受。

2. 表情自然

与游客交流时要使用礼貌用语，表情要自然大方。此外，还要注意与游客在眼神上的交流：注视对方的眼神应是自然、柔软的，目光高度也应恰到好处，正视游客时，目光应停留在游客的鼻眼三角区，而不要不时地上下打量游客。要注意避免诸如打呵欠、搔头皮、掏耳朵、抠指甲、卷衣角、玩弄小物件等小动作。

3. 姿态得体

与游客交流时，姿态应大方、得体；站立服务时与游客交流应该按照站立服务的规范要求，与游客始终保持 0.5~1 米的距离。服务过程中不要用手指指点，也不要抓耳挠腮；倾听别人讲话时不可以将双手交叉于胸前，也不可以用一只手支在腮前，更不能用双手抱住头部低头听讲，或将双手合拢抱着自己的后脑勺。

4. 基本站姿。

图 6-1　原立式站姿（男）

图 6-2　原立式站姿（女）

第六章　中医药康养旅游的服务

图6-3　腹前握指式（女）

图6-4　腹前握拳式（男）

应避免的站姿。身体抖动或晃动（给人漫不经心或没有教养的感觉），双手插入衣袋或裤袋中（不严肃，拘谨小气），双臂交叉抱于胸前（这会有消极、防御、抗议之嫌），双手或单手叉腰（这种站法含有侵犯之意），两腿交叉站立（会给人以不严肃的感觉）。

（四）基本礼仪手势

手势在传递信息、表达意图和情感方面发挥着重要作用，大方、得体的手势可以给人以肯定明确的印象和文雅的美感。常用手势有如下几种：

1. 斜臂式

指引上方和下方。上身微倾15°，四指并拢，小臂上伸，肘部与肩平齐，大臂与小臂呈钝角，手臂在侧前方。

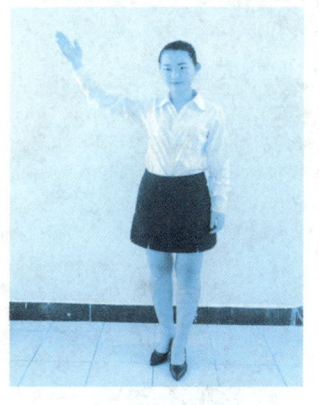
图6-5　上斜臂式

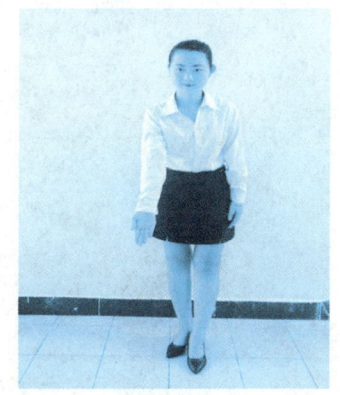
图6-6　下斜臂式

2. 曲臂式

指引上方或下方。上身微倾15°，四指并拢，小臂上伸，肘部在胸与肩之间，大臂与小臂呈钝角，手掌、手腕与小臂呈一条直线，手臂在侧前方。

3. 横摆式

指引水平方向。上身微倾15°，四指并拢，手掌与地面斜切45°，小臂平行于地面，大臂与小臂呈钝角，手掌、手腕与小臂呈一条直线。

4. 直臂式

指引较远的水平方向。上身微倾15°，四指并拢，手掌向上，大臂与小臂与肩平齐。

5. 回摆式

指向反方向。小臂从体侧抬起，以肘为轴，向腹前回摆。四指并拢，手掌向上，小臂平行于地面，离腹部20厘米左右。

6. 双臂式

欢迎或引领多人时用。上身微倾15°，四指并拢，手掌向上，在腹前打开表示欢迎，或摆向一侧。

图6-7　直臂式　图6-8　回摆式

图6-9　打开双臂式1　图6-10　打开双臂式2

（图6-1~图6-10均来源于饶雪玲.《商务礼仪实务》.清华大学出版社.）

（五）用语

语言是人际交往的工具，是沟通人与人之间思想情感和日常行为的桥梁。在社会生活和人际交往中，良好的语言表达不仅可以增强彼此的了解和沟通，而且可以消除隔阂、化解矛盾。因此，语言修养是检验服务人员职业素质高低的一项十分重要的标准。

1. 问候语

康养旅游景区工作人员在工作区域遇到游客时，应主动与游客打招呼并灵活运用问候语礼貌问候。问候语是指在接待游客时根据不同的对象、时间、地点所使用的规范化问候用语。

①初次见面时，首先用"您好"，再说欢迎语，如"欢迎您到××""欢迎到××来"等。

②一天中不同时间段分别用"早上好""中午好""晚上好"等问候语问候游客。

③服务工作中的问候语通常用"您需要帮忙吗？""请问您有什么需要？"

2. 应答语

工作人员在接待服务工作中经常要回答游客提出的各种问题，如何巧妙作答，让游客满意，里面既包含礼貌规范的要求，同时又反映出康养旅游景区工作人员的语言表达技巧。不同的问题需要用不同的表达方式去回答，具体如下：

①对前来问询的游客在游客开口之前，应面带微笑，倾身向前的同时主动说"您好，您需要帮忙吗？"

②接受游客吩咐时应说"好的，我明白了！"

③没听清或没听懂游客的问话时应说"对不起，麻烦您再说一遍"。

④不能立即明确回答游客问话时应说"对不起，请稍等一下"。

⑤对等候的游客应该说"对不起，让您久等了"。

⑥当游客表示感谢时应说"别客气，这是我应该做的"。

⑦当游客因误解而致歉时应诚恳地说"没关系，这算不了什么"。

⑧当受到游客诚恳的赞扬时应说"谢谢，您过奖了"。

⑨当游客提出无理或过分的要求时，应该说"很抱歉，我们没有这种做法"或者是满怀遗憾地说"哎呀，我也特别想满足您的这种要求，但是我不能这么做"。

3. 礼宾服务用语

礼宾部员工是最先迎接和最后送走游客，并向游客宣传康养旅游景区产品的服务群体。礼宾部员工的礼貌、周到的服务语言往往能够为游客带来良好的第一印象。礼宾部员工应该熟练掌握礼貌语言、熟悉饭店服务设备与设

施,以便为宾客提供介绍或解答。常用的服务语言按照礼宾员工与宾客接触的时间与地点而具有针对性。例如:

①我是××代表!欢迎光临!欢迎下榻××!

②(为游客开车门)欢迎光临!我是行李员××,可以帮您拿行李吗?

③×先生,您好!这是您的留言单,请查收。

④您要代办××服务是吗,这边请。

4. 游客投诉应对用语

投诉是指游客对于服务点的服务、产品、人员态度或设施表示不满而提出的批评、抱怨或控告。由于游客的多样性和差异性,不同游客对同一服务的评价会有所不同,因此,投诉是无法避免的,关键是掌握投诉的处理程序与技巧,化解游客与酒店之间的矛盾关系,促进游客满意度。处理投诉时应把握这样几个基本原则:一是帮助游客解决问题的真诚性原则。应以同理心理解游客处境与心境,了解他们的真实需求,在合理的规定下做出行之有效的处理方案,如果不在自己职权范围或能力范围之中,应及时转交上级。二是不打断、不争辩原则。游客投诉经常有过激言行,作为工作人员应该保持理智,不在游客情急之下做解释,不当众人之面揭露事件原委,对游客表示同情的同时,还应感谢游客对康养旅游景区的建议。三是不损害康养旅游景区利益与形象的原则。处理投诉时既要同情游客,也要注意保全康养旅游景区正当利益和整体形象,不能一味讨好宾客或顺着宾客意图贬低他人或部门。

①先生,如果像您所说,星级酒店出现这样的情况真是太不应该了。

②您先请坐,慢慢说!我一定认真倾听并做好记录!

③是的。换作是我,这样的情况我也会投诉的。

④您在此休息一下,我们马上调查,给您一个满意的答复。

⑤为我们改进服务提出宝贵意见!

服务礼仪对于企业而言,是其企业文化的最直接体现;对于个人来说,是一个人的思想道德水平、文化修养、交际能力的外在表现;对于城市而言,是一个城市文明程度、道德风尚的反映。因此,作为中医药康养旅游服务人员一定要知礼行礼,充分利用各种机会,内化于心,外化于行,处处彰显礼仪风范。

二、游客档案的建立

2009年12月3日卫生部公布的《卫生部关于规范城乡居民健康档案管理的指导意见》指出,建立城乡居民健康档案的工作目标是从2009年开始,逐步在全国统一建立居民健康档案,并实施规范管理。到2009年底,按照国家统一建立居民健康档案的要求，农村居民健康档案试点建档率达到 5%，城市地区居民健康档案建档率达到 30%；到 2011 年，农村达到 30%，城市达到 50%。到 2020 年，初步建立起覆盖城乡居民的，符合基层实际的，统一、科学、规范的健康档案建立、使用和管理制度。以健康档案为载体，更好地为城乡居民提供连续、综合、适宜、经济的公共卫生服务和基本医疗服务。

（一）健康档案的概念

健康档案是指居民身心健康（正常的健康状况，亚健康的疾病预防、健康保护促进，非健康的疾病治疗等）过程的规范、科学记录。是以居民个人健康为核心、贯穿整个生命过程、涵盖各种健康相关因素、实现信息多渠道动态收集、满足居民自身需要和健康管理的信息资源。以问题为导向的健康档案记录方式（ProblemOrientedMedicalRecord，POMR）是 1968 年由美国的 Weed 等首先提出来的，要求医生在医疗服务中采用以个体健康问题为导向的记录方式。目前已成为世界上许多国家和地区建立居民健康档案的基本方法。

1. 健康档案的基本组成

健康档案是医疗卫生机构为城乡居民提供医疗卫生服务过程中的规范记录，是以居民个人健康为核心、贯穿整个生命过程、涵盖各种健康相关因素的系统化文件记录。居民健康档案内容主要由个人基本信息、健康体检记录、重点人群健康管理及其他卫生服务记录组成。全科医疗健康档案在内容上分为 3 个部分，即个人健康档案、家庭健康档案和社区健康档案。个人健康档案在全科医疗中应用十分频繁，使用价值也最高。家庭健康档案则根据实际情况，建立和使用的形式不一。社区健康档案在全科医疗服务中没有统一要求，主要用以考核医师对其所在社区的居民健康状况与社区资源状况的了解程度，考查全科医生在病人中的满意度。医院信息化还未有一套通用的规范、标准及法律依据，这增加了与院外数据交换的困难，且使得一些应用项目因缺少法律依据而难以开展。

游客健康档案的信息可在居民健康档案的基础上加以整理。游客健康档案是记录有关游客健康信息的系统化文件，是项目服务工作中收集、记录游客健康信息的重要工具，是中医药康养旅游项目顺利、有效开展的载体。以期达到对游客的长期服务及管理，通过连续的健康档案管理满足游客健康生活方式、保健预防等服务需求及提供经济、有效、综合、连续的中医药服务。因此要建立完善游客健康档案的制度，并严格管理和有效利用，有针对性地开展系统的游客健康管理服务。

2. 健康档案当前存在的问题

电子健康档案在病历信息的描述、集成、传递和交换等环节没有找到有效的技术手段，致使电子健康档案的开发过程非常烦冗、技术难度高，而开发出来的系统的功能单一、普适性差，致使电子健康档案的总体成本居高不下，短时间内难以大规模应用到医疗系统内部。从法律角度上考虑，电子健康档案仅是对患者医疗信息的一份拷贝，没有成为一个合法资料，当发生医疗纠纷时难以成为法律依据。从身份识别角度考虑，目前电子签名的推广也成效甚微，难得保障病人资料不被泄露。以上种种不利因素制约着电子健康档案的发展。

在信息安全管理体系不完善的情况下，跨平台之间的数据无法实现数据的互联互通及共享，信息档案数据不完整、不连续、不及时等都会给健康管理的顺利开展造成阻碍。因此健康档案的建立必须考虑其存在的问题，借助AI，实现项目运营当中的数据真实性、可靠性、连续性，让数据真正为我们的服务赋能，而不仅仅是一个数字。

（二）游客档案的建立

本书所针对的档案建立，主要是游客健康档案的管理，围绕中医药康养旅游的特征、目标、概念而规定其要素。一是基于传统的居民健康信息档案而建立的电子档案（详见附录），也可根据实际需求而进行调整；二是基于互联网视域下的电子健康档案；三是基于5G、人工智能视域下的云健康档案。

（三）基本原则

1. 逐步完善的原则

游客健康档案中部分内容将需要通过长期的观察、分析、综合，才能做出全面、准确的判断，从而逐步完善。

2. 资料收集前瞻性原则

游客健康档案记录的重点为过去曾经影响、现在仍然在影响、将来还会影响个体、家庭健康的问题及影响因素，档案的重要性有时并非都能认识到，将伴随个体、家庭所面临问题的变化而变化。因此，在描述某一问题时，应遵循前瞻性原则，注意收集与问题密切相关的信息资料，并及时更新和保存。

3. 基本项目动态性原则

游客健康档案中的一些基本项目尚不能包含影响到个体或家庭健康的全部资料，故在应用中应对一些不符合实际或已发生变迁的资料进行及时的更新、补充。

4. 客观性和准确性原则

游客健康档案的客观性和准确性是其长期保存、反复使用的价值所在。因此，在收集资料时，服务人员应在接受服务对象或其家属提供的主观资料的同时，主动获得更多的客观资料。

5. 保密性原则

游客健康档案可能涉及个人、家庭的隐私问题，服务人员应充分保障当事人的权利和要求，不得以任何形式泄露。

（四）技术支撑

新冠肺炎疫情期间，5G技术发挥出重要作用，武汉火神山医院就率先融合应用5G技术开展医疗服务活动。四川大学华西医院凭借5G双千兆网络，升级现有远程医疗网络，并协同智能手机应用。武汉有2例COVID-19患者的确诊过程就是基于5G传输技术通过机器人远程超声技术进行评估，且诊断结果与CT扫描一致，验证了5G在医疗健康领域运用的优势明显。当然，5G技术的运用也面临着互通性、大数据分析、物联网连接、安全性的挑战。与人工智能技术的融合使用，可以提升在整合分析、共享性、安全性、联合学习以及纠正数据偏差等方面的作用。5G+医疗健康是"互联网+"在医疗健康领域的创新发展与运用，与"互联网+医疗健康"两者之间有着紧密的关联，特别是其发展模式具有借鉴意义。

在中医药康养旅游项目中，可以与信息技术企业、医疗服务企业和其他利益相关组织等建立合作关系，开发电商中医康养模式、在线健康管理服务模式、中医健康监测管理模式等，形成多元联动的智慧中医康养旅游服务模式。要打破传统的单一旅游服务消费模式，打破"信息孤岛"和"数据壁垒"，打破时间和空间限制，满足用户多样化、多层次、跨时间、跨空间的服务需求，提高游客的黏性。通过动态健康档案系统，可以实时监测用户的身体状态，通过智能化的信息系统和平台实现游客的期望和目标。

三、游客的健康管理

将健康融入所有政策，将健康管理融入所有环节，中医药康养旅游应时代而生，既要传承传统健康管理的经验模式，又要立足中医药康养旅游的特征性和时代性，有针对性地构建健康管理模式，让游客游有所获、游有所得、游有所养，实现游客参与项目的期望，进而让更多的人爱上这种康养方式，推动中医药康养旅游的蓬勃发展，助力国家健康中国战略实施。本章节考虑游客健康管理的复杂性、多元性，对从基础健康管理到新时代智能健康管理的脉络进行梳理，以期让中医药康养旅游服务人员传承创新，探索更加符合新时代的中医药康养旅游模式。

（一）"健康管理三部曲"

健康管理是以现代健康概念为指导，运用医学、管理学等相关学科的理论、技术和方法，对个体或群体健康状况及影响健康的危险因素进行全面连续的检测、分析、评估以及健康咨询、指导和健康危险因素干预，以促进人人健康为目标的新型医学服务过程。通俗而言，健康管理是以人的健康为中心，长期连续、周而复始、螺旋上升的全人、全程、全方位的健康服务。

表 6-2 "健康管理三部曲"

第一步	了解和掌握你的健康，即健康状况的检测和信息收集
第二步	关心和评价你的健康，即健康风险的评估和健康评价
第三步	改善和促进你的健康，即健康危险因素的干预和健康促进。健康/管理以最优化的资源投入获取最大的健康效益
简述	健康体检可谓前提，健康评估是手段，健康干预是关键，健康促进则是目的

（二）传统的健康管理常用服务流程

1. 健康体检

以人群的健康需求为基础，按照早发现、早干预的原则来选定体格检查的项目。检查的结果对后期的健康干预活动具有明确的指导意义。健康管理体检项目可以根据个人的年龄、性别、工作特点等进行调整。目前一般的体检服务所提供的信息应该可以满足这方面的要求。

2. 健康评估

通过分析个人健康史、家族史、生活方式和从精神压力等问卷获取的资料，可为服务对象提供一系列的评估报告，其中包括用来反映各项检查指标状况的个人健康体检报告、个人总体健康评估报告、精神压力评估报告等。

3. 个人健康管理咨询

在完成上述步骤后，个人可得到不同层次的健康咨询服务。个人可去健康管理服务中心接受咨询，也可由健康管理师通过电话与个人进行沟通。内容可以包括以下几方面：解释个人健康信息及健康评估结果及其对健康的影响，制订个人健康管理计划，提供健康指导，制订随访跟踪计划等。

4. 个人健康管理后续服务

个人健康管理的后续服务内容主要取决于被服务者（人群）的情况以及资源的多少，可根据个人及人群的需求提供不同的服务。后续服务的形式可以通过互联网查询个人健康信息和接受健康指导，定期寄送健康管理通讯和健康提示，以及提供个性化的健康改善行动计划。监督随访是后续服务的一个常用手段。

5. 专项的健康及疾病管理服务

除了常规的健康管理服务外，还可根据具体情况为个体和群体提供专项的健康管理服务。这些服务的设计通常会按患者及健康人来划分。对已患有慢性病的个体，可选择针对特定疾病或疾病危险因素的服务，如糖尿病管理、心血管管理、疾病及相关危险因素管理、精神压力缓解、戒烟、运动、营养及膳食咨询等。对没有慢性病的个体，可选择的服务也很多，如个人健康教育、生活方式改善咨询、疾病高危人群的教育及维护项目等。

（三）智能健康管理的主要内容

智能健康管理是整合医疗与信息技术相关部门、企事业单位的资源，进行全面合作，通过信息化技术，研究健康管理信息的获取、传输、处理和反馈等，实现区域一体化协同医疗健康服务，建立高品质与高效率的健康监测、疾病防治服务体系及健康生活方式与健康风险评价体系，进行健康评价、制订健康计划、实施健康干预等过程，达到改善健康状况，防治常见疾病和慢性疾病的发生和发展，提高生命质量，降低医疗费用的目的，最终实现全人、全程、全方位的健康管理。

1. 数字健康（eHealth）

eHealth 最早出现在 2000 年。由于 eHealth 产业链涉及范围较广，包括信息运营商、软件与硬件、IT 服务、医疗器械、医疗与健康管理行业，内容也覆盖了全民健康信息网络、电子健康记录、远程医疗服务、移动医疗设备和通信，以及越来越多基于 IT 和通信技术的疾病预防、健康监测和生活方式管理的系统和设备，至今没有人给 eHealth 下一个统一、清晰的定义。

2. 移动健康（mHealth）

随着移动通信技术和医疗技术设备的发展，促进了移动通信系统在医疗保健行业的应用，出现了 mHealth 一词，并成为 eHealth 的一部分。mHealth 是把计算机技术、移动通信以及信息技术应用于整个医疗过程的一种新型的现代化医疗方式，它是面向社会的、全面的医疗信息、医疗服务和健康管理服务的复杂系统。

3. 智能健康（iHealth）

受消费者对远程医疗服务的需求、对健康生活和健身的需求的推动，2010 年全球移动医疗所创造的价值高达 500 亿~600 亿美元，大部分来自远程监控服务和技术。很多国家已经在开发移动医疗的业务，在商业模式、通信技术、生理信息采集器等方面都有相关的研究。

（四）健康管理的主要目标

在新的医药卫生体制改革方案下，紧紧围绕我国政府建设高水平小康型社会的总体要求，创立现代健康管理创新体系，创新服务模式与技术手段，使慢性非传染性疾病得到有效控制，在实现大幅度提高国民健康素质与健康人口构成比例、提高国民平均期望寿命和健康寿命中发挥重要作用，使健康管理相关产业成为国家拉动内需、扩大消费的民生工程和新的支柱产业之一，成为引领和推动中国科技与产业发展的重要领域。通过探索开辟一条适合我国中医药康养旅游发展的道路，在"健康管理三部曲"的理论指导下，实现对游客的全面、全程、科学、连续的健康管理。以信息技术为手段，通过数字健康（eHealth）、移动健康（mHealth）、智能健康（iHealth）构建新型的中医药康养旅游服务体系，在为游客提供连续高效的健康管理服务的同时助力国家健康中国战略实施，减缓我国慢性病持续攀升的局面，积极应对慢性病剧增、人口快速老龄化的健康挑战，形成有中国特色的中医药康养旅游模式。

第三节　中医药康养旅游的适宜技术与体验服务

中医药康养是从长期的中医药实践经验中总结出来的康养领域的学科，其经历了五千年数亿万次的实践，由实践上升为理论，又回到实践中去验证。它的形成和发展与我国数千年璀璨的传统文化密切相关，因此具有独特的东方特色和民族风格。

由于历代中医药养生家的理论和实践不同，因此各学派之间各有侧重，各有所长。想要深入了解中医药康养旅游，首先需要学习中医药康养的代表适宜技术。

一、针灸康养法

《灵枢·经别篇》说："十二经脉者，人之所以生，病之所以成，人之所以治，病之所以起。"说明人体的生长与健康、疾病的发生与痊愈，均与人体经络具有密切关系。针灸康养法是在中医药理论的指导下，运用一定的针灸手法，作用于机体的经络腧穴系统，以激发营卫气血的运行，从而疏通经络、调和气血、平衡阴阳、协调脏腑，达到防病养生的目的。它不仅是中医外治疗法的重要手段，也是中医药康养适宜技术中的重要保健措施和方法。

（一）针法

1. 针刺保健的概念

针刺保健是以毫针刺激一定的腧穴，使用迎、随、补、泻的手法激发经气，调节气血运行，促进机体新陈代谢，使正气充盛、阴阳谐调，达到强身健体、延年益寿的目的。

针刺保健与针刺疗疾的方法相同，但各有侧重。针刺保健着眼于增进机体代谢能力，旨在强身健体；针刺疗疾则着眼于纠正机体阴阳、气血的盛衰，意在扶正祛邪。因而，用于保健时，选穴时多选择具有强壮功效的穴位为主，选穴不宜过多；施针的手法以刺激强度适中为度。

图 6-11　针刺保健

2. 针刺保健的作用

（1）通经络：经络畅通，机体各部分得以密切联系，才能共同完成机体的新陈代谢。如果机体某一局部的气血运行不畅，针刺可疏通经络，使气血通畅。

（2）调虚实：人体的生理机能活动容易出现虚实盛衰的偏向，导致疾病的发生。针刺保健可通过对经络腧穴的刺激，纠正人体机能的偏差，虚则补之，实则泻之，以确保机体康健。

（3）和阴阳：阴阳和谐是人体健康的关键。通过针刺保健可使机体内外交通，营卫调和，阴阳和谐，达到保健养生的目的。

3. 常用针法及其适应证

（1）毫针法：毫针法是临床上应用最广泛的一种针法。具有疏通经络、调节脏腑气血功能的作用，适用于多种病症的康复期。

图 6-12　毫针

（2）三棱针：三棱针刺络放血可通经活络、开窍泄热、消肿止痛，多用于热证、实证、瘀血证等。

（3）皮肤针：皮肤针在临床上常用于面瘫、偏瘫、痹证等患者的康复治疗。

（4）皮内针：皮内针适用于痛证或某些慢性疾病患者的康复医疗，如痹证、颈椎病、骨折等。

（5）耳针：耳针的适用范围也很广泛，常用于偏瘫、耳聋、失语等患者的康复治疗。

（6）穴位注射：穴位注射又称水针，是通过针刺以及药物对穴位的双重作用以促进康复。

图 6-13　耳针法　　　　　　　　图 6-14　穴位注射

（7）电针：对某些疼痛或瘫痪病证，电针往往有较好的效果。

（8）火针：火针又称"焠针"，即用烧红的针尖快速刺入穴位，可温经通络、软坚散结。

4. 针刺原则

（1）配穴：若旨在增强某一单方面机能时，针刺可选用单穴；如欲调理整体机能，则可选用多个穴位配合，以协同增效。

（2）施针：针刺保健施针时宜和缓，刺激强度适中，不宜停留过久。针刺深度要因人而异，小儿或年老体弱者，针刺不宜过深；偏胖者，可酌情深刺。

（3）禁忌：凡有酗酒、过饥、过饱、大惊、大怒或劳累过度等情形时，不宜针刺；孕妇及体虚者，不宜针刺。

5. 针刺保健的服务要领

（1）掌握保健防病的时机：注意日常保健；积极早期预防；注意因病

而异。

（2）采用安全、有效、痛苦少的疗法：刺激方法要适宜；穴位宜少而精；刺激量小而轻。

（3）询问患者情况，注意体质及疾病禁忌。

<<<案例6-1>>>

耳穴压丸法

1. 概念：耳穴压丸法是在耳穴上贴敷小颗粒状压丸，通过适度的揉、捏、按、压，给予一定刺激的方法。

2. 方法：以75%的酒精擦拭耳郭；在耳郭的前面和背面揉搓按摩3~5次；再用镊子夹起粘有压丸的小方胶布，置于所选之耳穴表面并将其粘牢压紧；待各穴贴压完毕后予以按压。压丸首选王不留行籽，用油菜籽、小米等亦可。

3. 作用：通过对一定的耳穴给予持续的刺激，以起到治疗或康复的作用。适宜于高血压、近视眼、老年慢性支气管炎等病证的治疗或康复，对婴幼儿、惧怕疼痛者更为适宜。

4. 优点：安全无痛，副作用小，还能起到持续的刺激作用，应用极其简便。

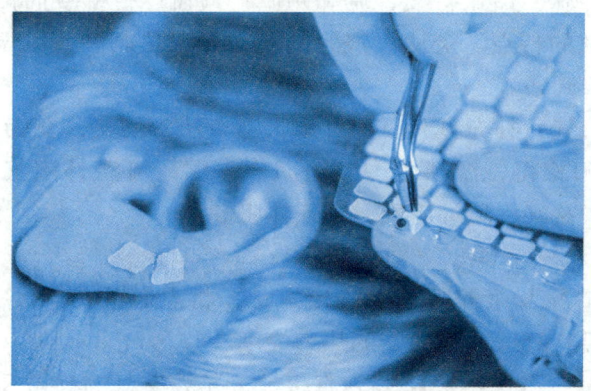

图6-15 耳穴压丸法

（二）灸法

1. 保健灸的概念

在身体的某些腧穴上施灸，以达到活血通络、温补阳气、防病保健的目的，这种康养方法称为保健灸法。

《扁鹊心书》曰:"人于无病时,常灸关元、气海、命门、中脘,虽未得长生,亦可得百余岁矣。"保健灸可用于人们日常生活中的强身保健,是我国独特的康养方法之一。

图 6-16 艾灸

2. 保健灸的作用

保健灸的主要作用是活血通络、温补阳气、调和阴阳,促进机体新陈代谢,增强免疫力,从而达到防病、康养、强身的目的。

(1)温通经脉,活血行气,调和阴阳:气血运行,凝而留止,具有遇寒则凝、遇温则散的特点。灸法燃烧时的药力和温热刺激,可温通经络,促进气血运行,阴阳调和。

(2)温补阳气,补充真元,培补后天:灸法常用艾,艾为辛温阳热之药,以火助之,两阳相得,温热之力直透肌肉深层,可温补阳气,促真元充足;温运脾阳,补中益气,培补后天,则人体康健。

3. 保健灸的方法及其适应证

根据体质情况及康养需求以确定穴位,将点燃的艾条或艾炷熏灼穴位,使局部感到有温热舒适且能耐受的热力为度。

(1)直接灸:古代的灸法多为直接灸,是将艾炷直接放于穴位皮肤上施灸的一种方法。适用于一般慢性虚寒性疾病,如哮喘、肺痨等。

(2)间接灸:又称为隔物灸,是利用姜、蒜、盐等药材,将艾炷与皮肤隔开施灸的一种方法。间接灸可避免皮肤被灼伤,易被患者接受。间接灸广泛应用于妇科、儿科、内科、外科、五官科等各科疾病。

(3)艾条灸:又称为艾卷灸,是将艾条点燃后在穴位上进行熏灸的方法。此法能温通经脉、散寒祛邪,多应用于慢性病的灸治,使用较广泛。

4. 保健灸的原则

（1）艾灸方法的选用：保健灸多以艾条灸为常见，而直接灸、间接灸和悬灸的方法均可采用。

（2）艾灸时间的长短：艾灸时间通常为3~5分钟，不宜超过15分钟。一般情况，保健灸时间可略短；病后康复者，施灸时间可略长。春夏二季，施灸时间宜短；秋冬季宜长。四肢及胸部施灸时间宜短，腹部、背部则宜长。儿童、妇女、老人施灸时间宜短，而青壮年可略长。

（3）艾绒用量的判断：艾炷是由艾绒捏具的圆锥形的用量单位。分为大、中、小三种，如蚕豆大者为大炷，黄豆大者为中炷，麦粒大者为小炷。体质强者，宜选用大炷；体弱者可用小炷。

5. 保健灸的服务要领

（1）注意辨证：保健灸多用于慢性病、虚寒性疾病的灸治，对于内热、实热、阴虚、外感温病等一般不宜施灸。

（2）询问患者情况，注意体质及疾病禁忌：如遇空腹、过饱、过劳、醉酒、极度疲劳或对灸法恐惧者，都应慎用艾灸。

（3）注意施灸过程，避免烧烫伤：在施灸时，要随时关注防止艾炷滚翻，艾火脱落，引起烧烫伤。

（4）施灸穴位的选择：选用经穴在于精要、准确，而不在杂乱过多。

（5）耐心施灸，勿急于求成：保健灸通常用于慢性病或虚寒性疾病，需长期坚持施灸，才能起效。

<<< 案例 6-2 >>>

三伏灸

1. 概念：三伏灸是在三伏天时根据所要预防的疾病，在对应穴位贴上中药，以达到灸治的效果。

2. 作用原理：利用"冬病夏治"原理，在天气炎热的三伏天，敷以辛温、走窜、逐痰等药物，可以提高药效，起到温阳利气、驱散内伏寒邪、增强机体抗病能力的作用，可预防某些疾病的发生。

3. 适应证：主要适用于两类疾病：一类是过敏性疾病，如哮喘、咽炎、鼻炎、扁桃体炎、支气管炎及小孩冬天易得的感冒；一类是跟虚寒有关的疾病，如关节痛、虚寒头痛、胃痛、肾虚引起的腰痛等。

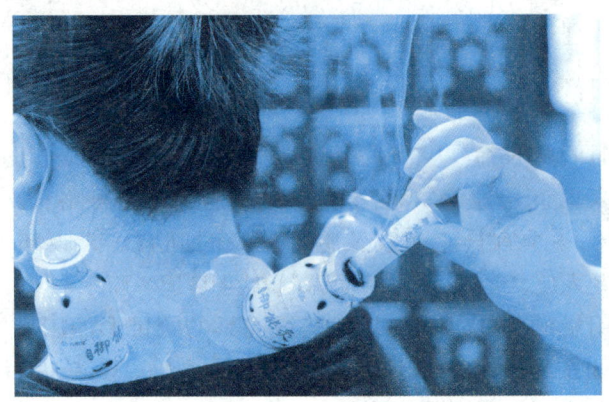

图 6-17 三伏灸

二、按摩康养法

（一）按摩的作用

1. 疏通经络，行气活血

《素问·血气形志篇》曰："经络不通，病生于不仁，治之以按摩。"由于按摩大多是循经取穴，通过一定手法以刺激相应穴位，舒筋活络，畅达气血通路，防止气血凝滞。

现代研究表明，按摩主要是通过刺激末梢神经，促进血液、淋巴循环，协调各组织、脏器间的功能，以增强机体的新陈代谢能力。

2. 调和营卫，平衡阴阳

按摩通过对经络腧穴系统的刺激，借经络的传导来调节全身，可调和营卫气血，贯通表里内外，则阴平阳秘，内外调和，增强机体健康。

（二）按摩的方法

按摩康养疗效显著，简单易行，日常可施，接受度高，适应范围广。按摩康养法多以自我按摩为主，操作方便，行之有效。现介绍一些传统的按摩康养手法，以述其大要。

1. 熨目

手法：两手摩擦搓热，将手掌盖于两眼之上，如此反复熨眼三次；用食指、中指、无名指轻压眼球，稍停片刻。熨目宜选黎明时分操作。

功用：养睛明目。

2. 按双眉

手法：双手拇指关节背侧自眉头至眉梢按摩双眉，经攒竹、鱼腰、鱼尾、丝竹空等穴位时稍作用力，略有酸痛为度，连续按摩5~10次。

功用：明目，醒神。

3. 摩耳

手法：两手掌同时按压耳孔再骤然放开，连续做10次；双手拇指、食指循耳郭自上而下按摩20次；用拇指、食指按摩耳垂30次。

功用：聪耳，醒神。

4. 摩涌泉

手法：以右手拇指按摩左足涌泉，左手拇指按摩右足涌泉；反复揉搓，按摩30~50次，以足心发热为度。此法宜在睡前或醒后操作。

功用：健脾，调肝，安眠。

5. 摩腹

手法：用手掌循肚脐四周，先以顺时针方向按摩，再以逆时针方向按摩，各摩腹20次；立、卧均可。宜在临睡前操作。

功用：助消化，健脾胃。

图 6-18 摩耳

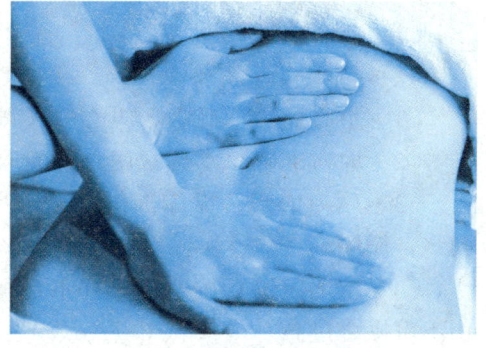
图 6-19 摩腹

案例 6-3

调养失眠证的头部按摩法

睡眠是生命中重要的一环，睡眠不足对生活、学习、工作影响极大。头部穴位众多，按摩可调节大脑和神经的正常功能，使身体和精神放松，促进安眠。

手法：

1. 搓头顶　双手拇指指腹沿头顶中线，自百会穴搓至前额印堂，反复10次。

2. 按穴　点按攒竹、太阳、百会、风池等穴，每穴按揉2~3分钟。

3. 抹揉眉部　以四指指腹自额头中间沿眉弓向额头两侧抹揉 10 次。
4. 叩击头顶　双手指腹反复划动头皮，轻轻叩击头顶，刺激头部穴位。

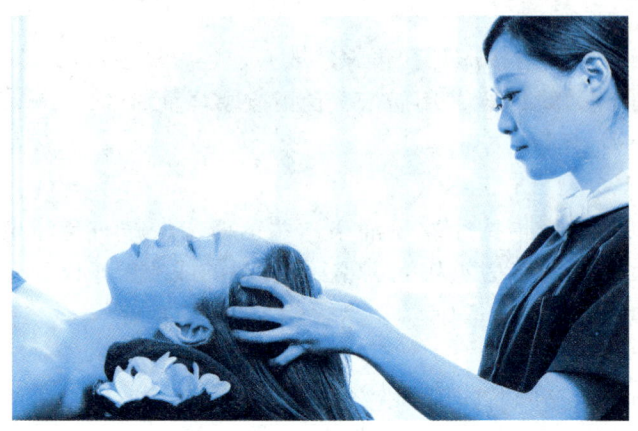

图 6-20　头部按摩

（三）按摩的服务要领

1. 按摩时的注意事项

（1）身心放松　受术者应心平气和，身心放松，按摩疗效才佳。

（2）取穴准确　掌握常用穴位的取穴方法和操作手法，增强疗效。

（3）用力恰当，循序渐进　按摩力度应由轻逐渐加重，按摩次数要由少到多，循序渐进。

（4）持之以恒　按摩康养并不是一朝一夕的事，须假以时日，才会显效，切不可操之过急。

2. 按摩康养的禁忌

（1）避免在过饥、过饱、酗酒或过度疲劳时进行按摩。

（2）有严重疾病时也不宜按摩，如急性传染性疾病流感、乙脑等；急性炎症急性阑尾炎、急性化脓性扁桃体炎等；某些慢性炎症骨髓炎、脊椎结核等；其他严重病症如恶性肿瘤、严重心脏病等。

（3）按摩后应注意避风，以免感冒。

三、传统运动康养法

（一）概念

传统运动康养法是运用传统的体育运动来进行锻炼，活动筋骨、调节气息，以舒筋活络、调和气血，达到康养健体的目的。它凝聚着千百年来劳动人民的智慧结晶和实践经验，也是我国独具特色的康养方法之一。

（二）特点

1. 以中医理论为指导

传统功法是在中医理论指导下形成的，以中医的阴阳、气血、经络等理论为基础，以养精、练气、调神为运动的基本要点，指导运动的一招一式。

以动形为基本锻炼形式，用阴阳理论指导运动的虚、实、动、静；用开阖升降指导运动的屈伸、俯仰；用整体观念说明运动健身中形、神、气、血、表、里的协调统一。所以，健身运动的每一招式，都与中医理论密切相关。

2. 与环境相和谐

在进行传统运动锻炼时，应顺应自然界，与四时相和谐。只有采取顺乎自然界阴阳变化的运动方式，才能更好地保养人体的生机而健康无病。

3. 注重精、气、神的调节

传统运动养生要紧紧抓住精、气、神三环节。运动时动静得宜，形神一致，意气相随，才能以意养气。调呼吸以练气，经络通畅，内外相和，气血津液才能畅达濡养全身，达到阴平阳秘，增进机体健康。

（三）原则

1. 强调意守、调息、动形统一

传统运动康养的运动要领就是意守、调息、动形的统一。只有精神专注，方可形神一致、宁神静息，使内外和谐、气血周流，整个机体才能得到全面锻炼。

2. 强调适度，循序渐进

传统运动康养是通过锻炼以达到健身的目的。因此，不可操之过急，要注意掌握运动量的大小，强调适量的锻炼，且要循序渐进。

3. 提倡持之以恒，坚持不懈

锻炼身体并非一朝一夕的事，只有持之以恒、坚持不懈，才能起到康养健身的效果。运动康养不仅是对身体的锻炼，也是对意志和毅力的锻炼。

（四）常见传统功法

1. 气功

运用传统的气功方法进行自身行气的锻炼，通过意守、调息、动形的统一，使身心融为一体，百脉通畅，营卫气血周流，内外和调，达到强身健体的目的。

气功是着眼于"精、气、神"进行的锻炼，它通过调身、调息、调心等方法来调整精、气、神的和谐统一。

2. 太极拳

太极拳是我国最具特色的传统功法，是一种顺应自然的运动康养法。动作舒展轻柔，动中有静，形气和随，外可活动筋骨，内可畅通经络气血，达到内外合一、阴平阳秘。长期练习太极拳，可调理阴阳、强壮身体，故有较好的健体养生作用。

图6-21　河北秦皇岛千人太极拳

3. 五禽戏

五禽戏，就是指模仿虎、鹿、熊、猿、鸟五种禽兽的动作，组编而成的一套锻炼身体的功法。《后汉书·方术列传·华佗传》记载："吾有一术，名五禽之戏：一曰虎，二曰鹿，三曰熊，四曰猿，五曰鸟。亦以除疾，兼利蹄足，以当导引。体有不快，起作一禽之戏，怡而汗出，因以著粉，身体轻便而欲食。普施行之，年九十余，耳目聪明，齿牙完坚。"

五禽戏流传至今，已有几千年的历史，它是以模仿禽兽动作来达到健身目的的功法。五禽戏既有形体动作，又要求意守、调息、动形统一，能调理阴阳、疏通气血、调和脏腑，有较好的保健康复作用。

4. 八段锦

八段锦亦是我国民间广泛流传的一种传统运动康养术，是由八种不同动作组成的功法，故名"八段"。因为这种功法可祛除病邪、强身益寿，效果甚佳，有如展示给人们一幅绚丽多彩的锦缎，故称为"锦"。

八段锦是强调意守、调息、动形统一的康养功法，可舒展筋骨、疏通经络、行气活血、周流营卫。且动作简单易学，运动量适中，老少皆宜，强身益寿作用显著。经常练习八段锦可起到防病治病、康养保健的作用。

5. 易筋经

易筋经的传播历史久远，是广为流传的康养功法。它的动作是模仿古代的各种劳动姿势，如春谷、收囤、载运、进仓等动作，以形体的扭转、屈伸、俯仰为特点，达到"伸筋拔骨"的锻炼效果。易筋经同样是一种强调意守、调息、动形统一的康养功法，尤其重视意念的锻炼，通过意识的专注，力求达到"动随意行，意随气行"，肌肉、筋骨得到有意识的抻、拉、收、伸。长期锻炼，可使肌肉、韧带富有弹性，全身经络、气血通畅，脏腑调和，精力充沛，从而增进健康、祛病延年。

拓展阅读 6-1

（五）传统运动康养法的服务要领

1. 坚持不懈，不可急于求成。传统功法种类较多，练习时选择一至两种即可，不可贪多。练习时要坚持不懈，长期锻炼，才能起到养生的作用。

2. 注意练心、养气。练习传统功法时，应注意凝心静气，抛除杂念，最重要的是练心、养气。精满则气壮，气壮则神旺，神旺则身健，身健则少病，方能健康长寿。

3. 掌握正确的呼吸方法。练习传统功法时，呼吸要顺其自然，不能强吸硬呼，要莫忘莫助。否则，容易造成气滞血淤。

4. 注重功法的练习要诀。练功时应注意姿势与方法的正确性。在初学阶段，基本身形的锻炼最为重要，可为后面学习掌握动作打好基础。在学习各式动作时，要注意动作的路线、虚实、松紧、姿势等，确保不会造成肌肉或机体的损伤。

四、中医外治康养法

中医外治是根据患者的具体病情，在中医药理论的指导下辨证论治，选择对症的单味中药或复方制剂，对患者全身或病变局部或有关穴位施以敷贴、熏蒸、烫洗、熨敷等，达到治疗康复的效果。

（一）贴膏疗法

贴膏疗法是常用的中医外治康养疗法之一，是利用膏药中药物相互协调为用的效能，运用中药归经原则，以发挥药物的良好效果。

膏药古称"薄贴"，是用植物油或动物油加中药熬成膏状物质，涂在布、纸或皮的一面，可长时间贴在患处，以产生局部或全身作用的一类薄片状外用制剂。通常制作膏药的中药大多气味较浓，再加入辛香走窜极强的引经药物，由于膏药是直接敷贴于皮肤表面，药效可通过渗透入皮肤，内传经络、脏腑，起到通经络、调气血、散寒湿、消肿痛等作用。

（二）熏蒸疗法

熏蒸疗法是以中医药理论为指导，利用中药煎煮后所产生的温热药雾进行熏蒸，借药力和热力直接作用于熏蒸部位，使毛窍疏通、腠理开合，起到扩张局部血管、促进血液循环、温通血脉、止痒、消肿止痛等功效，最后达到防病、治病、保健的目的。

（三）烫洗疗法

烫洗疗法，又称药浴疗法，是指配伍某些中药制成煎剂，以温热的药液进行局部或全身浸洗，以促进患者康复的方法。

其浸洗沐浴方式可分为全身浸浴、半身浸浴、坐浴和局部浸浴等，以坐浴与局部浸浴为主。浸浴时先以药雾进行熏蒸，当温度下降到能浸浴时再烫洗。一旦药液温度低于体温，则应停止。

（四）熨敷疗法

熨敷疗法是指将中药蒸热或炒热后，装袋敷于患部或穴位，借助药性及温度的作用，使得腠理开合、气血通调、散寒止痛、祛风除湿，起到防病、治病、保健的作用。

（五）佩香疗法

佩戴中药香囊，属于传统中医外治法中的佩香疗法。人们佩戴香囊以防病治病的历史可追溯到春秋战国时期，源远流长。佩香疗法是将芳香药材的颗粒或粉末装入特制布袋中佩挂于身上，借药味的缓慢、持续挥发以辟秽、扶正、解表、开窍，起到预防、治疗、康养的作用。

图 6-22 佩戴香囊亦可防病治病

中药佩香疗法是中华传统文化中的一颗璀璨明珠，千百年来一直为预防时疫、提升人们健康水平发挥着作用。现代研究表明，香囊中芳香药材的挥发性成分可刺激呼吸道黏膜产生黏液，提高血清、黏膜的免疫球蛋白 A 的水平，从而提高机体免疫力。

佩香疗法至今仍在临床上被广泛地应用，比如佩戴香囊可用于防治感冒、咳嗽、眩晕、失眠、鼻塞及驱蚊等。且中医"未病先防"的观念深入人心，也让人们更增强了主动预防、养生、使用佩香疗法的意识。

<<< 案例 6-4 >>>

防蚊祛虫香囊

1. 组方：丁香、薄荷、薰衣草、艾叶。

2. 制作方法：将丁香、薄荷、艾叶粉碎，用药匙分别各取 10 克，装入香囊内袋；取薰衣草 10 克，装入香囊内袋。所有药物装入后，系紧内袋绳子，将香囊内袋装入外袋，系好外袋绳子，即得。

3. 功效：上述芳香类中药具有挥发油，可挥发出蚊虫不喜欢的味道，起到防蚊祛虫之效。

4. 注意事项：制作香囊时，需佩戴一次性手套，用药匙取、装药粉，不可用手直接取拿。若不慎入眼，要用自来水冲洗。孕妇及过敏体质者忌用。

五、中药内服康养法

在中医药理论指导下，运用补益药物来达到延缓衰老、康体强身目的的方法，即是中药内服康养法。

（一）中药内服康养法的作用

针对康复对象的具体病症辨证施治，根据中药的功效、性能及配伍原则进行遣方用药，制成一定的内服剂型调理机体，以补益虚损、调节阴阳、协调脏腑经络功能，从而促使患者康复。

（二）中药内服康养法的应用原则

是药三分毒。补益药用之得当，在一定程度上可起到延年益寿的作用；但用之不当，即可对身体造成损伤。补益药只是一种辅助的康养措施，在实际应用中，应掌握如下原则：

1. 不盲目进补

使用补益药忌不当补而误补。用补益法进行调养，多用于老年人和体弱多病者，这些人体质多虚，故宜用补益之法。无病体健之人一般不需服用；邪实而正不虚者，如误用补益药则会有"闭门留寇"之弊。且补益药不等于营养强壮药，健康人体如依赖补益药强身健体，而不靠自身锻炼和摄养，则容易破坏机体的阴阳平衡，导致疾病发生。

2. 辨证施补

补益时应正确进补。如不明寒热、不别阴阳、不分气血、不辨脏腑，补之不当，不仅不能收到补益疗效，还可能导致不良后果。因此，进补时一定辨证进补，方可取得益寿延年之效。

3. 补益时应固护先天、后天

脾胃乃后天之本，气血生化之源；肾为先天之本，生命之根。因此，补益时应立足于固护先天、后天，即以护脾、肾为重点。且补益药多滋腻碍脾，不易消化，所以在遣方用药时，应适当配伍健脾消食药以固护脾胃。

4. 注意使用恰当的剂型及正确的服法

进补时使用恰当的剂型及正确的服法可在补益过程中有事半功倍的功用，反之则影响补益效果。补益药如作汤剂服用，一般宜适当久煎，使成分尽出，增强药效。如遇虚证需长期服用时，可将补益药制成蜜丸、煎膏、糖浆等剂型便于保存和服用。

5. 用药缓图

药物补益，不可能是一朝一夕即能见效。因此，用药宜缓图其功，不宜急于求成。若不明此理，则欲速不达，非但无益，抑且有害。

六、药膳养生法

《汉书·郦食其传》曰："民以食为天。"古人早就认识到了饮食与生命的重要关系，并在长期实践中积累了丰富的理论知识和宝贵经验，逐渐形成了一套具有中华民族特色的饮食养生理论。中药药膳养生，就是指在中医药理论指导下，将适宜中药与食物进行合理配伍，采用一定的制作工艺烹饪制成一种既具有保健、预防、治疗作用，又能满足人们对美味追求的特殊膳食品，可增进机体健康、抗衰延寿。

图 6-23 中药药膳养生

（一）药膳养生的原则

药膳养生应遵循一定的原则和法度。一要"和五味"，即合理配膳，全面营养，食不可偏；二要"有节制"，食量适中，既不可过饱，又不能过饥，方能达到养生效果；三要注意中药的配伍与用量，忌盲目进补和补之不当；四要因时、因人而异，根据不同体质、不同环境或季节，采取不同的药膳配伍。

<<< 案例 6-5 >>>

归芪蒸鸡

1. 组成：炙黄芪 100g、当归 20g、乌骨鸡 1 只（约 1500g）、大葱 10g、生姜 10g，其他调味料适量。

2. 做法：炙黄芪、当归洗净切片，乌骨鸡处理干净后焯去血水；将炙黄芪、当归片置于鸡腹内，将鸡腹朝上置于锅内；将大葱、生姜布于鸡腹上，注入适量清水，加入其他作料；用湿绵纸将锅口封严，上笼用武火蒸，水沸后蒸约 2 小时，至鸡肉熟烂即可。

3. 功效：补气生血。此方来源于当归补血汤，炙黄芪用量为当归的 5 倍。炙黄芪补气，当归补血，大量炙黄芪配伍少量当归，则阳生阴长，气旺血生，共奏益气补血之功。

4. 适应证：气血亏虚证，适用于久病体虚、年老体衰、产后妇女等。

5. 注意事项：食积积滞、外邪未除或湿热内阻者，不宜服用。

（二）药膳食疗养生的服务要领

1. 辨证施膳

辨证施膳是辨证论治在药膳中的具体应用。首先应辨清体质或病症，并参考季节时令、地理环境等多方面情况，再在辨证的基础上配伍选料。如阴虚者多使用百合、枸杞子、麦冬等，血虚者宜选用补血的食物大枣、花生等。只有辨证施膳，才能发挥药膳的康养保健作用。

2. 注意药膳的配伍禁忌

药膳制作是在中医药理论、中医"治未病"思想指导下，以药食同源中药、中药保健品原料目录中药为原料。

①制作时要注意药物与药物之间的配伍禁忌，避免使用"十八反""十九畏"的相关中药。

②其次要注意药食配伍的禁忌。注意药品和食品的搭配是否合理，必须排除药食相反的组合。比如猪肉反乌梅、桔梗，羊肉忌南瓜，含维生素 C 的食物不宜与白萝卜搭配等。

3. 保证药膳的营养与口味

药膳还须讲究烹调技巧。除应具备一般饮食的色、香、味、形外，还要尽可能保留其营养、成分，以更好地发挥预防、保健作用。

七、服务的基本要领

（一）调查情况

收集客户基本资料，包括：①问询客户的兴趣、爱好；②问询客户的体质及身体情况；③问询客户对中医药康养旅游的了解情况，以及对中医药康养旅游方面的喜好。通过分析、总结，形成客户的基本信息档案。

（二）提供建议

针对客户的基本信息，向客户提供多种中医药康养旅游建议，征求客户意见，明确客户的最终需求。

（三）规划方案

根据客户的需求，最终完成中医药康养旅游方案的规划。

（四）评估可行性

对实施方案各环节的可行性进行考察、评估，及时修订实施方案。

（五）开展服务

根据实施方案开展中医药康养旅游服务，服务要点：①非常熟悉中医药康养旅游的基本理论和适宜技术；②能辨证施养，有针对性地开展中医药康养旅游服务。

（六）反馈回访

服务结束后，要跟踪客户，及时回访，了解客户的感受与评价，形成总结。

第四节 中医药康养旅游产品服务

中医药康养旅游产品按照不同标准有多种分类，如按中医药特色分为养生保健类、医疗保健类、美容保健类、文化体验类等；按康养体系分为康养旅游类、康疗旅游类、康体旅游类等；按旅游人群分为妇孕婴幼、青少年、中老年等。不管哪种中医药康养旅游产品分类方法，服务对象都离不开旅游主体——人，而依据中医药特色和康养旅游服务本质，结合中医体质辨识开展相关服务可更好地融合各要素，发展中医药康养旅游服务。人体的健康状态和体质状态密切相关，体质决定疾病的产生、发展和转归。而中医体质辨识可以为疾病的风险预测和身体健康提供导向。将中医体质辨识应用于中医药康养旅游服务中，有利于掌握人群身体状况，开展进一步健康管理，体验特色中医药康养旅游服务。

一、产品服务

中医药康养旅游产品服务首先应明确具体产品分类、产品服务与中医体质辨识的关系，并且通过体质辨识确立中医药康养旅游"处方"，同时结合"互联网+"和人工智能等现代化技术提升产品服务水平和宣传力度。

（一）相关产品分类

在《中国康养产业发展报告》中指出，中医药康养旅游产品应遵循旅游发展规律和旅游市场的需求，因此，将中医药康养旅游产品分为"养眼""养身""养心"和其他特种产品。根据以往分类情况，将中医药康养旅游产品以游客目的为导向、中医药文化为核心、中医药康养适宜技术为手段，分为健康养生类、医疗康复类、研学交流类、会展学术类四种类型开展中医药康养旅游服务。通过对这四种层次的中医药康养旅游产品的设计，满足旅游者在旅游过程中的康复、疗养、保健、养生等多种不同需求。

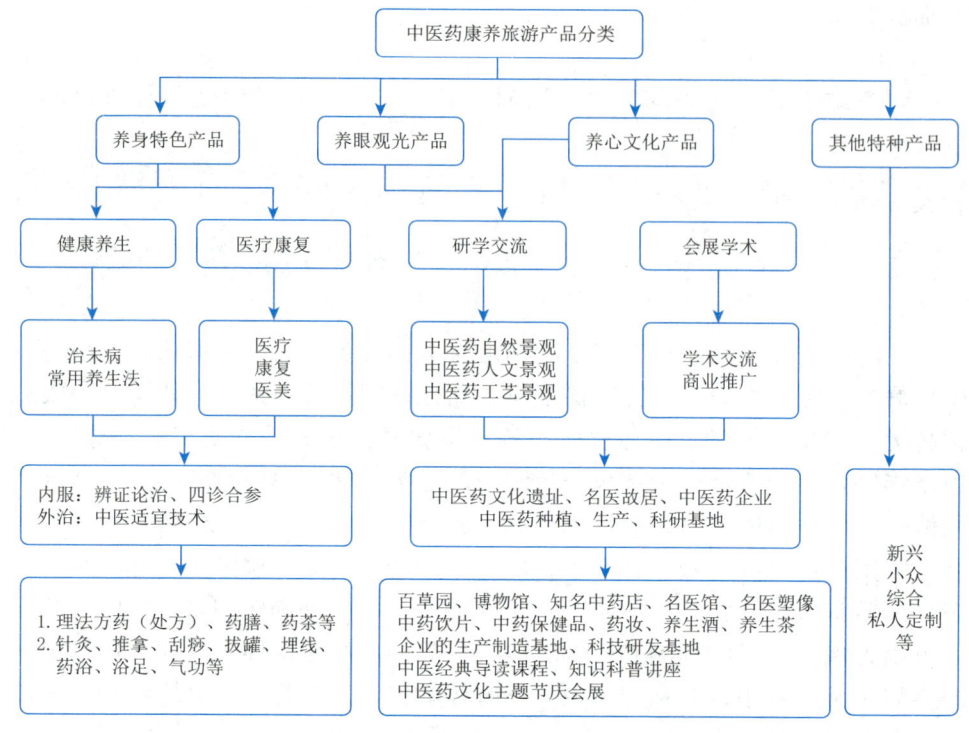

图 6-24 中医药康养旅游产品细目

综上，以环境美化、自然生态为主的"养眼"观光产品使游客了解工艺流程，普及中医药知识；以健康养生、运动康体等为主的"养身"特色产品使游客舒缓压力，调理休养，适时地消除亚健康状态或者疗愈疾病，恢复健康；以历史文化、少数民族文化、宗教文化等为主的"养心"文化产品使游客提升中医药文化素养，丰富中医药康养旅游内涵，弘扬中医药文化；小众、新兴、私人定制的其他特种产品可充分依据游客的自我意愿，满足其对中医药康养旅游的需求，扩大产品的适应范围。

（二）产品服务与体质辨识

1. 中医体质辨识

中医体质是指人体生命过程中，在先天禀赋和后天获得的基础上所构成的形态结构、生理功能和心理状态方面综合、相对稳定的固有特质，是人类在生长、发育过程中所形成的与自然、社会环境相适应的人体个性特征。2009 年《中医体质分类与判定》（见附录）标准正式发布，该标准是我国第一部指导和规范中医体质研究及应用的文件，旨在为中医体质相关疾病的防治、养生保健、健康管理提供依据，使体质分类科学化、规范化。该标准将体质分为平和质、气虚质、阳虚质、阴虚质、痰湿质、湿热质、血瘀质、气郁质、特禀质9个类型。中医体质学贯彻中医"治未病"的学术思想，结合体质进行预防、改善，调整功能状态；充分体现以人为本、因人制宜的个体化诊疗，充分考虑人的体质特征，采取相应治疗措施。

2. 产品服务与体质辨识

中医体质辨识与疾病的发生发展具有密切关系，饮食或生活起居不当可导致体质问题，如：偏嗜肥甘厚味或五味不及造成脏腑病变；虚劳过度、房事不节则导致脏腑虚衰。不同体质的人对疾病的易感性不同，如：气郁体质的人易患身心疾病，常见情绪低落，精神恍惚；素体阴虚体质容易内热，易感热邪，有失眠、喉咙疼痛、烦躁等症状。病症与体质有分不开的关系，如：过敏性鼻炎患者一般为痰湿质，其次为气虚质、阴虚质；小儿贫血患者大多为气虚质。

综上，首先，体质辨识是中医的基础，集专业性、简易性、普及性、易操作性为一体；其次，体质辨识融入旅游产品便于"治未病"及健康管理，适用于中医药康养旅游产品的服务；最后，根据体质辨识结果推荐旅游产品是体现中医辨证论治思想的关键，也是个性化旅游的体现，凸显中医药特色与旅游融合的关键点。

3. 体质辨识确立中医药康养旅游"处方"

针对中医体质分型及客户需求，结合中医"治未病"思想，"量身定做"游客需要的中医药康养旅游产品，以体现中医"辨证论治"的精髓和特色。游客的旅游需求是全方位的，体现在"食、住、行、游、购、娱"六要素。故将中医药特色与旅游要素结合，增加"医、养、学、产"四要素，也是将中医药文化全程渗入、融合到旅游业的关键。

表6-3 10种体质游客服务要点

		特征	辨证要点	适宜方剂
平和质（A型）		阴阳气血调和	阴平阳秘	皆宜
偏颇质	气虚质（B型）	元气不足，疲乏、气短、自汗等气虚表现	益气健脾	太和汤
	阳虚质（C型）	阳气不足，畏寒怕冷、手足不温等虚寒表现	温肾补阳	附子理中丸、肾气丸
	阴虚质（D型）	阴液亏少，口燥咽干、手足心热等虚热表现	滋阴润燥	六味地黄丸
	痰湿质（E型）	痰湿凝聚，形体肥胖、腹部肥满、口黏苔腻等痰湿表现	祛痰除湿	二陈汤

续表

		特征	辨证要点	适宜方剂
偏颇质	湿热质（F型）	湿热内蕴，面垢油光、口苦、苔黄腻等湿热表现	祛湿清热	二妙散、四妙散
	血瘀质（G型）	肤色晦暗，色素沉着，容易出现瘀斑，胸闷胸痛，口眼歪斜，半身不遂，口唇黯淡，舌黯或有瘀点，舌下络脉紫黯或增粗，脉涩	活血化瘀	四物汤、桃红四物汤
	气郁质（H型）	气机郁滞，神情抑郁、忧虑脆弱等气郁表现	疏肝健脾	逍遥散、疏肝散
	特禀质（I型）	先天失常、生理缺陷、过敏反应	健脾补血	玉屏风散、八珍汤
兼夹质		兼夹两种或两种以上证型	建议咨询专业医生	

根据体质辨识要点及特征，出具具有中医药特色的康养旅游处方，具体可参考本章最后的案例。

（三）产品服务结合"互联网+"和人工智能等现代化技术

中医药文化是产品的核心，内涵丰富的发展才具有市场竞争力和发展前景。充分结合"互联网+"和人工智能等现代化技术，利用新媒体平台宣传、医师线上问诊作为中医专业技术支撑，利用中医体质分析仪等解决非中医学专业人员体质辨识的困难，利用线上智能健康档案管理等打造智慧旅游。中医药元素的渗入是中医药康养旅游内涵发展的关键因素，结合现代先进技术力求更好地辅助中医药康养旅游产品服务。

二、特色商品的导购服务

中医药康养旅游服务以中医药基础知识为背景，运用康复养生技能，并集导游导购基本素养和健康管理为一体。中医药康养特色商品，具有比较明确的特点、作用及适用人群，导购员在导购过程中，除了应具备导购员的基本要求外，还需要具备一般健康医学知识和中医药常识，以期更好地为顾客服务。

（一）导购员应具备的必要条件

导购员是促成商品交易的重要环节，应具备基本的导购技巧，包含基本导购礼仪、服务用语规范、了解顾客需求、接近顾客、推介商品、处理顾客异议、达成销售、售后服务等要点，以下分别阐述：

1. 基本导购礼仪

礼仪是人们在社会交往活动中，为了相互尊重，在仪容、仪表、仪态、仪式、言谈举止等方面约定俗成、共同认可的行为规范。礼仪是礼节、礼貌、仪态和仪式的统称。在导购过程中，出于对顾客的尊重与友好，需注重仪表、仪容、仪态和语言、操作规范。外在形象是一种无声的语言，反映出一个人的道德修养，传递着一个人对生活的态度。热情服务在导购礼仪中显得尤为重要，要求导购员发自内心热忱地向顾客提供主动、周到的服务，从而表现出导购员的良好风度与素养。

2.服务用语规范

导购员应保持热情、主动的导购意识，针对不同情况，及时对顾客礼貌问候，主动介绍，让顾客在愉快的气氛中接受推荐，促成购买。导购员在整个销售过程中，尽量做到热情大方地感染顾客，不必过于谦卑。工作中使用礼貌用语，掌握规范、不触犯禁忌、针对性的用语，做到彬彬有礼、和蔼可亲。

3.接触前准备

导购员除了应具备基本的导购礼仪、规范的服务用语，还应具备中医药康养专业的相关知识，对中医基础理论、中医养生适宜技术、药食同源等内容有基本了解。只有将中医药康养专业知识与导购技巧有机结合，才能更好地完成中医药康养旅游商品服务。

4.了解客户需求，接近客户

目标顾客是指客户的"买点"与自己产品的"卖点"匹配，而且与竞争对手有所区别的购买者和使用者。导购员首先要确定产品的目标客户，即哪一类消费群体最需要自己的产品，这是成功销售的基础。

导购员应了解目标顾客购买什么、为什么买、如何购买、买多少、时间、频率、购买与消费或使用在什么地方等，故导购员通常采取一些方法寻找目标客户。如沿着商品使用者的方向，主动寻找目标客户；利用互联网、网络平台等，或展览会、客户推荐、广告等方式，将寻找客户与渠道设计结合起来；从竞争对手处寻找商品的潜在购买者，通过相关利益方寻找客户；将自己打造成为某个行业的专家，吸引客户自动找上门来等。导购员与客户接触时应注意端正心态，做好接触前的例行准备，着装要整洁、得体，要体现职业素养，以笑提升自己的亲和力，避免第一印象中的误区等。

5.推介商品

销售实际上就是与人打交道、处理人际关系的过程。有效的沟通十分重要，沟通的目的是让客户喜欢你。客户喜欢你，才会接纳你，听你的展示，购买你的产品，从喜欢你发展到喜欢你的产品。

导购员向客户展示产品时应遵守ABC基本原则，即：A是

Advantage，产品的优势；B 是 Benefit，商品给客户带来的收益；C 是 LetCustomerSaySomething，让客户在展示中开口，通过互动将顾客引入讨论。注意该原则包含两个核心：客户的导向与互动展示。在展示中要将产品的优势（Advantage）与给客户带来的利益（Benefit）紧密地联系起来。让客户参与、形成互动的主要方法有：激发客户兴趣；学会提问、倾听等。

6. 处理客户异议

客户异议是指顾客对销售人员展示的商品提出的各种直接与间接拒绝购买的意见。异议应对是销售人员经常碰到的问题，是影响销售的关键环节之一，因此，销售人员要掌握应对异议的策略与技巧。应欢迎客户的异议，这说明顾客对商品有兴趣。异议可以检验其是否为目标客户，可以掌握客户需求的具体特点（买点与困难点），可以完善营销策略，可以使顾客全面了解商品、公司以及销售人员，可以提高销售技巧，预防、减少购买后出现的问题。有真实购买意图的目标客户，其异议可分为拖延、价格、产品、货源或供应商、婉言拒绝等 5 种类型，销售人员应采取不同的沟通策略。

7. 达成销售和售后服务

现代营销的基本内容可以概括为两个部分：一是通过提供有竞争优势的产品来吸引新客户；二是通过提供满意的服务来维系有价值的老客户。两者相比，维系有价值的老客户是营销的重点，其原因在于，一方面，满意的老客户对产品的连续购买，增加了利润，巩固了现有市场；另一方面，在激烈的市场竞争中，争取一名新客户的成本是保留一名老顾客成本的数倍。因此，从这个意义上说，真正的营销是将产品与服务销售完成后才开始。

售后管理的目标是销售人员通过自己的优质服务提升客户满意度，从而与客户建立长期甚至终身的商业关系。通常销售人员的售后管理主要包括建立并利用客户的数据库、通过回访对客户全面渗透、认真处理客户的投诉、强化服务并为客户增加购买价值、调查客户满意度、客户流失分析和与客户建立良好的人际关系等。

（二）导购服务流程

国家技术监督局 1997 年颁布的《旅游服务的基本术语》指出，以旅游商品的功能属性作为分类标准，将旅游商品分为"旅游纪念品、旅游工艺品、旅游用品、旅游食品和其他商品"五大类。中医药康养特色商品开发可结合旅游商品分类，将中医药文化元素渗入到商品中，如药品、药材、养生茶、药膳、药妆、中医药工艺品、中医药文创商品等。

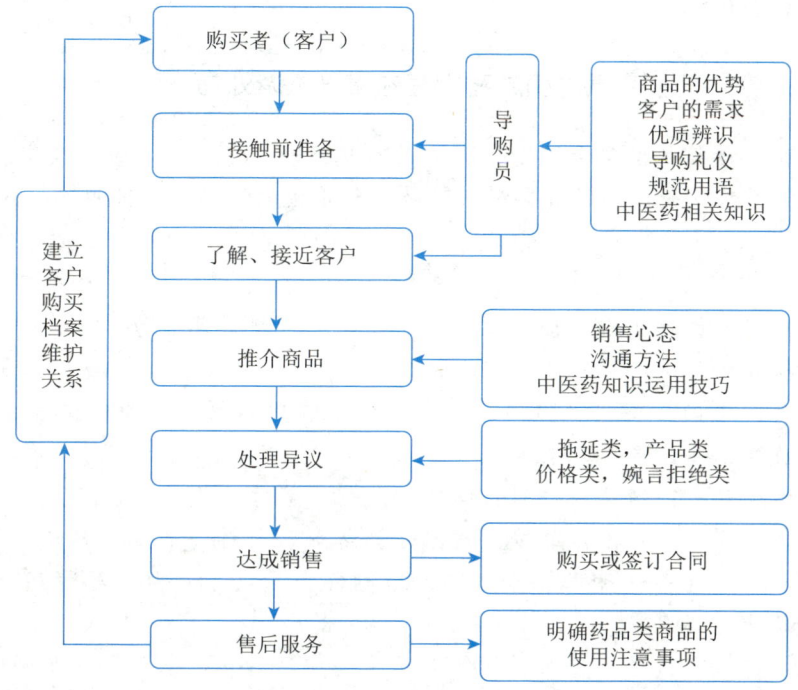

图 6-25　中医药康养旅游特色商品导购流程图

(三) 注意事项

1. 药品、药材

药品和药材作为特殊商品,不仅具有商品的属性,还具备药物的作用,故导购时要注意单味药品药材的适应证和禁忌证,以及多味药品药材的相互关系。如阴虚质人群不宜适用补阳类药品、药材,如人参、当归等；阳虚质人群不宜适用过于寒凉的药品、药材,如板蓝根、穿心莲等。多味药材应注意"十八反、十九畏"等禁忌事宜。

2. 药膳、养生茶

药膳和养生茶是根据中医基础理论、体质辨识、四季养生等理论,按照一定的组方配比形成的成品,属于特殊商品。此类商品最适宜体验类销售,同时也应注意成品对应的适宜人群以及适应证和禁忌证,可将中医辨证用药灵活运用至此类商品销售。

3. 工艺品、中医药文创商品

此类商品蕴含着深厚的中医药文化内涵,在销售过程中,应尽量多方面地展示中医药元素,使其成为更具纪念意义和文化传播价值的旅游商品。

案例 6-6

气虚质游客中医药康养旅游处方

医养：针灸、推拿选取膻中、内关、足三里、气海、三阴交等穴位，针刺补法，或加艾灸。运动宜柔缓，可做一些柔缓的运动，如散步、打太极拳、做操等。

食：

膳食：黄芪童子鸡、怀山百合莲子汤、参药煨乳鸽、五香牛肉、花生大枣烧猪蹄。

宜食：牛肉、鸡肉、猪肉、糯米、大豆、白扁豆、大枣、鲫鱼、鲤鱼、鹌鹑、黄鳝、虾、蘑菇等。

忌食少食：山楂、佛手柑、槟榔、大蒜、苤蓝、萝卜缨、芫荽（香菜）、芜菁（大头菜）、胡椒、荜拨、紫苏叶、薄荷、荷叶、荞麦、柚子、柑、金橘、金橘饼、橙子、荸荠、生萝卜、地骷髅、芥菜、薤白、君达菜、砂仁、菊花、茶叶及烟酒等。

住：起居勿过劳，宜有规律。夏季午间应适当休息，保持充足睡眠。平时注意保暖，避免劳动或激烈运动时出汗受风。

行：不要过于劳作，以免损伤正气。

游：不宜做大负荷运动和出大汗的运动，忌用猛力或做长久憋气的动作。

购：

推荐中药：人参、西洋参、太子参、党参、黄芪、白术、茯苓、山药、甘草、大枣、桂圆肉、莲子、黄精。

成品药：四君子汤。

案例 6-7

阳虚质游客中医药康养旅游处方

医养：针或灸或推拿气海、足三里、关元、涌泉等穴位。运动宜舒缓柔和，如慢跑、散步、打太极拳、做广播操等。

食：

膳食：当归生姜羊肉汤等。

宜食：容易升发、甘温益气的食物，如牛羊狗肉、葱、姜、花椒、鳝鱼、韭菜、辣椒、胡椒等。

忌食少食：生冷寒凉食物，如冰糕、黄瓜、藕、梨、西瓜等。

住：秋冬注意保暖，尤其是足下、背部及下腹部丹田部位的防寒保暖。夏季避免吹空调、电扇。

行：耐夏不耐冬；易感风、寒、湿邪。

游：可适当洗桑拿、温泉浴。

娱：多与他人交谈，多听激扬、高亢、豪迈的音乐。

购：

推荐中药：鹿茸、鹿角胶、巴戟天、肉苁蓉、仙茅、淫羊藿、葫芦巴、杜仲、续断、狗脊、骨碎补、补骨脂、冬虫夏草、蛤蚧、胡桃肉、紫河车、菟丝子、沙苑子、锁阳、海狗肾、韭菜籽、阳起石等。

成品药：金匮肾气丸等。

<<< 案例 6-8 >>>

阴虚质游客中医药康养旅游处方

医养：平时宜克制情绪，遇事要冷静，正确对待顺境和逆境。运动适合做中小强度、间断性的身体锻炼，可选择太极拳、太极剑等。锻炼时要控制出汗量，及时补充水分。

食：

膳食：百合莲子饮、生熟地煲脊骨、五汁蜜膏等。

宜食：甘凉滋润的食物，比如瘦猪肉、鸭肉、龟、鳖、绿豆、冬瓜、芝麻、百合等。

忌食少食：羊肉、狗肉、韭菜、辣椒、葱、蒜、葵花子等性温燥烈的食物。

住：中午保持一定的午休时间。避免熬夜、剧烈运动和在高温酷暑下工作。

行：耐冬不耐夏，不耐受暑、热、燥邪。宜节制房事。

游：可以用练书法、下棋来怡情悦性，用旅游来寄情山水、陶冶情操。平时多听一些曲调舒缓、轻柔、抒情的音乐，防止恼怒。

娱：不适合桑拿。

购：

推荐中药：沙参、麦冬、天冬、石斛、玉竹、黄精、百合、枸杞子、桑葚、墨旱莲、女贞子、龟甲、鳖甲等。

成品药：六味地黄丸、杞菊地黄丸等。

案例 6-9

痰湿质游客中医药康养旅游处方

医养：针刺足三里、丰隆、气海等穴位；也可穴位埋线。长期坚持体育锻炼、散步、慢跑、球类、武术、八段锦、五禽戏等。

食：饮食清淡、利水渗湿为原则。

膳食：茯苓饼、黄芪山药薏苡仁粥、山药冬瓜汤等。

宜食：葱、蒜、海藻、海带、冬瓜、萝卜、金橘、芥末等食物。

忌食少食：饴糖、石榴、大枣、柚子、枇杷、砂糖、肥肉及甜、黏、油腻的食物，酒。且最忌暴饮暴食和进食速度过快，且勿过饱，限制食盐的摄入。

住：平时多进行户外活动。衣着应透气宽松，长期坚持运动锻炼。

行：对梅雨季节及湿重环境适应能力差。

游：徒步、爬山等。

娱：经常晒太阳或进行日光浴。

购：

推荐中药：白术、苍术、黄芪、防己、泽泻、荷叶、橘红、生蒲黄、生大黄、鸡内金。

成品药：二陈汤等。

案例 6-10

湿热质游客中医药康养旅游处方

医养：盛夏暑湿较重的季节，减少户外活动。适合做大强度、大运动量的锻炼，如中长跑、游泳、爬山、各种球类、武术等。

食：饮食清淡。

膳食：广府老火汤、节瓜薏米淡菜汤等。

宜食：甘寒、甘平的食物如绿豆、空心菜、苋菜、芹菜、黄瓜、冬瓜、藕、西瓜等。

忌食少食：辛温助热的食物；烟酒。

住：不要熬夜、过于劳累。

行：对夏末秋初湿热气候，湿重或气温偏高环境较难适应。

游：不宜长夏初秋进行森林旅游。

购：

推荐中药：山药、茯苓、薏苡仁、板蓝根等清热除湿健脾中药。

成品药：六一散、清胃散、甘露消毒丹等。

<<< 案例6-11 >>>

血瘀质游客中医药康养旅游处方

医养：针灸、推拿、刮痧、拔罐可使经络畅通，达到缓解疼痛、稳定情绪、增强人体功能的作用。穴位选取血海、三阴交等。注意血瘀体质的游客在运动时如出现胸闷、呼吸困难、脉搏显著加快等不适症状，应去医院检查。

食：

膳食：泥鳅炖豆腐等。

宜食：黑豆、海藻、海带、紫菜、萝卜、胡萝卜、金橘、橙、柚、桃、李子、山楂、醋、玫瑰花、绿茶等具有活血、散结、行气、疏肝解郁作用的食物。

忌食少食：肥猪肉等肥甘厚腻之味。

住：保持足够的睡眠，但不可过于安逸。

行：可进行一些有助于促进气血运行的运动项目，如太极拳、太极剑、舞蹈、步行等。

娱：中药足浴等。

购：

推荐中药：党参、黄芪、白术、大枣、甘草、熟地黄、丹参、红花、川芎、桂枝、乳香、鸡血藤、没药（末药）、当归等。

成品药：桂枝茯苓丸等。

<<< 案例 6-12 >>>

气郁质游客中医药康养旅游处方

医养：针刺、按摩或刮痧太冲、膻中等行气解郁腧穴。

食：

膳食：橘皮粥、菊花鸡肝汤等。

宜食：小麦、蒿子秆、葱、蒜、海带、海藻、萝卜、金橘、山楂等具有行气、解郁、消食、醒神作用的食物。

忌食少食：睡前避免饮茶、咖啡等提神醒脑的饮料。

住：居室应保持安静，禁止喧哗，光线宜暗，避免强烈光线刺激。

行：尽量增加户外活动，可坚持较大量的运动锻炼，如跑步、登山、游泳、武术等。另外，要多参加集体性的运动，解除自我封闭状态。多结交朋友，及时向朋友倾诉不良情绪。

游：适合到风景宜人、空气清新、令人心旷神怡之地游玩。

娱：中药精油芳香疗法。

购：

推荐中药：香附、乌药、川楝子、小茴香、青皮、郁金等。

成品药：逍遥散、舒肝和胃丸、开胸顺气丸、柴胡疏肝散、越鞠丸等。

<<< 案例 6-13 >>>

特禀质游客中医药康养旅游处方

医养：常年可艾灸督脉、关元、足三里、肾俞等补益腧穴，增强抵抗力。非常适合特色灸法，如督脉灸、火龙灸等。运动宜打太极、八段锦等功法增强体质。

食：

膳食：灵芝茶、黄芪汤等。

宜食：清淡、均衡，粗细搭配适当，荤素配伍合理。

忌食少食：荞麦（含致敏物质荞麦荧光素）、蚕豆、白扁豆、牛肉、鹅肉、鲤鱼、虾、蟹、茄子、酒、辣椒、浓茶、咖啡等辛辣之品、腥膻发物及含致敏物质的食物。

住：保持室内清洁，被褥、床单要经常洗晒，室内装修后不宜立即搬进居住。春季减少室外活动时间，可防止对花粉过敏。

行：不宜养宠物，起居应有规律，积极参加各种体育锻炼，避免情绪紧张。

购：

推荐中药：灵芝、黄芪等。

成品药：玉屏风散、消风散、过敏煎等。

本章小结

本章从中医药康养旅游服务的从业人员整体素质、服务要领、中医药康养适宜技术以及相关的中医药康养旅游产品四方面进行详细阐述。

从业人员是整个中医药康养旅游服务的灵魂，从业人员的整体素质会对游客的旅游感受产生直接影响。中医药康养旅游作为第三产业的新兴业态，提供优质、高效、精准的服务尤为重要。坚持以游客为中心的服务宗旨，建立游客健康档案，对游客的健康进行智能健康管理，才能更好地提升游客的黏性和再次消费的内驱力。在中医药康养旅游中，对中医药康养适宜技术的掌握能让游客有更好的旅游体验。除此之外，还应明确中医药康养旅游的相关产品，并根据中医体质辨识有针对性地为游客推荐产品和提供产品导购服务。

思考与练习

一、不定项选择题

1. 政策法规是中医药康养旅游从业人员工作的（　　）。

　　A. 指南针　　　　　　　　　B. 导航仪

　　C. 方向标　　　　　　　　　D. 避风港

2. （　　）是中医药康养旅游从业人员必须遵守的基本道德规范和行为准则。

　　A. 团结服从，顾全大局　　　B. 遵纪守法，爱岗敬业

　　C. 技术娴熟，优质服务　　　D. 爱国爱企，自尊自强

参考答案

3. 针刺保健法中最常用的一种针法是（　　）。

A. 三棱针法　　B. 毫针法　　C. 耳针法　　D. 穴位注射法

4. 灸条是以（　　）为原料制作而得。

A. 菊花　　B. 石菖蒲　　C. 青蒿　　D. 艾绒

5. 一般体质为（　　）的人会出现情志异常。

A. 气虚质　　B. 气郁质　　C. 血瘀质　　D. 阴虚质

6. 中医药康养旅游对从业人员的（　　）均提出了高要求。

A. 知识能力　　B. 工作方式　　C. 职业道德　　D. 职业素养

7. 中医药康养旅游从业人员具有面广量大、（　　）的特点，这些都会直接影响从业人员的实际工作能力的发挥。

A. 工作对象复杂　　　　　　B. 流动性大

C. 劳动强度大　　　　　　D. 工作繁杂

8. 在中医药康养旅游服务礼仪中，服务三要素主要是指（　　）。

A. 仪容　　B. 仪态　　C. 仪表　　D. 面容

9. 针刺保健的针刺手法有（　　）。

A. 迎　　B. 随　　C. 补　　D. 泻

10. 保健灸的常用方法有（　　）。

A. 直接灸　　B. 间接灸　　C. 点灸　　D. 艾条灸

二、判断题

1. 中医药康养旅游相关从业人员包括营养师、健康管理师、睡眠师、康养服务员、导游等。（　　）

2. 中医药康养旅游从业人员需要具备语言知识、史地知识、旅行知识、中医药知识、康养旅游知识、政策法规等理论知识。（　　）

3. 中医药康养旅游从业人员需要具备应变能力、表达能力、组织能力、协调能力、健康管理技能等方面的综合能力。（　　）

4. 健康管理服务流程是健康体检、健康评估、个人健康管理咨询、个人健康管理后续服务、专项健康及疾病管理服务。（　　）

5. 智能健康管理主要内容有数据健康、移动健康、智能健康。（　　）

三、简答题

1. 简述中医体质辨识与中医药康养旅游的关系。

2. 简述"健康管理三部曲"。

参考文献

［1］郭海英.中医养生学［M］.北京：中国中医药出版社，2009.

［2］陈利国，马民.中医养生康复学［M］.广州：暨南大学出版社，2013.

［3］王键.中医基础理论［M］.北京：中国中医药出版社，2016.

［4］何莽，杜洁，沈山，方磊.中国康养产业发展报告［M］.北京：社会科学文献出版社，2017：144.

［5］ZYYXH/T157-2009，中医体质分类与判定［S］.

［6］李东遥，李力恒，曹凤鸣.中医体质、中医体质分类与判定系统［J］.科学技术创新，2019（03）：29-30.

［7］刘子安.销售与客户关系管理［M］.北京：对外经济贸易大学出版社，2011.

［8］张荣秀，胡果，张燕娟.旅游商品导购［M］.北京：中国旅游出版社，2017.

［9］全国导游人员资格考试教材编写组.导游业务［M］.北京：旅游教育出版社，2020.

附 录

《中医药健康服务发展规划（2015—2020）》（节选）

《"健康中国2030"规划纲要》（节选）

中医体质分类与判定

中医药康养旅游游客的健康管理档案